Les violences sexuelles des mineurs

Victimes et auteurs : de la parole au soin

Préface de Mireille Bonierbale

Marie-Laure Gamet
Claudine Moïse

DUNOD

Le pictogramme qui figure ci-contre mérite une explication. Son objet est d'alerter le lecteur sur la menace que représente pour l'avenir de l'écrit, particulièrement dans le domaine de l'édition technique et universitaire, le développement massif du photocopillage.
Le Code de la propriété intellectuelle du 1ᵉʳ juillet 1992 interdit en effet expressément la photocopie à usage collectif sans autorisation des ayants droit. Or, cette pratique s'est généralisée dans les établissements d'enseignement supérieur, provoquant une baisse brutale des achats de livres et de revues, au point que la possibilité même pour les auteurs de créer des œuvres nouvelles et de les faire éditer correctement est aujourd'hui menacée.
Nous rappelons donc que toute reproduction, partielle ou totale, de la présente publication est interdite sans autorisation de l'auteur, de son éditeur ou du Centre français d'exploitation du droit de copie (CFC, 20, rue des Grands-Augustins, 75006 Paris).

© Dunod, Paris, 2010
ISBN 978-2-10-054043-3

Le Code de la propriété intellectuelle n'autorisant, aux termes de l'article L. 122-5, 2° et 3° a), d'une part, que les « copies ou reproductions strictement réservées à l'usage privé du copiste et non destinées à une utilisation collective » et, d'autre part, que les analyses et les courtes citations dans un but d'exemple et d'illustration, « toute représentation ou reproduction intégrale ou partielle faite sans le consentement de l'auteur ou de ses ayants droit ou ayants cause est illicite » (art. L. 122-4).
Cette représentation ou reproduction, par quelque procédé que ce soit, constituerait donc une contrefaçon sanctionnée par les articles L. 335-2 et suivants du Code de la propriété intellectuelle.

Aux enfants et adolescents qui nous donnent à penser l'à-venir

Table des matières

Remerciements   IX

Préface   XIII

Introduction   1

PREMIÈRE PARTIE
UNE EXPÉRIENCE DE TERRAIN DANS LA MARNE

1. La situation dans un département français : la Marne   5
    Violences sexuelles et mineurs victimes   7
    Violences sexuelles et mineurs auteurs   13
    Violences sexuelles : les victimes devenues adultes   20

2. Aux sources du malaise   25
    Les troubles du développement de la sexualité   26
    Les principales causes des troubles du développement de la sexualité   30
    Les violences sexuelles subies dans un passé récent ou lointain, 30 • La consommation pornographique et les autres addictions, 32 • Les carences affectives, 34 • Les difficultés de vie, 39

3. Les conséquences psychologiques, sexuelles, sociales et politiques   45
    Le poids du traumatisme   45
    Les difficultés sexuelles   52
    La violence et l'inadaptation sociale   54

Les réponses juridiques et éducatives sur les violences sexuelles 58
La loi du 17 juin 1998, 58 • L'inceste, 59 • L'Éducation nationale, 60 • La loi sur la récidive, 63

Conclusion 63

Deuxième partie
La sexualité, une dimension humaine négligée

4. Le contexte contemporain 67

L'injonction à la liberté sexuelle et les relations hommes-femmes 67
Le genre oublié en France, 67 • Le féminisme français et la libération féminine, 68 • La crise de la masculinité, 69 • La sexologie déconsidérée, 70

Les discours politiques et médiatiques 71
Les discours sur la femme, 71 • La sphère politique, 72

5. La sexualité : une dimension « parlée » ? 75

Le tabou de la sexualité 75
La question historique, 75 • La sexualité dans la langue, 77

De la difficulté de parler de la sexualité et de son développement 79
La période de l'adolescence, 80 • À l'âge adulte, 88 • La difficulté de parler de sexualité : une porte ouverte aux violences sexuelles des mineurs ?, 95

L'insuffisance de formation des professionnels 99
Mon expérience de médecin, 99 • Le manque de formation, 100

6. Les difficultés de théorisation en France sur le développement de la sexualité 109

Une considération récente des violences sexuelles des mineurs 110

Les différentes théories du développement de la sexualité : une idée insolite en France 114
Freud et après, 114 • L'apport des neurosciences, 117 • Un champ méconnu, 117 • Les conséquences pratiques, 118

Théorie de l'attachement et développement de la sexualité 120
Le lien entre théorie de l'attachement et développement de la sexualité, 121 • Le lien entre attachement insécure et troubles du développement de la sexualité, 123 • Sécurisation de l'attachement pour les mineurs présentant des troubles du développement sexuel, 124

Troisième partie

L'apport de la sexologie

7. La prise en charge sexologique — 133

Les fondements théoriques : la santé sexuelle et l'éducation à la sexualité — 133

La santé sexuelle, 133 • L'éducation à la sexualité, 135

La prise en charge thérapeutique — 140

La thérapie sexuelle, aspects généraux, 140 • La thérapie sexuelle, le programme thérapeutique, 144 • La thérapie sexuelle, l'évaluation, 155 • Les victimes de violences sexuelles, 156 • Les auteurs de violences sexuelles, 169

8. Une cellule départementale d'accompagnement du développement de la sexualité (CDADS) — 187

L'élaboration et le fonctionnement du dispositif au sein d'une administration — 187

Les partenaires de la CDADS — 192

Les MECS, 192 • La PJJ et les magistrats, 193 • L'Éducation nationale, 195 • Autres structures, 196

La formation des professionnels — 196

La sensibilisation, 196 • La formation en éducation à la sexualité des professionnels, 198 • L'implication des professionnels, 200

Les intérêts de la CDADS — 202

Conclusion — 207

Bibliographie — 213

Remerciements

De la part de Marie-Laure Gamet

Je remercie vivement :

– celles et ceux qui m'ont enseigné la médecine dans toute son humanité, le Docteur Gaston Ezelin, le Docteur Jacques Metz, le Docteur Marie-Line Mazili, le Professeur Jean Deville, le Docteur Pierre-Yves Mercier, tous me permettant ainsi de devenir, de façon inattendue, médecin sexologue,

– le Procureur Éric Vaillant pour ses encouragements dès 1997 dans l'indispensable analyse de terrain, son indéfectible soutien pour réfléchir, agir et rencontrer les professionnels du milieu judiciaire ; avec Valérie pour leur amitié joyeuse et réconfortante,

– l'équipe d'enseignants de Toulouse Paul Sabatier qui m'a initiée à la sexologie et particulièrement le Professeur Plante, le Docteur Patrick Blachère, Michèle Bonal et Maryvonne Desbarats ; Maryvonne que je remercie particulièrement et chaleureusement pour ses conseils et relectures de cet ouvrage en sa qualité de psychologue sexologue,

– le Docteur Mireille Bonierbale, psychiatre sexologue, Vice-présidente de l'Association Interhospitalo-Universitaire de Sexologie qui m'a accordé sa confiance m'invitant ainsi à porter sur le terrain le rayonnement scientifique qu'elle a donné à la sexologie française,

– le Docteur Marc Ganem, gynécologue-obstétricien sexologue, Président de la Société Française de Sexologie Clinique pour son dynamisme dans la diffusion de mon travail auprès de la communauté scientifique

– le Docteur Anne Mercier pour m'avoir donné de son temps dans mes recherches bibliographiques, pour ses attentives lectures et ses précieux conseils tout au long de la rédaction de cet ouvrage, le Docteur Sylvie

Quevreux et le Docteur Marianne Derappe pour leur appui chaleureux et dynamisant ; toutes trois, pleinement passionnées par la médecine des enfants et des adolescents, m'ont beaucoup appris des jeunes au fil des ans,

– le Docteur Anne Breton pour ses encouragements dès son arrivée dans l'intersecteur de pédopsychiatrie infanto-juvénile de Chalons en Champagne,

– Marie-Laurence Janel, Magistrate pour Enfants, avec ma profonde reconnaissance et mon amitié, les professionnels de la Direction Départementale de la Protection Judiciaire de la Jeunesse (PJJ) de la Marne qui soutiennent activement le travail sexologique pour les jeunes en grande difficulté ; et particulièrement à ceux qui en 2005, de par leur formidable confiance, m'ont permis de persévérer malgré les difficultés : Estelle Mougeot, Claude Slodzian, Clément Aimé de cette direction et Christian Simon du Pôle Territorial Formation Grand Est de la PJJ ; ils ont impulsé ce partenariat et encouragé la formation de professionnels de la PJJ en éducation à la sexualité, Olivia Domenech et Philippe Bernarcchi pour leurs lectures de cet ouvrage, témoins actifs de ce partenariat,

– les professionnels de terrain du conseil général de la Marne qui ont vaillamment œuvré avec beaucoup d'énergie dès 2002 au développement du travail sexologique pour les jeunes : Chantal Faille, Reine Beaune, Marguerite Jupin et Marie-Madeleine Boumesbah-Fradkin qui ont participé à l'essor de la Cellule Départementale dans ses premiers temps ; Valérie Decorne, Isabelle Varona, Stéfanie Lanzloth, Isabelle Mercier, Coralie Aubert, Docteur Béatrice Visconti, Marie-Noëlle Marquet, Sylviane Kolar, Marie-Cécile Legoix, Anne Lasalle, Docteur Anne Jacquot, Docteur Pascale Geoffroy, Docteur Marie-Christine Schwartz, Francine Henry, Brigitte Valentin, Olivier Coindeau, Christine Deghaye, Karine Ragot, Sylvie Chovanek, Lysiane Chutin, Georges Grenaut, Marie-Françoise Tillet qui ont contribué à la diffusion de cette approche professionnelle ; et tous les personnels qui ont donné de leur temps pour se former en éducation à la sexualité et toujours enrichir ce travail de terrain ; Annie Olivier et Magali Jacquesson, secrétaires de la cellule, pour leur aide au quotidien,

– les collègues médecins de la clinique Priollet-Courlancy pour leur accueil de la sexologie et particulièrement le Docteur Michel Dray,

– mes collègues médecins urologues du Centre Hospitalier Général de Chalons en Champagne pour leur intérêt au travail sexologique,

– le Père Michel Mattet, ancien aumônier de prison, pour son ouverture à considérer les personnes en prison, dans leur globalité, et ses encouragements dans la réflexion sur la prévention des récidives de violences sexuelles,

– les Docteurs Jean-Paul Régin, Anne Massé-Charbonnel, François Ramseyer et Laurence Cottet, et mes collègues de la Société Pluridisciplinaire des Études Sexologiques de l'Est,

– les Docteurs Isabelle Béguinot, Élisabeth Moizan, Danielle Huet et Danièle Vidal, Emmanuelle et Philippe Harant, Marie-Christine Vanet, pour leur amical soutien,

– Jacqueline et Reine Chanut, Odette Delhomme, Lucien Chevelle, Elvire Joubert, Ginette et Gérard Becquet, Huguette et Mathieu Legoff, Claire et Ellouen qui m'ont appris sur la simplicité et le courage au-delà de la vulnérabilité des femmes, des hommes et des enfants,

– mes proches, au nom de la famille et de l'amitié,

– mes parents qui, au-delà de leur pudeur, dans leur grande justesse m'ont toujours soutenue,

– Christophe et la tribu pour leur patience et leur tendresse créatrice.

De la part de Claudine Moïse

Merci :

– à tout le groupe sur la violence verbale pour le travail et la confiance partagés, à Nathalie Auger, Béatrice Fracchiolla et Christina Schultz-Romain,

– à mes collègues sociolinguistes, qui savent la richesse des croisements intellectuels, pour leur soutien et leurs encouragements,

– à tous les collègues de Marie-Laure Gamet que j'ai rencontrés, pour leur ouverture d'esprit, leur écoute et le partage de savoirs,

– aux ami(e)s pour leur présence dans les moments d'écriture,

– à Léo et Nina pour leur patience.

Préface

LA VIOLENCE SEXUELLE a été longtemps dans l'inconscient collectif rattachée à l'image d'un fornicateur de l'ombre, « le sadique ».

Et c'est avec étonnement et horreur que chacun s'est réveillé en apprenant que son voisin le plus courtois, le grand père, l'ami, le père de famille pouvait appartenir à cette catégorie obscure. Pis, que les proies pouvaient être des enfants, et les agresseurs des à peine ados...

La psychiatrie classique apportait peu de clés de compréhension à ce qu'on aurait bien voulu renvoyer dans son camp, et les malades mentaux « classiques » n'étaient pas sur le devant de la scène de l'agression sexuelle.

La psychosociologie pointait les interactions entre la montée de la violence contemporaine, les troubles de l'attachement, les modèles pornographiques et de violence intrusifs, les figures d'autorité devenues instables.

Parler de sexualité ne faisait pas partie du langage courant jusqu'à ce que l'amélioration des connaissances de la physiologie sexuelle amène une surcharge d'informations dans ce domaine, informations reprises par les *médias* à un moment particulier où la société était axée sur la performance. Oublié le sens de la relation à l'autre, cette nouvelle éducation sexuelle de masse s'est alors centrée sur la mécanique sexuelle individuelle, creusant la confusion entre une bonne mécanique et une « bonne identité ».

Il est vrai que ce langage est simple, bien simple, trop simple alors que la psychanalyse a eu de la difficulté à se mettre à la portée de beaucoup. Ainsi s'établit un cercle vicieux ; une société où se forgent des narcisses et des prédateurs, où le profit est au devant de la scène et l'Autre un objet sinon de consommation du moins un moyen pour faciliter la sienne propre. La sexualité oublie ses dimensions relationnelles pour devenir un besoin à assouvir et l'autre un moyen pour y arriver ou un miroir pour se regarder fonctionner.

Les âmes pures se voileront la face en clamant leur innocence ; ce ne sont pas eux qui ont laissé s'installer la pornographie à l'écran, la carence d'autorité à la maison, la punition et la prison en guise d'apprentissage, le profit comme modèle, ce sont les autres... Les Autres.

Il est temps de comprendre mieux tous les enjeux qui font que les jeunes risquent de ne plus être notre avenir mais des victimes et des bourreaux.

Le livre de Marie-Laure Gamet et Claudine Moïse est en cela une référence, car il ne laisse rien de côté qui ne permette de saisir tous les enjeux d'une jeunesse en souffrance et les rouages de compréhension indispensable à tous.

Il faut que cette somme de travail, mené par Marie-Laure Gamet sur le terrain et à travers la rédaction de cet ouvrage, puisse servir aussi à la machine politique pour mieux diriger sa barque, car les voiles sont en berne et le brouillard à l'horizon.

Dr Mireille Bonierbale
Psychiatre sexologue
Centre Hospitalier Universitaire Sainte Marguerite (Marseille)
Rédacteur en chef de la revue *Sexologies*

Introduction

CE LIVRE EST NÉ d'une rencontre. Lors du 4ᵉ colloque du Congrès international francophone sur l'agression sexuelle (CIFAS) qui s'est tenu à Paris en septembre 2007, Marie-Laure Gamet a présenté son travail dans le département de la Marne, au sein du conseil général. Médecin sexologue, femme déterminée et convaincue, elle a exposé le suivi thérapeutique de mineurs victimes et auteurs de violences sexuelles, et expliqué la nécessité de formation, dans notre société, au développement de la sexualité. L'assemblée écoutait, attentive, résolument intéressée par sa démarche singulière au sein d'une institution publique. Claudine Moïse se trouvait dans la salle. Sociolinguiste, elle mène depuis plus de dix ans un projet sur la violence verbale et, au-delà d'une description linguistique du phénomène, s'interroge sur ses causes et contextes. La violence verbale comme symptôme, d'une certaine façon. Elles ont échangé, parlé de leurs expériences respectives, de leurs approches théoriques, des désirs de réflexion et de transmission qui les portent. Elles ont retenu l'allégation lancée en ouverture du Congrès, que d'étroites collaborations se construisent entre des universitaires et des acteurs de terrain.

Elles s'appuient sur les mêmes approches sociales et psychocognitives, croient aux mêmes valeurs de formation et d'éducation, sont persuadées des déplacements intérieurs et intimes des sujets à l'adolescence. Si leurs champs de recherches semblent différents – la sexologie et la sociolinguistique –, leurs présupposés théoriques sur les violences et sur les rapports de genres convergent. Claudine Moïse est enseignante-chercheure engagée dans des projets sociaux ; elle se confronte, dans une démarche ethnographique, aux violences de l'espace public. Marie-Laure Gamet a constaté que la violence verbale connotée sexuellement précède souvent les comportements sexuels violents. Elle a alors proposé à la sociolinguiste de venir étudier les difficultés à établir un dialogue sur la sexualité dans le cadre institutionnel et les réponses apportées par la sexologue de terrain. De ces analyses est venue l'idée de relater dans un ouvrage l'approche sexologique sur l'accompagnement du développement de la sexualité mise en place dans la Marne et d'expliciter les théories sur lesquelles elle repose. Pour l'élaboration de l'écriture, il a fallu se pencher sur l'établi et travailler la matière, confronter les idées, appréhender les divergences. L'ensemble du récit est centré sur l'action de Marie-Laure Gamet au sein du conseil général de la Marne. Claudine Moïse a contribué à une certaine maïeutique de l'écriture et y a apporté d'indispensables éléments de compréhension sociologiques. Le ton varie selon la matière évoquée, de la théorie à la pratique thérapeutique, à travers des cas cliniques. Le récit est donc construit autour d'un « je », qui naturellement renvoie à Marie-Laure Gamet, tandis que Claudine Moïse menait en partie le travail dans l'arrière-scène.

Ce livre présente une expérience peu commune d'accompagnement des mineurs victimes mais aussi auteurs de violences sexuelles. Devant l'ampleur de la tâche face aux abus sexuels, le travail ne se fait pas en solitaire. Pour contrer des dysfonctionnements sociaux et apaiser des vies en souffrance, une telle entreprise mobilise sans relâche partenaires institutionnels, professionnels éducatifs et personnels de la santé et de la justice. Les préoccupations politiques et les représentations sociales et médiatiques sur la violence sexuelle des mineurs servent une certaine sensibilisation, mais entretiennent aussi bien des représentations stigmatisantes qu'il faut déjouer.

Le texte pourrait se lire comme une histoire qui raconte le malaise social, la complexité des situations, le désarroi des victimes et des auteurs, les doutes des professionnels mais aussi les espoirs construits. La première partie dresse le paysage des violences sexuelles des mineurs dans la Marne, pour en comprendre les sources et en cerner les conséquences psychologiques, sexuelles et sociales. La deuxième partie explique que face à de tels actes, dérangeants et perturbants, la sexualité (et non pas le sexe) reste une dimension bien trop négligée dans notre société libérée. Enfin, la troisième partie donne les clés d'une démarche de santé sexuelle, concept défini par l'Organisation mondiale de la santé (OMS), et livre l'expérience de la thérapie sexuelle et de l'éducation à la sexualité mise en place au sein d'une cellule départementale d'accompagnement au développement de la sexualité (CDADS, ainsi qu'est appelée la structure créée au sein du conseil général de la Marne). Parce qu'au bout du compte, au-delà des violences et des traumatismes sexuels, la connaissance, la formation et l'écoute attentive, sur des bases rigoureuses et étayées, laissent espérer qu'il n'y a rien d'inéluctable et que des vies brisées dans l'enfance et l'adolescence peuvent être réparées.

PARTIE 1

UNE EXPÉRIENCE DE TERRAIN DANS LA MARNE

L'HIVER, la brume plane bien souvent à l'aube sur la campagne de mon département, la Marne. L'air est vif, le paysage blanc et calme, et le temps en arrêt. Tout autour évoque la sérénité alors que depuis des années, je vis une réalité de blessures et de souffrances de l'enfance. Face à ces matins blêmes, je voudrais penser que le travail entrepris ici apaise des corps meurtris et en appelle à un avenir plus paisible.

Chapitre 1

La situation dans un département français : la Marne

À LA FIN DES ANNÉES 90, j'exerce à Vitry-le-François, petite ville de 30 000 habitants aux allures d'un bourg sympathique de province, mais très fragilisée économiquement. Je suis alors médecin de protection maternelle et infantile[1] (PMI) du conseil général de la Marne ; la sexualité, parmi d'autres causes, m'apparaît déjà être responsable

---

1. L'État, les collectivités territoriales et les organismes de sécurité sociale participent à la protection et à la promotion de la santé maternelle et infantile qui comprend : 1) Des mesures de prévention médicales, psychologiques, sociales et d'éducation pour la santé en faveur des futurs parents et des enfants dans le cadre des consultations d'enfants de moins de 6 ans et des centres de planification. 2) Des actions d'accompagnement psychologique et social des femmes enceintes et des jeunes mères de famille, particulièrement les plus démunies. 3) Des actions de prévention et de dépistage des handicaps des enfants de moins de 6 ans ainsi que le conseil aux familles pour la prise en charge de ces handicaps. 4) La surveillance et le contrôle des établissements et services d'accueil des enfants de moins de 6 ans ainsi que des assistantes maternelles (Code de la santé publique, article L. 146). Le service de protection maternelle et infantile (PMI) des conseils généraux coordonne ces missions.

de multiples souffrances personnelles et intimes, mais aussi sociales. J'assure des consultations de jeunes enfants et je tiens une permanence au centre de planification[2], où se rendent de nombreuses adolescentes pour grossesse non désirée. Par ailleurs, je suis conseiller médical dans le cadre de situations de maltraitance sur enfants et adolescents et je suis confrontée à des cas de violences sexuelles sur mineurs[3]. À cette époque, les victimes que je rencontre sont principalement des filles, enfants ou préadolescentes.

Le département de la Marne, comme d'autres départements où j'ai travaillé antérieurement tel celui des Ardennes, est traversé par des habitudes familiales anciennes, entre repli sur soi et comportements sexuels incestueux. L'inceste[4] peut se perpétuer de génération en génération dans un enfermement caractérisé, quels que soient les milieux ruraux ou urbains[5]. Réalité à laquelle j'ai été confrontée dès 1990, lorsque j'exerçais comme médecin de PMI dans le département de l'Essonne. De toute manière, mes diverses expériences m'ont montré que les violences sexuelles ne connaissent pas de frontières, qu'elles soient géographiques, sociales ou ethniques. Tel fut aussi mon constat lors de mon séjour à

---

2. Dans chaque département, les centres de planification, entités de la PMI, ont pour mission, dans chaque ville de moyenne et grande importance, d'assurer des consultations gratuites de contraception, de demande d'interruption volontaire de grossesse, de suivi gynécologique et de suivi de grossesse. Ces entités sont parfois assimilées, à tort, au planning familial, structure associative installée en milieu urbain.

3. En France, la notion de majorité sexuelle n'existe pas explicitement. Cependant, le Code pénal reconnaît implicitement une majorité sexuelle pour les plus de 15 ans. Il différencie également les personnes qui abusent de l'autorité que leur confèrent leurs fonctions. Ainsi, en tant qu'animateur, directeur ou responsable d'un groupe de jeunes, il y a une responsabilité particulière par rapport aux mineurs. Ainsi, il est important de retenir que : toute relation sexuelle entre un majeur et un mineur de 15 ans est interdite ; les relations sexuelles avec un mineur de plus de 15 ans sont interdites si la personne qui agit a autorité sur la victime ou abuse de l'autorité que lui confèrent ses fonctions. C'est le cas par exemple s'il s'agit d'un professeur ou d'un animateur de centre de vacances. On parle là, bien sûr, de relations sans violence, ce qui exclut les relations avec violence, qui sont condamnées par d'autres articles du Code pénal avec systématiquement des conditions aggravantes lorsqu'elles ont lieu sur des mineurs.

4. Voir à ce sujet dans cette même partie, chapitre 3, paragraphe 4, « Les réponses juridiques et éducatives ».

5. Toutes les études, ainsi qu'une enquête de 2009 commandée par l'AIVI (Association internationale des victimes d'inceste), montrent que l'inceste est un phénomène très étendu qui touche toutes les catégories sociales et tous les territoires, urbains et ruraux. Trois pour cent des Français, selon cette enquête, déclarent avoir été victimes d'inceste, chiffre sans doute bien inférieur à la réalité vécue. Selon des études menées dans le monde entier, et d'après le guide de l'OMS, 20 % des femmes et 5 à 10 % des hommes déclarent avoir été victimes d'inceste durant leur enfance.

Mayotte, entre 1992 et 1994, quand je travaillais d'abord en PMI, puis à la maternité de Mamoudzou.

VIOLENCES SEXUELLES ET MINEURS VICTIMES

En 1997, à Vitry-le-François, dans les réunions de suivis des enfants confiés à l'aide sociale à l'enfance[6] (ASE) du conseil général, je prends connaissance des motifs de placement, et on évoque bien sûr les abus sexuels intrafamiliaux qui entraînent le retrait d'un enfant de sa famille. Par ailleurs, lors de consultations de jeunes enfants, les mères, à travers leurs récits de vie, signalent des situations analogues ; à l'occasion des bilans de santé en écoles maternelles, je suis également interpellée par des enseignants ; c'est la même chose pour les consultations en centre de planification, au cours desquelles des mineures ou femmes adultes sont parfois amenées à me parler de ce qu'elles ont pu subir. Dans toutes ces situations, s'il n'a déjà été fait, je peux me trouver dans une obligation de signalement pour les mineurs. Cette démarche engage toute ma responsabilité et souligne la gravité de ces faits ; je suis profondément troublée et préoccupée.

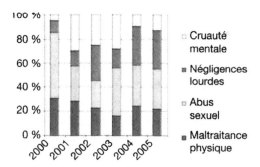

Figure 1.1. Nature de la maltraitance

---

6. Le service de l'aide sociale à l'enfance (ASE) est un service du département, placé sous l'autorité du président du conseil général et dont la mission essentielle est de venir en aide aux enfants et à leur famille par des actions de prévention individuelle ou collective, de protection et de lutte contre la maltraitance. L'ASE exerce directement la tutelle en prenant en charge les mineurs qui lui sont confiés.

Entre 2000 et 2005[7], un observatoire mis en place au conseil général de la Marne va dans le sens des données nationales et montre que, dans le cadre de signalements judiciaires, 50 % des mineurs sont suivis pour maltraitances avérées (physiques, psychologiques, sexuelles ou négligences lourdes). Ce pourcentage est relativement stable dans le temps. Le premier motif de signalement est toujours l'abus sexuel, qui varie de 22 à 55 %. Les maltraitances, dans leur ensemble, sont infligées à 68 % par la famille proche de ces mineurs, c'est-à-dire par leurs parents ou beaux-parents. Le père est seul auteur dans 36 % des situations, la mère est impliquée dans 33 % des cas. Toutefois, les violences sexuelles des mineurs ne se produisent pas seulement dans le cadre familial, mais parfois en milieu scolaire, associatif ou amical. Au niveau national, depuis 1974, le nombre de violences sexuelles déclarées n'a cessé d'augmenter. Selon l'Observatoire national de la délinquance (OND), le nombre de viols sur les victimes mineures, en grande partie des filles, passe de 5 116 en 2000 à 5 581 en 2005, après avoir été de 6 226 en 2002, soit un accroissement compris entre 9 % et 22 % (Lameyre, 2008).

Il y a aussi des situations de violence sexuelle qui ne se caractérisent pas par l'abus d'un adulte sur un enfant. Ainsi certains mineurs subissent-ils dans leur enfance ou leur adolescence des violences sexuelles avérées de la part d'un autre mineur. Il y a également des situations connotées sexuellement et ressenties comme violentes. Certains mineurs ont des attitudes masturbatoires compulsives ; d'autres sont dans la consommation pornographique ou manifestent des déviances sexuelles de type zoophilie ; d'autres enfin présentent un comportement érotisé et prennent le risque de situations sexuelles violentes. Tous ces cas sont à l'origine d'un malaise émotionnel chez des professionnels qui manquent souvent d'expériences réflexives et de mots pour relater ces faits.

Ainsi, plus globalement, au-delà des situations de maltraitances infantiles, les professionnels de la direction de la solidarité départementale[8] sont confrontés à des phénomènes de violence sexuelle, ni évoquée ni éclairée, facteur de mal-être social et intime. En 1997, un jour de réunion,

---

7. Cet observatoire était une commande nationale de l'Observatoire national de l'action sociale décentralisée (ODAS). Depuis, la loi de mars 2007 réformant la protection de l'enfance a créé l'Observatoire départemental de la protection de l'enfance renforçant le dispositif d'observation mis en place par la loi du 10 juillet 1989 confiant au Président du conseil général la mission d'organiser au niveau départemental le recueil permanent d'informations relatives aux mineurs maltraités.
8. La direction de la solidarité départementale au sein du conseil général de la Marne regroupe les services d'action médicosociale (PMI, service social et de prévention, ASE, service adoption...).

les professionnels, assistants sociaux, responsable de circonscription, éducateurs, infirmières, sages-femmes et moi-même en tant que médecin, évoquons les suivis des enfants. L'assistante sociale et l'infirmière mentionnent la situation d'un frère et d'une sœur, âgés de 8 et 6 ans, confiés à l'ASE chez une assistante familiale en raison de négligences lourdes parentales. L'assistante familiale les a surpris, à trois reprises et en quelques semaines, en train se livrer à des gestes à type d'attouchements sexuels entre eux. Elle se dit très inquiète, dépourvue et perturbée. Il est décidé d'informer le pédopsychiatre, la psychologue et le juge des enfants pour lancer une investigation sur d'éventuels faits d'abus sexuels sur ces enfants. Les mois passent, sans grand changement ni révélation particulière. Près d'une année plus tard, lors d'une nouvelle réunion, la responsable de circonscription nous informe que la mère des enfants est hospitalisée et son mari incarcéré. Il a violenté son épouse en lui introduisant une tringle à rideau dans le vagin. Quand elle est interrogée, elle révèle qu'avant le placement des enfants, il arrivait au couple de vivre sa sexualité, qui peu à peu s'était empreinte de violence, devant eux.

Ce récit a été déterminant. Partagée entre le dégoût, l'aversion et la stupeur, je sens bien que la sexualité n'est pas suffisamment questionnée. A-t-on analysé, au-delà du comportement éducatif carencé des parents à l'égard de leurs enfants (« les négligences lourdes »), les dysfonctionnements de la sexualité d'un couple ? Comment l'irrespect de l'intégrité sexuelle de la femme n'entraîne-t-il pas le manquement à l'égard des enfants ? Comment un homme en arrive-t-il à ne pas se respecter dans sa personnalité sexuelle ? Comment ne pas établir le lien entre une sexualité parentale inadaptée et la maltraitance des enfants ? N'est-il pas nécessaire de parler de la sexualité dans l'évaluation globale des situations ? Pourquoi ne pas la considérer comme un élément incontournable quand on a pour mission la protection des enfants et des personnes ? Comment ne pas tenir compte de la sexualité pour permettre à des adultes de dévoiler des violences sexuelles survenues dans leur enfance ou leur adolescence ?

Comme j'entends parler d'une formation sur l'éducation à la sexualité, organisée dans la Marne par l'association des conseillères conjugales, proposée, entre autres, aux sages-femmes et médecins de la PMI des conseils généraux, je décide de me former, de 1997 à 1999, afin d'être en mesure de dispenser information et conseils sur la sexualité. Je continue avec un diplôme interuniversitaire de sexologie à l'université Paul Sabatier de Toulouse, que j'obtiens en 2002, pour devenir médecin sexologue, pressentant qu'il devient indispensable d'organiser un travail approfondi autour de la sexualité, dans un conseil général qui a pour mission la protection de l'enfance[9].

À l'issue de ma formation et à partir de 2002, des responsables des circonscriptions médicosociales du conseil général, souvent démunis, et après avoir pris connaissance de mon parcours, commencent à me solliciter sur ces questions. Ils expriment leur désarroi face à l'absence de prise en charge sexuelle au décours des signalements et face à certaines situations déroutantes. Parfois, les mots viennent à manquer. Un jour, en réunion de suivi, une assistante sociale me demande, légitime que je suis en tant que médecin sexologue, quelle attitude adopter face à la situation d'un jeune garçon âgé de 5 ans et demi qui doit retourner vivre auprès de ses parents après avoir été accueilli cinq ans en famille d'accueil pour motif d'abus sexuel. Je lui demande de m'expliciter le motif d'abus sexuel et elle me répond qu'elle ne peut pas. Je m'en étonne mais elle ne peut qu'exprimer sa profonde émotion (« C'est trop horrible. ») Je me retourne vers la responsable de circonscription, qui reste silencieuse. J'explique combien il est important de verbaliser pour adopter une réponse préventive et professionnelle adéquate. Après un temps de silence et avec mon aide, elle commence à raconter que cet enfant, à l'âge de 2 mois et demi, a été amené par ses parents aux urgences de l'hôpital car il avait « la bouche explosée ». Immédiatement, un signalement au procureur a été fait par le pédiatre hospitalier pour abus sexuel puisque le père a expliqué que, pour calmer les pleurs du bébé, il lui a mis son sexe dans sa bouche. Il s'agit de parents carencés qui, depuis la naissance de l'enfant, font l'objet d'un suivi renforcé de la PMI. À la suite de ce signalement, des suites judiciaires ont été rapidement données à cette affaire : l'enfant a été confié aux services de l'ASE et le père a été mis en examen pour infraction à caractère sexuel. Plus tard, l'affaire est judiciairement classée sans suite. L'une des magistrates m'expliquera que les juges ont eu la conviction d'être en présence d'un homme légèrement déficient, ni conscient de son acte sexuel, ni pervers *a priori*. Par la suite, dans le cadre du placement de leur enfant, lui et sa compagne, mère du bébé, ont été suivis par la psychologue de la circonscription. Je demande à cette dernière si elle est revenue sur le comportement sexuel du père. « Quel comportement sexuel ? » me répond-elle, à ma grande surprise. Elle n'a rien su de l'acte sexuel, les seules informations fournies avaient été celles des carences éducatives et des négligences lourdes. Je vais me

---

9. Le conseil général est l'institution publique chargée, dans chaque département français, d'organiser l'application des lois votées par le Parlement sur la protection médicosociale des mineurs.

rendre compte que seules les notes personnelles de l'infirmière de la PMI décrivent en détail cette affaire. Il n'y a aucunes traces explicites dans le dossier social. Finalement, l'enfant retourne vivre progressivement chez ses parents, sans nouveaux problèmes.

Face à de telles situations, de 2002 à 2004, je consacre une partie de mon temps, de manière effective mais non officielle au sein du conseil général, à la prise en charge sexologique de jeunes victimes, en complément des soutiens classiques, psychologiques ou psychiatriques, dont elles bénéficient parallèlement.

Cas clinique 1

Aude[10] a 15 ans. Elle vit chez ses parents, elle est scolarisée. Elle bénéficie d'une prise en charge depuis qu'elle a été victime d'un viol en réunion à 13 ans dans la cave d'un immeuble, par trois garçons de son entourage. Elle déconcerte sa famille du fait de mises en danger sexuel depuis six mois. Elle m'est adressée par la psychologue.

Cas clinique 2

Élodie, jeune fille de 15 ans, vivant au foyer départemental de l'enfance, m'est adressée pour comportement provocateur à l'égard des garçons, de mise en danger sexuel, avec des fugues répétées et le recours à des conduites addictives. Elle a été abandonnée par sa mère à l'âge de 3 mois, sans père reconnu ; à l'âge de 13 ans, et durant son placement dans sa famille d'accueil, elle a été victime d'abus sexuels (qu'elle a elle-même révélés) par le mari de l'assistante familiale.
Dans son enfance, elle a bénéficié d'un suivi psychologique, repris suite à l'abus sexuel. Mais deux ans plus tard, elle se met en danger de manière permanente et inquiétante. Les professionnels, complètement dépourvus, me l'adressent.

Cas clinique 3

En 2002, **Lydie** a 15 ans et vit depuis deux ans en famille d'accueil, après avoir été accueillie quatre ans en maison d'enfants à caractère social (MECS). Elle ne connaît quasiment pas sa mère et son père s'est avéré dans l'incapacité de l'éduquer, elle et ses deux sœurs benjamines, d'où le placement.

---

10. Tous les noms ont été modifiés.

Il y a dix-huit mois, au retour d'un droit d'hébergement chez son père, Lydie révèle qu'un ami de celui-ci s'est livré à des attouchements sexuels sur elle et ses sœurs tandis que le père était en état d'ivresse.

Elle est déficiente intellectuelle légère, scolarisée en institut médicoéducatif (IME), avec une prise en charge psychologique et pédopsychiatrique. Le comportement et l'attitude de Lydie inquiètent les professionnels : elle provoque les garçons et les hommes, se montre agressive avec son entourage proche, qui craint une grossesse devant sa mise en danger sexuelle. Elle m'est donc adressée par son éducatrice de l'ASE.

Cas clinique 4

Vanessa a 20 ans. Elle a été confiée à l'ASE de 13 à 18 ans sur le motif d'abus sexuels par son père (attouchements puis viol), avec suivi psychologique. L'affaire est classée sans suite faute de preuves. Elle est amenée par une sage-femme de PMI pour une grossesse possible, dans un contexte très inquiétant avec mise en danger sexuel répétée, alcoolisme et toxicomanie repérés par l'assistante sociale du lycée professionnel dans lequel elle est scolarisée. Elle n'a pas de domicile fixe et ne bénéficie désormais plus de suivi.

Cas clinique 5

Antoine est placé dans une MECS pour négligences parentales graves. Entre 8 et 11 ans, il a été victime d'abus sexuels par un cousin et par son frère aîné, attouchements et fellations. Il révèle ces faits à 14 ans, après une séance d'éducation à la sexualité au collège.

Cas clinique 6

Lilou et **Myriam**, 3 ans et demi et 5 ans, me sont adressées par l'assistante sociale. Elles sont confiées depuis six mois à une assistante familiale, après des révélations de Myriam de violences sexuelles, dont des viols de la part de leurs deux parents, à présent incarcérés. Leur situation suscite beaucoup d'émotion à l'école maternelle où elles sont scolarisées désormais parce qu'elles racontent volontiers ce qu'elles ont subi. Lilou parle bien pour son âge et raconte à son entourage, comme elle me le redira en consultation, que « Papa mettait son zizi dans ma bouche et il y avait du lait qui sortait ».

Violences sexuelles et mineurs auteurs

Si ma réflexion sur la sexualité s'est amorcée autour des victimes, je suis confrontée dès 2004 à une nouvelle réalité, celle des mineurs auteurs[11] d'infractions à caractère sexuel, tous garçons à ce jour. Certes, j'ai reçu des filles pour des actes sexuels violents commis sur autrui, mais elles n'étaient pas pour autant mises en examen, sans doute en raison de leur passé de victimes avérées. L'augmentation statistique des violences sexuelles[12] montre des révélations aujourd'hui plus aisées, favorisées par l'information menée auprès des victimes et encouragées par le discours social et médiatique. Ainsi, les victimes mineures s'autorisent-elles à parler ou sont incitées à le faire (même si la loi du silence peut rester de mise) et les professionnels en charge de mineurs sont plus prompts à faire un signalement.

D'après mon expérience, si j'ai rencontré des situations très diverses parmi les mineurs auteurs, il reste que tous ces jeunes ont eu des histoires de vie très difficiles et que près de la moitié d'entre eux a été victime de violences sexuelles. Ce qui m'a convaincue de les accompagner avec rigueur et attention.

Cas clinique 7

Cédric, 17 ans, est mis en examen pour viol sur mineure. Il a été par ailleurs incarcéré à deux reprises pour des faits de délinquance. Il s'agit d'un jeune en rupture scolaire et en grande difficulté socioaffective, avec des carences éducatives familiales, ce qui a motivé son placement à l'ASE. Le suivi organisé par la Protection judiciaire de la jeunesse (PJJ), reposant sur une éducatrice et un psychologue, lui a permis de révéler des attouchements subis à l'âge de 9 ans par un membre de sa famille. Il m'est adressé par la PJJ.

Cas clinique 8

Eddy a 12 ans quand il est mis en examen[13] pour attouchements sexuels sur sa sœur âgée de 9 ans. Suite à des carences éducatives familiales, des violences conjugales graves et une exposition à la pornographie par sa mère psychotique, il vit en foyer dès l'âge de 8 ans, après avoir été accueilli par

---

11. Voir procédure juridique concernant les mineurs, page 18.
12. Dans une autre perspective, on peut s'interroger sur le comptage des données sur la délinquance, qui peuvent répondre à des préoccupations politiques.
13. Un enfant peut être mis en examen avant 13 ans quand on considère qu'il est capable de discernement. Toutefois, il fera l'objet de mesures éducatives.

une assistante familiale pendant quatre ans. Il est en IME pour déficience intellectuelle légère rattachée à un syndrome de Di George[14]. Il présente des troubles du comportement associés à de l'agressivité sexuelle verbale. Il m'est adressé par l'assistante sociale et la psychologue du conseil général.

Cas clinique 9

Dorian, 17 ans, est pris en charge dans le cadre d'un contrôle judiciaire pour viol et agressions sexuelles sur un mineur de moins de 15 ans. Scolarisé en terminale, il est brillant intellectuellement et met en avant ses connaissances poussées en philosophie. Fils unique, de milieu aisé, il vit chez ses parents aujourd'hui séparés. Son père est alcoolique. Il a assisté à de fréquentes scènes de violences conjugales.

Cas clinique 10

Joris a 16 ans et demi. Il est amené par son assistant familial à la demande de la psychologue du conseil général. Il s'est livré un an auparavant à des attouchements sur une fillette de 3 ans, confiée à la même famille d'accueil que lui. Il est placé dans une autre famille après un bref passage en foyer, et la psychologue me dit « qu'il n'a pas récidivé depuis mais qu'il se masturbe fréquemment à la vue de son entourage, qu'il est taciturne, très introverti et ne s'intéresse à rien ». Sa scolarité est difficilement menée. Joris a été confié à l'ASE à l'âge de 9 ans pour carences éducatives, conflits conjugaux, alcoolisation de sa mère, qui est décédée il y a deux ans.

La prise en charge psychologique et sociale est difficile du fait des silences de Joris. Toutefois, il a pu révéler l'histoire suivante. Lorsqu'il avait environ 3 ans, il a vu un copain de son père, en présence de son père lui-même, procéder à des attouchements au niveau du sexe de sa mère. Le père, se rendant compte de la présence de Joris, l'a envoyé dans sa chambre mais Joris se souvient que sa mère a crié longtemps. La psychologue m'explique également que Joris a été ébranlé par un rapport d'expertise psychiatrique qu'il a reçu au domicile de l'assistant familial. Les faits reprochés correspondent à un raptus sexuel lié à une identification à l'agresseur de sa mère, dont ce jeune se défend par la dénégation, avec une censure particulièrement importante de toute pulsion sexuelle. Le rapport mentionne les observations suivantes : pas de structure perverse ou psychotique ou psychopathique. Organisation névrotique de la personnalité. Faible niveau intellectuel. Prise en charge en psychothérapie avec une obligation de soins. « Désormais, me dit la psychologue, Joris est convaincu qu'il va faire comme l'agresseur de sa mère et il est obsédé par l'idée de recommencer ; son attitude de repli et

---

14. Le syndrome de Di George regroupe un ensemble d'anomalies du cerveau, du palais, des oreilles, du pharynx, associées à des difficultés d'apprentissage.

la masturbation se sont accentuées, nous faisant peur. » À noter que par la suite, je prendrai en charge un de ses jeunes frères, tombé amoureux de son assistante familiale avec des attitudes de harcèlement sexuel. La thérapie l'amènera à révéler les abus sexuels commis par un autre des frères.

Cas clinique 11

Loïc est confié à 6 ans à une famille d'accueil en raison de la maladie mentale de sa mère et de l'absence de père. Il a 16 ans, est scolarisé en seconde générale et est mis en examen pour agression sexuelle, attouchements sur mineure de moins de 15 ans. L'année précédente au collège, à la récréation, avec un copain, il a touché les seins et les fesses d'une amie qui dépose plainte trois mois plus tard. Depuis, il est très en colère et son éducatrice de l'ASE me l'adresse, inquiète devant son état et la baisse de ses résultats scolaires alors qu'une audience est prochainement prévue.

Cas clinique 12

Fabien a 16 ans. Il vit chez ses parents avec ses trois frères et sœurs. Il est suivi depuis ses 8 ans en centre médicopsychopédagogique (CMPP) pour difficultés de comportement. Il est handicapé physique, atteint d'une atteinte musculaire dégénérative et marche très difficilement. Il a été mis en examen à 13 ans pour présomption de viol sur une camarade préadolescente, déficiente légère, de 12 ans. Il m'est adressé par une éducatrice du service de prévention qui suit la famille. Elle est inquiète parce que Fabien ne semble avoir aucune retenue sur le plan sexuel.

Cas clinique 13

Le jeune **Bertrand** est confié à l'ASE à 13 ans pour carences éducatives, conflit conjugal, alcoolisation paternelle avec violence ; il est mis en examen quelques mois plus tard pour présomption d'une première infraction à caractère sexuel (agression sexuelle sur mineurs de 15 ans) et plusieurs autres actes de délinquance. Puis il sera à nouveau mis en examen pour deux nouvelles agressions sexuelles (exhibitionnisme et agression sexuelle sur mineurs de 15 ans). À 16 ans, il est placé en garde à vue suite à la plainte d'une jeune femme de 18 ans pour viol ; un mois plus tard, il est incarcéré en quartier des mineurs et m'est alors adressé « en urgence » par l'éducatrice de l'ASE après avis du juge pour enfants. Il restera incarcéré pendant 9 mois puis sera placé en centre éducatif fermé. Entre-temps, il sera jugé et condamné pour les agressions sexuelles.

Ces parcours d'adolescents et les enseignements tirés de la littérature sur les auteurs mineurs ne pouvaient que renforcer ma profonde conviction, celle de travailler le plus en amont possible pour éviter de tels engrenages. Certes, les changements sociétaux[15] favorisent peut-être des passages à l'acte de certains adolescents, ou, en tout cas, les banalisent. Dans le département de la Marne, après 1995, les infractions à caractère sexuel[16] commises augmentent de façon significative. Il y eut cinq saisines des juges des enfants en 1995 pour infractions sexuelles commises par des jeunes garçons de moins de 16 ans, 27 en 2004 et 46 en 2006[17]. Sur le plan national, l'OND signale, en 2007, 3 432 mineurs garçons pour 71 mineures filles mis en cause pour des violences sexuelles. Il y aurait eu une augmentation de 67 % des viols et de 117 % des autres agressions sexuelles, de la part de mineurs envers d'autres mineurs entre 1996 et 2003 et une stabilisation des chiffres entre 2004 et 2008.

Face à ces violences sexuelles des mineurs, largement diffusées médiatiquement, les discours sociaux ont changé ces dernières années. Si on pouvait les considérer, il y a vingt ans, comme des expériences initiatiques banales, les faits sexuels d'adolescents sont désormais jugés comme des actes de transgression à sanctionner et qui peuvent, dans un effet retors, profondément stigmatiser les auteurs.

> « Les adolescents qui agressent sexuellement des enfants ou leurs pairs apparaissent dans les médias comme les nouveaux renégats d'un ordre social chaotique, voire inversé ou perverti, dans lequel les jeunes auraient perdu leurs repères. [...] Dans ce registre, l'attention se focalise actuellement sur des adolescents et sur des enfants prépubères qui apparaissent

---

15. Voir partie 2, chapitre 1, paragraphe 3, « Les discours médiatiques, sociaux et artistiques ».

16. Le viol est constitué par tout acte de pénétration sexuelle, de quelque nature qu'il soit, commis sur la personne d'autrui par violence, contrainte, menace ou surprise (Code pénal, article 222-23). L'agression sexuelle est une atteinte sexuelle commise avec violence, contrainte, menace ou surprise (Code pénal, article 222-27). L'atteinte sexuelle est le fait pour un majeur d'exercer sans violence contrainte, menace ni surprise une atteinte sexuelle sur mineur de moins de 15 ans (Code pénal, article 227-27) ; sur un mineur de plus de 15 ans non marié, lorsque cette atteinte est commise par un ascendant ou par toute autre personne ayant autorité sur la victime ou par une personne qui abuse de l'autorité que lui confèrent ses fonctions (Code pénal, article 227-27). L'exhibition sexuelle est un acte imposé à la vue d'autrui dans un lieu accessible au regard du public (Code pénal, article 222-32). Le harcèlement sexuel, nouvelle incrimination pénale, est le fait de harceler quelqu'un, pour obtenir des faveurs de nature sexuelle, par une personne abusant de son autorité (Code pénal, article 222-33).

17. Données fournies par les magistrats de la Marne avec lesquels j'ai développé un partenariat.

> comme des handicapés psychosociaux ou encore comme des agresseurs physiques ou sexuels potentiels, voire de futurs psychopathes. Les plus marginaux de ces adolescents sont représentés par ceux qui abusent sexuellement d'enfants plus jeunes. Ils apparaissent au regard de certains comme des "abuseurs sexuels" comparables aux auteurs sexuels adultes. » (Haesevoets, 2001/2 b, p. 451)

La notion de dangerosité est devenue centrale dans notre société et permet, à travers la peur qu'elle suscite, de renvoyer l'autre déviant dans une marge irrévocable et de maintenir par là même l'ordre social. De cette façon, la tendance à assimiler les mineurs aux adultes auteurs de violences sexuelles sert aussi à trouver des réponses simples et radicales à tout dysfonctionnement, aussi grave soit-il. Or à la fois par la nature même des actes (faits commis en réunion, victime complice à son tour, filles auteurs) et des caractéristiques adolescentes (personnalité en construction, défenses projectives, instabilité, impulsivité), on ne saurait en aucun cas présager du caractère inscrit, psychopathique ou pervers de ces transgressions, comme s'accordent d'ailleurs à le soutenir la plupart des experts judiciaires (Blachère, 2009). Ainsi, beaucoup de mineurs auteurs poursuivis à l'âge adulte après des révélations tardives de victimes sont pour la plupart sans antécédents judiciaires depuis leur majorité.

Il n'empêche qu'il reste important de repérer les sujets à risque (manifestations de cruauté exacerbée, précocité de relations avec une partenaire plus âgée) quand on voit que bon nombre de délinquants sexuels adultes ont perpétré des violences sexuelles à l'adolescence (Longo et Groth, 1983 ; Kahn et Lafond, 1988 ; Ciavaldini, 1999). La situation de Bertrand montre que si l'histoire d'un jeune comporte des signes inquiétants psychologiques, sociaux, environnementaux, on ne peut prédire de l'avenir après une première infraction mais qu'il faut toutefois rapidement travailler sur la sexualité. Une prise en charge solide est alors centrale :

> « Un programme multivarié de guidance éducative adapté à ces jeunes sujets ne peut se construire que dans un cadre institutionnel éprouvé par des repères éthiques et juridiques solides. » (Haesevoets 2001/2 b, p. 453)

La procédure juridique

D'un point de vue juridique, lorsqu'un mineur – en théorie quel que soit son âge – est présumé auteur d'une infraction à caractère sexuel, il est entendu par les policiers ou gendarmes dans le cadre d'une enquête dite préliminaire ou de flagrance au cours de laquelle il peut être placé en garde à vue s'il est âgé de plus de 13 ans. À l'issue de cette audition et de leurs investigations, les enquêteurs contactent le parquet, qui analyse le dossier et peut décider d'un classement sans suite en l'absence de preuves suffisantes, d'une alternative aux poursuites (stage, injonction thérapeutique, rappel à la loi, etc.) si l'infraction est peu grave ou d'une saisine d'un juge, juge des enfants (délit) ou juge d'instruction (crime) si l'affaire est grave. Le jeune est présenté devant ce magistrat qui lui signifie sa mise en examen puis instruit l'affaire : c'est le temps de l'enquête judiciaire. Les juges peuvent ordonner dans certains cas, selon l'âge, une mesure de placement soit au service de la PJJ, soit aux services associatifs ou habilités par la Justice, ou une mesure de détention provisoire (à partir de 13 ans pour un crime) ou une mesure de contrôle judiciaire avec un certain nombre d'obligations, comme éventuellement une obligation de soins. Pendant leur enquête, les magistrats peuvent procéder à l'audition des témoins éventuels, demander des expertises psychiatriques et/ou psychologiques, procéder aussi à des confrontations dans le cas où plusieurs auteurs sont impliqués.

À l'issue de la phase d'enquête les magistrats prononcent un non-lieu ou renvoient le dossier devant la juridiction compétente ; il s'agira du tribunal pour enfants dans tous les cas si le jeune avait moins de 16 ans au moment des faits, y compris pour des faits criminels. Si le jeune avait plus de 16 ans, il sera jugé par la cour d'assises des mineurs dans le cas de faits criminels et par le tribunal pour enfants pour des faits délictuels.

Lorsqu'un mineur de plus de 13 ans est reconnu coupable d'une infraction à caractère sexuel, sa condamnation est inscrite au casier judiciaire et sur le fichier des personnes auteurs d'infractions à caractère sexuel. Pour les mineurs de plus de 16 ans, l'excuse atténuante de minorité peut être levée et les peines se rapprochent de celles des peines encourues par les majeurs : emprisonnement assorti ou non d'un sursis et d'une amende. Le suivi sociojudiciaire est une sanction pénale souvent prononcée à l'encontre des auteurs d'infractions à caractère sexuel. Il comprend une obligation[18] de soins et, depuis la loi du 10 août 2007, une injonction de soins d'une durée variable (voir à ce sujet le *Guide de l'injonction de*

---

18. L'obligation de soins est l'obligation de se soumettre à des mesures de traitement médical en dehors d'une rétention (contrôle judiciaire, sursis avec mise à l'épreuve, mesures d'aménagement de peine). L'expertise préalable n'est pas nécessaire pour l'ordonner ou la supprimer. Le dispositif repose sur la production d'un justificatif de suivi par l'intéressé. La concertation entre l'autorité judiciaire et le personnel de santé reste à la discrétion des acteurs de terrain. L'injonction de soins élargit le cadre de l'obligation de soins puisqu'elle est prononcée systématiquement en cas de condamnation pour infraction à caractère sexuel. L'expertise médicale préalable est nécessaire pour l'ordonner et la

> *soins*, édité par le ministère de la Justice, 2009). Le non-respect de cette injonction est sévèrement sanctionné : emprisonnement dans le cas d'une condamnation avec sursis ; ou absence d'aménagement de la peine dans le cas d'emprisonnement.
>
> Pour les mineurs de moins de 16 ans, les peines prévues pour les majeurs sont divisées par deux ; le suivi sociojudiciaire n'est pas systématique mais l'emprisonnement reste possible. Les placements en centre éducatif fermé représentent désormais une alternative à l'incarcération.
>
> La présence d'un avocat est obligatoire à tous les stades de la procédure pénale pour les mineurs de moins de 16 ans : garde à vue, présentation au parquet, jugement et aménagement de peine. L'avocat peut être choisi par le mineur et/ou sa famille. Sinon, un avocat commis d'office représentera les intérêts du mineur. Pour les mineurs de 16 à 18 ans, l'avocat peut intervenir à la demande du gardé à vue.
>
> À noter que dans le cadre du respect de l'autorité parentale, quelle(s) que soi(en)t la décision judiciaire prise et/ou la mesure de placement prise, les parents conservent l'autorité parentale pleine et entière ; ils sont informés des décisions judiciaires prises à l'encontre de leur enfant et sont systématiquement convoqués aux audiences. Concernant l'instruction, seul l'avocat pourra leur communiquer certains aspects du dossier en vue d'un éventuel jugement.
>
> Le service de la PJJ est obligatoirement saisi lorsque le mineur est déféré (c'est-à-dire présenté au juge entre deux gendarmes ou policiers) après sa garde à vue, qu'un mandat de dépôt soit ou non requis à son encontre : l'éducateur de ce service effectue une enquête de personnalité succincte et fait une proposition alternative à l'incarcération, comme une remise à parents assortie d'une mesure éducative, un placement en foyer ou dans la famille élargie ou dans une famille d'accueil, etc. Par la suite, cet éducateur informe et conseille le mineur et la famille : il soutient celle-ci face aux difficultés éducatives qu'elle peut rencontrer. Il accompagne le mineur, suit son évolution, le prépare au jugement et rend compte au magistrat ordonnateur de son suivi.

---

supprimer. Le médecin coordonnateur sert d'interface entre le médecin traitant et le juge de l'application des peines.

Violences sexuelles : les victimes devenues adultes

Sur le terrain et peu à peu, les assistants sociaux et les éducateurs vont me présenter des adultes, parents pour la plupart d'enfants suivis par ces professionnels. Ce sont des femmes dans 90 % des cas, qui ont été victimes de violences sexuelles dans leur enfance ou leur adolescence. Les situations sont multiples. Certains adultes ont révélé les abus sexuels subis au sein même de leur famille et se sont trouvés, de ce fait, confiés aux services sociaux dans leur jeunesse. D'autres ont été placés pour des maltraitances autres que sexuelles et ont révélé seulement à l'âge adulte les violences sexuelles de leur enfance, parfois parce qu'ils connaissaient de profondes difficultés personnelles et familiales et voyaient leurs propres enfants placés ou contraints à des mesures éducatives ou judiciaires. D'autres encore, sans avoir connu l'ASE, se trouvent à l'âge adulte en grande précarité économique et affective et voient intervenir des services sociaux pour leurs enfants. Le plus souvent, les abus sexuels de l'enfance, incestes avant tout (d'un père, grand-père, oncle ou cousin), n'ont pas été révélés ou le sont brutalement lors d'une dépression grave due à un basculement de vie (rupture conjugale, perte d'emploi...). D'autres enfin, femmes enceintes ou en post-partum, révèlent les abus subis quand la grossesse vient réactiver des souffrances passées.

Les adultes qui ont osé révéler les maltraitances sexuelles ont pour la plupart bénéficié de suivis psychologiques et/ou psychiatriques pendant plus de deux ans ; ceux confiés à l'ASE ont pu aussi être soutenus en thérapie, sans pour autant, pour un certain nombre de cas, parvenir à révéler les abus subis. Et les personnes que je rencontre sont en souffrance, souffrance d'un passé douloureux et souffrance présente. Il « faut se garder de l'idée de tragédie transgénérationnelle que notre discours social récite actuellement » (Duyme, 1981, cité par Cyrulnik, 1999, p. 18), puisqu'un grand nombre de jeunes, dans un processus de résilience, connaissent, malgré un parcours d'ASE, un certain épanouissement personnel (Dumaret et Coppel-Batsch, 1996). Mais je suis aussi confrontée à des adultes à la vie éprouvée et éprouvante. De fait, les enfants de parents maltraitants ou présentant des troubles mentaux, s'ils n'ont pas trouvé de compensations affectives, risquent davantage de vivre des évolutions difficiles (Cyrulnik, 1999). Or les maltraitances sexuelles sont probablement largement sous-estimées comme cause de souffrances, car les révélations ne vont pas de soi et restent souvent tardives. Un triste constat : certaines sages-femmes des services de PMI qui travaillent depuis plusieurs années sur un même territoire ont dressé les arbres généalogiques de familles dites « incestueuses » de zones rurales ou modérément urbanisées. Elles ont repéré des enfants placés à l'ASE et qui, tôt ou tard, ont retrouvé leur famille sans que « ce problème d'inceste » ne soit traité, du fait de la difficulté des révélations et/ou de l'insuffisance des preuves amenant des condamnations pénales. Évidemment, ces professionnelles et leurs collègues en charge des enfants placés expriment un fort sentiment de désarroi et d'impuissance qui va dans le sens, hélas, d'une répétition des abus sexuels, quand ils ne sont ni nommés ni transformés.

Ainsi, d'une façon comme une autre, et parcours d'ASE ou pas, les conséquences des abus sexuels de l'enfance sont lourdes à l'âge adulte : grossesses précoces en lien avec une absence de protection, plus grande aversion sexuelle ou certaine ambivalence si les abus ont été perpétrés par le père biologique (Noll *et al.*, 2003), conduites addictives (Rodriguez-Srednicki, 2001 ; Hyman, 2005), choix de partenaires « à risques » avec addictions (Dube *et al.*, 2005) ou « victimisants » avec des violences conjugales et/ou sexuelles (Rumstein-MacKean et Hunsley, 2001 ; Desai *et al.*, 2002 ; Arias 2004 ; Mouzos et Makkai, 2004), dépressions (Weiss *et al.*, 1999 ; Whiffen *et al.* 2000 ; Ullman et Filipas, 2005 ; Whiffen et Macintoch, 2005), conduites suicidaires (Dube *et al.*, 2005 ; Bebbington, 2009), conduites inadaptées ou violentes avec leurs enfants (Verona et Sachs-Ericsson, 2005), prostitution (Najman *et al.*, 2005), multiplication des interruptions volontaires de grossesse. Entre 2002 et 2007, en centre de planification, chez 11 femmes de moins de 25 ans ayant eu trois interruptions volontaires de grossesse, j'ai pu constater, par exemple, que 9 d'entre elles avaient été des victimes de violences sexuelles dans l'enfance ou l'adolescence.

Les conséquences des abus sexuels entraînent de lourdes difficultés médicales, psychologiques, affectives et sociales, et constituent, en ce début du XXIe siècle, un réel problème de santé publique. Il est de la mission d'un conseil général de tenter d'y remédier quand la santé physique et psychologique d'adultes et d'enfants est profondément, voire durablement, fragilisée. En même temps, les études qui pourraient mesurer l'impact des violences sexuelles sont trop peu nombreuses ou sujettes à controverse (Vickerman et Margolin, 2009) par manque d'évaluation ou de suivi. À titre d'exemple, si dans la Marne un observatoire a été créé entre 2000 et 2005 suite à une commande nationale, la collecte de données sur les signalements a été ensuite abandonnée par le service de l'ASE : il est vrai qu'un tel service n'est pas doté de moyens nécessaires à l'accomplissement d'un travail de recherche. D'une certaine indifférence sociale à l'impossibilité ou l'incapacité pour les professionnels de nouer un dialogue autour de la sexualité, il est des empêchements intimes et des entraves considérables face à des révélations nécessaires et libératoires.

Dans la Marne, la formation des sages-femmes du service de PMI en éducation à la sexualité engagée dès 1996, ainsi que la mise en place, par la suite, de mes consultations pour les victimes de violences sexuelles, ont toutefois favorisé le dialogue pendant la grossesse. Moment propice, en effet, pour révéler inceste et violences sexuelles (Gamet, 2002) comme les sages-femmes hospitalières, libérales ou de PMI le constatent sur le terrain.

Mais cette période peut aussi constituer un moment de décompensation (Liang et al., 2006). Dans les couples sans antécédents de violence mais à la sexualité insatisfaisante, l'arrivée de l'enfant ne suffit pas à rétablir un équilibre sexuel (Bettelheim 1988 ; Ganem, 1992 ; Gamet, 2002, 2008). C'est d'autant plus vrai pour les femmes abusées dans l'enfance qui présentent, entre autres, des difficultés sexuelles. Ce temps de recentrement, favorisé par la grossesse, n'autorise plus à vivre une sexualité subie et non désirée, sentiment qui se prolonge aussi dans la période de post-partum, sous-tendue par la crainte réactivée d'abus sexuels perpétrés sur l'enfant par son père ou d'autres hommes. Être enceinte et enfanter avec l'empreinte douloureuse de violences sexuelles antérieures peut d'autant plus déstabiliser un couple.

Finalement, les dialogues amorcés et les possibles paroles autour de la sexualité ont, d'une certaine façon, permis une augmentation des suivis d'adultes victimes. Constat que j'avais déjà envisagé dans une étude (Gamet, 2002), où je signifiais la nécessité de parler de sexualité à une femme enceinte. La prise en charge peut rester toutefois bien limitée, notamment quand les adultes, devenus à leur tour auteurs de violences sexuelles sur leurs propres enfants, sont incarcérés, sans possibilité de rencontres psychologiques et/ou psychiatriques, ou sexologiques.

Cas clinique 14

Mme P. est une jeune femme de 24 ans. Elle a trois enfants en bas âge et se trouve enceinte ; ses trois premiers enfants sont issus de deux unions différentes. Elle vient de quitter son compagnon qui la frappait et a fait appel aux services sociaux : elle est épuisée et se trouve dans une situation financière catastrophique. Les enfants sont confiés à une assistante familiale. Mme P. a été confiée à l'ASE de 9 à 18 ans pour maltraitances physiques. Mais à 12 ans, elle a révélé des abus sexuels commis par son père lors de week-ends de droits de visite. Des suivis psychologiques et pédopsychiatriques ont été organisés jusqu'à l'âge de 16 ans. À 17 ans, elle a attendu son premier enfant et a interrompu une scolarité pourtant prometteuse, puisqu'elle était en apprentissage ; elle a quitté les services de l'ASE dès ses 18 ans pour s'installer en couple (« Je ne voulais plus être à l'ASE. ») Son compagnon l'a quittée rapidement en raison de mésententes, tout comme le deuxième dont elle a eu deux enfants, « des pères qui ne s'occupaient pas des enfants et qui pensaient surtout à leurs copains et à faire la fête ». Le troisième compagnon travaillait et elle a cru pouvoir vivre enfin une vie qu'elle pensait « normale » mais il ne comprenait pas « que je n'avais pas souvent envie de faire l'amour ».

Cas clinique 15

Mme T., 27 ans, est présentée par une assistante sociale. Elle est en situation de détresse psychologique. Elle est issue d'un milieu modeste, a vécu avec ses parents, « simples et gentils ». Elle a révélé il y a quelques semaines à son mari qu'un de leurs amis l'avait obligée à se dévêtir et l'avait filmée. Son mari est convaincu qu'il s'agissait d'une relation extraconjugale parce qu'elle ne lui en a fait la révélation que six mois après les faits et par conséquent, d'après elle, leur situation conjugale se détériore. Il connaît le passé difficile de son épouse et l'a aidée à le surmonter. En fin d'adolescence, ses cousines se moquaient d'elle, de sa naïveté et, à 17 ans, elle est tombée amoureuse « du premier venu ». Elle a alors eu une liaison avec un jeune qui la violentait régulièrement puis a été victime d'un viol collectif auquel ce jeune a participé. Elle n'a pas porté plainte « pour oublier plus vite ». Par la suite, elle s'est mariée avec M. T., avec lequel elle a eu deux enfants. Selon elle, sa vie se déroulait sans heurts, jusqu'à ce nouvel incident. Toutefois, Mme T. dit que « la sexualité ne fonctionnait pas toujours bien de son côté ». M. T. accepte de venir deux fois en consultation avec son épouse sur la proposition de l'assistante sociale qui fait le relais. Mais la situation est déjà très préoccupante car M. T. s'alcoolise et je dois insister pour qu'il accepte de se faire soigner, bien qu'il nie farouchement son addiction. Selon sa femme, ses problèmes d'alcoolisme se sont intensifiés à cause de cette histoire. Mme T. semble comprendre la nécessité d'une prise en charge sexologique qui ne pourra se concrétiser dans l'immédiat parce que, suite à un signalement de la part de l'assistante sociale, Mme T. et ses enfants sont orientés vers un foyer maternel.

Chapitre 2

Aux sources du malaise

LA CONFRONTATION avec le terrain laisse à dire irrémédiablement que la violence autour de la sexualité des mineurs est éprouvante, désastreuse et dramatique. Elle touche particulièrement les filles mais n'épargne pas non plus les garçons. En même temps, les acteurs médicosociaux doivent faire face aux comportements sexuels perturbés de certains de ces jeunes et, démunis, voire irrités, ils ne doivent pas pour autant oublier que les adolescents ont d'abord parfois été des victimes. Je repense à Élodie (cas clinique 2), qui déroute ses référents. Confiée nourrisson aux services sociaux et malheureusement abusée dans sa famille d'accueil, elle se met en danger sexuel à 15 ans dans une violence autoagressive mêlée d'addictions. Mais il est aussi des jeunes qui, sans être des victimes de violences sexuelles, semblent manifester leur mal-être, conséquent à des souffrances autres, par des attitudes sexuelles problématiques.

Cas clinique 16

Lucie a 12 ans. Elle est confiée à l'ASE depuis ses 7 ans pour négligences lourdes et violence conjugale. Les différents suivis dont elle a bénéficié et la vie chez son assistante familiale lui ont permis de trouver un équilibre affectif. Elle voit ses parents régulièrement. Elle travaille bien à l'école. Toutefois, depuis quelques semaines, l'assistante familiale se fait du souci :

à plusieurs reprises, elle est rentrée du collège après 19 heures et elle a été vue accompagnée de plusieurs garçons avec lesquels elle semble flirter, jusqu'au soir où, à 23 heures, alors que personne ne sait où elle est, elle est retrouvée dans un square avec un garçon ; allongés dans l'herbe, ils s'embrassent fougueusement. Le garçon, âgé de 17 ans, dira que Lucie lui a affirmé qu'elle avait 16 ans, ce qui est possible vu sa taille et son apparence. Lucie a été réglée à 9 ans.

Cas clinique 17

Étienne, 13 ans, est retrouvé par l'un de ses frères en train de se frotter avec son sexe contre les attributs génitaux du chien de la famille. Il a un suivi en CMPP depuis ses 7 ans. Sans qu'elle puisse en donner les raisons, l'assistante sociale qui suit la famille depuis quelques années perçoit cette famille comme « fragilisée ». Pourtant, les deux parents semblent présents et attentifs. Le grand frère regarde des films à caractère pornographique depuis ses 11 ans.

Cas clinique 18

Cécile, 14 ans, s'est photographiée nue et a diffusé les images à ses copains *via* Internet, créant quelques soucis à sa famille, rapidement mise hors de cause dans ses agissements. Elle n'a pas été victime de violences sexuelles. Ses parents se sont séparés alors qu'elle avait 10 ans. L'évaluation sexologique permettra de pointer que Cécile a fait l'objet de conflits parentaux. Son père n'a pas supporté de trouver sa fille habillée avec, entre autres, des sous-vêtements et des strings comme peut en porter une femme adulte. Il s'est détaché de sa fille pour éviter les conflits. Je verrai que la mère, en compensation de sa souffrance, voulait chérir sa fille.

LES TROUBLES DU DÉVELOPPEMENT DE LA SEXUALITÉ

Sur le terrain, nous sommes donc confrontés à une réalité douloureuse qui fait violence : un certain nombre d'enfants, préadolescents ou adolescents présentent ce que j'appelle des « troubles du développement sexuel (TDS) ». Je n'emploie pas le terme « pathologie », inapproprié et qui enferme la personne dans l'idée de maladie alors que :

> « chez un enfant qui se développe bien, il existe des excursions occasionnelles dans le monde de la pathologie se limitant à un acte isolé ou à quelques-uns qui se répètent lors d'une phase de brève durée » (Hayez, 2004, p. 78).

Les auteurs canadiens (Gagnon et Tremblay, 2005, p. 530) utilisent la formule « comportements sexuels inadaptés ». Je tiens pour ma part à l'expression « développement de la sexualité », pour signifier la construction en cours chez l'enfant et l'adolescent de leur sexualité en devenir, conception développée notamment au Canada et en Belgique et peu questionnée en France.

Un comportement sexuel non problématique serait à concevoir comme une interaction sexuelle « appropriée non coercitive avec un pair » (Becker et Kaplan, 1988, cités par Vizard ; Monck et Misch, 1995). L'âge est un élément fondamental à considérer pour ces auteurs du fait de la maturation sexuelle contrainte par les processus biologiques, psychologiques et sociaux[1]. On peut rajouter aussi la dimension de l'efficience intellectuelle, comme j'ai pu m'en rendre compte dans ma pratique.

CRITÈRES D'IDENTIFICATION DES TROUBLES DU DÉVELOPPEMENT SEXUEL

- Fréquence de comportements sexuels plus élevée que celle attendue pour l'âge développemental.
- Interférence avec le développement de l'enfant.
- Des apparitions entre enfants d'âges et de niveaux de développement différents.
- Étendue des gestes sexuels correspondant aux comportements d'adultes.
- Persistance dans le temps et les situations.
- Utilisation de la coercition.
- Incapacité d'arrêt en dépit de la supervision et de l'intervention des adultes.

Un enfant qui présente un seul de ces critères peut être identifié comme présentant un trouble du développement sexuel.
(Source : Gagnon et Tremblay, 2005[2]).

---

1. Je me situe dans une vision occidentale qui se trouve parfois confrontée à des réalités interculturelles dont il faut, en contexte, tenir compte.
2. Redevables pour leur modélisation à Becker et Kaplan 1988 ; Gil, 1993 ; Hall et Mathews, 1996 ; Gray *et al.*, 1997, 1999 ; Hall, Mathews et Pearce, 1998, 2002 ; Silvosky et Niec, 2002.

> **SYNTHÈSE DES PRINCIPAUX TROUBLES DU DÉVELOPPEMENT DE LA SEXUALITÉ**
>
> - Connaissance inadaptée des enfants de la sexualité adulte.
> - Préoccupation/anxiété relative à la sexualité selon l'âge.
> - Inhibition sexuelle (pudeur et embarras excessifs...).
> - Masturbation compulsive, chronique ou publique.
> - Comportements persistants de voyeurisme, d'exhibitionnisme, de frottage*.
> - Introduction d'objet dans le vagin ou l'anus.
> - Touchers des organes génitaux des autres sans permission.
> - Menaces sexuelles explicites.
> - Propos obscènes chroniques et conversations sexuelles explicites avec de jeunes enfants.
> - Contacts sexuels avec des enfants significativement plus jeunes.
> - Tentatives persistantes ou agressives de mettre à nu les organes génitaux des autres.
> - Recherche de douleur dans les zones génitales, infliger des blessures génitales à d'autres*.
> - Grossesses précoces désirées ou non désirées.
> - Attitudes érotisées de préadolescent(e)s ou adolescent(e)s sans retenue.
> - Sexualité précoce instable sans retenue.
> - Combinaison de sexualité et d'agressivité.
> - Transvestissement, fétichisme.
> - Prostitution.
> - Consommation pornographique.
> - Utilisation de matériel pornographique à thèmes violents ou sadiques*.
> - Exhibition de soi ou d'autrui, propos obscènes *via* Internet ou les téléphones portables*.
> - Zoophilie*.
> - Agressions sexuelles ou viols*.
>
> * : Troubles nécessitant une réponse légale.
> (Tableau adapté de O'Callaghan et Print, 1994[3]).

Tous ces comportements sont à considérer en fonction de l'âge de l'enfant, du contexte, et de l'appréhension subjective de chacun. Mais dès lors qu'ils s'interrogent, parents ou professionnels doivent chercher

---

3. Synthèse établie à partir de O'Callaghan et Print, 1994 et complété avec Satterfield, 1975 ; Wagner et Sullivan, 1991 ; Lamb et Coakley, 1993 ; Cavanagh 1999 ; Houzel, Emmanuelli et Moggio, 2000 ; Clerget, 2001 ; Gabel, 2002 ; Hayez, 2004.

des conseils et évaluer si une attitude peut porter à conséquence. Cette question est particulièrement délicate puisqu'il ne s'agit pas non plus d'afficher des réactions pudibondes, morales et décalées ou, à l'inverse, permissives qui risquent d'être incomprises par l'enfant ou l'adolescent. Il suffit parfois de discuter avec l'enfant (d'où peut-être l'importance d'oser parler simplement de sexualité[4]) pour se rendre compte qu'un geste ou une attitude n'avait pas de représentation sexuelle à ses yeux et pour désamorcer les émotions de part et d'autre. Par ailleurs, si des comportements dits pervers chez un enfant ou un adolescent sous-entendent une jouissance intense dans l'activité sexuelle, avec préparation d'un scénario précis[5], on ne peut toutefois spéculer sur une personnalité de type pervers. Donc, pour ne pas sous-estimer certains actes ou, au contraire, en amplifier d'autres de manière inadaptée, tous ces troubles nécessitent une surveillance avec évaluation et intervention professionnelle (O'Callaghan et Print, 1994). Médecins généralistes, pédiatres, médecins des services de PMI, dont les centres de planification, doivent être, en ce sens, des personnels ressources.

Certains troubles nécessitent une réponse légale et peuvent constituer une infraction à caractère sexuel, à distinguer selon qu'elle est commise avec intention ou pas (Hayez, 2004), notion difficile à évaluer d'autant plus qu'on assiste à un rajeunissement des auteurs de violences sexuelles (Huerre, 2003). Une personne sur quatre mises en cause pour un fait de violence sexuelle est un mineur (OND, 2004) et, sur le terrain, les magistrats et les services médicosociaux sont de plus en plus embarrassés devant des signalements concernant des enfants de 6 à 12 ans impliqués comme « agresseurs sexuels » d'autres enfants. Dans certains cas, la distinction entre nécessité de signalement au titre de l'article 375 (« signalement d'enfant en danger ») ou d'un article 40 (« suspicion de crime ou délit sur autrui ») peut être difficile. L'évaluation est donc indispensable pour protéger les enfants victimes et l'auteur lui-même.

Cas clinique 19

Jean, 9 ans, a révélé qu'un copain d'un an plus jeune que lui les a attouchés à deux reprises, lui et son frère Maxime. Dans les toilettes de l'école, le copain « leur touchait le zizi et leur demandait de sucer le sien ». Jean raconte les faits avec émotion ; Maxime, interrogé sur ce qui s'est passé, ne parle pas du fait d'avoir sucé le zizi et dit que « c'était pour rigoler ». Jean est un enfant

---

4. Voir partie 2, « La sexualité, dimension humaine négligée ».
5. On peut « trouver la joie de transgresser, de réaliser l'exceptionnel, voire de se vautrer dans la boue ou de s'installer au cœur du Mal » (Hayez, 2004, p. 118).

introverti, anxieux, voire inquiétant aux dires de son entourage et de son enseignant alors que Maxime est qualifié de jovial et insouciant.

Nous sommes, par cette situation, au cœur de toutes les difficultés liées à une juste évaluation, quand un même fait peut être intériorisé différemment selon les constructions psychiques de chacun. De plus, les actes commis par cet enfant peuvent laisser penser qu'il a été lui-même victime d'abus sexuel, ou même qu'il a pu subir un traumatisme, en visualisant par exemple des films à caractère pornographique avec un grand frère. Se pose la question d'un signalement au procureur qui entraînerait une investigation judiciaire et, dans le cadre de l'Éducation nationale, de possibles emballements sociaux et médiatiques. Dans ce cas, la direction de l'école laissait entendre « qu'il ne faut pas faire de vagues ». Enfin, dans le cadre de l'investigation, il ne s'agit pas non plus de choquer les enfants ni de commettre à leur égard une quelconque effraction dans le développement de leur sexualité. À noter qu'entre 10 et 12 ans, d'un point de vue juridique, une mesure de sanction éducative peut être prononcée par un juge pour enfants, exercée par un éducateur de la PJJ. Avant l'âge de 10 ans, le rôle d'un médecin ou d'un psychologue en mesure d'appréhender le développement de la sexualité serait des plus opportuns[6].

Le contexte social et personnel est donc fondamental dans la recherche des étiologies de ces troubles ; si je ne sous-estime pas la part des causes intérieures des troubles du développement de la sexualité (troubles de personnalité, névroses, autres pathologies mentales), il s'agit ici d'en pointer les causes extérieures.

LES PRINCIPALES CAUSES DES TROUBLES DU DÉVELOPPEMENT DE LA SEXUALITÉ

Les violences sexuelles subies dans un passé récent ou lointain

Entre 2002 et 2006, 73 % des jeunes victimes de violences sexuelles dans leur passé qui me sont adressées (en majorité des filles) présentent des troubles dans leur développement sexuel, attitudes érotisées, activité sexuelle précoce et instable, grossesses précoces, et posent des difficultés à leur entourage, ce qui motive la consultation en sexologie. Toutes

---

6. Voir partie 3, « L'apport de la sexologie ».

ces jeunes filles bénéficient, au moment de l'indication de suivi, d'une prise en charge psychologique et/ou pédopsychiatrique en cours ou interrompue depuis moins de deux années (Gamet, 2009). Par ailleurs, j'ai noté dans cette même période que, parmi les auteurs mineurs d'infraction à caractère sexuel, 31 % ont été antérieurement victimes d'abus sexuels.

L'expression de ces troubles entraîne de possibles conséquences très préjudiciables sur la santé globale des mineurs concernés : réelles mises en danger sexuel de soi, notamment pour les filles comme Élodie (cas clinique 2) ; mises en danger sexuel des autres avec, par exemple, des infractions à caractère sexuel, particulièrement pour les garçons. Revenons à Eddy.

> **Eddy** (cas clinique 8), 12 ans, est mis en examen pour attouchement de sa sœur au domicile de l'assistante familiale où ils sont confiés tous les deux. Il est très préoccupant, puisqu'il parle de sexe à tort et à travers et son entourage n'en peut plus. Il présente une déficience intellectuelle légère et il a évolué jusqu'à 8 ans dans une famille carencée avec une mère psychotique. La première fois que je le vois, il écrit très vite au tableau les lettres P et D en me disant : « Je veux savoir ce que cela veut dire. » Je lui dis qu'il l'apprendra lors des consultations mais qu'il lui faut un peu de patience. J'ai d'autres choses à lui expliquer pour qu'il puisse comprendre la réponse à sa question. À la fin de la consultation, il me demande : « Est-ce que je pourrai avoir un jour des enfants car je n'ai qu'une couille ? » Je lui promets de me renseigner auprès du médecin de circonscription. Et la fois suivante, je peux le rassurer car il a son deuxième testicule. À la quatrième consultation, alors que nous parlons du soin à la personne, c'est-à-dire comment on apprend à se respecter soi-même dans son corps, y compris génital, et que je lui dis qu'il doit en être de même de notre part vis-à-vis des autres, Eddy déclare : « Mais alors, Yann ne devait pas me toucher le zizi avec son zizi à lui ? » Yann, 17 ans, était le fils de son assistante familiale chez laquelle il ne vit plus depuis ses attouchements sur sa sœur. Un signalement de cette révélation sera classé sans suite.

Ainsi, se mettre soi-même en danger sexuel ou mettre les autres en danger sexuel constituent de nouvelles violences sexuelles pour ces jeunes. Ils peuvent aussi, rejetés par leurs pairs et leur entourage adulte, voir leur scolarité ou leur formation professionnelle interrompues et subir un isolement social. Pour éviter des désastres affectifs et sociaux, il m'apparaît essentiel de repérer ces troubles précocement et de proposer une prise en charge thérapeutique spécifique.

Toutefois, il est des situations où un enfant qui présente des troubles du développement de la sexualité est à considérer aussi comme victime, parce qu'il évolue dans un climat incestuel ou qu'il est exposé à des images pornographiques ou à la vie sexuelle d'adultes ou de grands adolescents.

> ***Cas clinique 20***
> **Sophie** a 9 ans. Elle réside depuis deux ans dans une MECS. Le motif de placement a été motivé par des carences éducatives et affectives, de la violence conjugale avec alcoolisme paternel, de la visualisation de films pornographiques et des attitudes connotées sexuellement de la fillette. Les quatre enfants de la famille sont placés dans la même structure. Elle avait manifesté au début du placement quelques gestes jugés « bizarres » avec l'un de ses petits frères (elle se couchait sur lui avec des mouvements) puis cela avait disparu suite aux interventions des éducateurs.
>
> Elle m'est adressée par la psychologue de la maison d'enfants : lors d'un entretien où elle confectionne des baguettes en pâte à modeler, la fillette les met au niveau de son sexe et, dans un mouvement de va-et-vient, dit : « C'est ça faire l'amour. » La psychologue cherche à avoir des précisions et la petite cite son frère aîné de 12 ans qui « a déjà touché sa nénette pour faire l'amour ». Pendant la prise en charge sexuelle, elle me parlera d'enfants qui l'ont touchée sans citer son frère mais reparlera quelques jours plus tard de lui à la psychologue. À noter qu'il ne partage pas sa chambre. Face à ce flou, je demande un examen clinique qui conclut à la possibilité d'abus sexuels par un adulte et préconise une protection immédiate en supprimant les droits de visite dans la famille.

La consommation pornographique et les autres addictions

Certes, encore au début des années 2000, dans la majorité des cas, le recours à des images pornographiques chez les jeunes était limité (pour s'informer, pour parler entre jeunes) et n'engendrait pas de traumatisme ou de pathologie objectivable (Hayez, 2002). Mais ces dernières années ont vu une multiplication des moyens de communication, et, par exemple, une plus grande accessibilité aux téléphones portables et à Internet, qui favorise la circulation d'images transgressives. Les choses ont manifestement évolué et les images, consultées volontairement ou involontairement, peuvent constituer de véritables effractions dans le développement sexuel. Ce risque tient certes à l'obscénité et à la vulgarité qui définissent l'imagerie pornographique mais également aux caractéristiques de ce « genre » cinématographique (Chaumeron, 2003) : absence de scénario et de récit, imagerie répétitive et obsédante de scènes et de plans saturés de sexuel. Alors que dans le film érotique, la relation humaine est présentée en tenant compte de la globalité humaine, dans un rapport d'altérité où le sexuel s'inscrit dans le sensuel, la pornographie présente le corps fragmenté, désincarné, dans une mécanique de mises à disposition orificielles à laquelle se réduit l'échange à l'autre.

> « À côté de l'excitation, qui semble un moteur permanent de ces productions, d'autres expériences ou émotions sont recherchées : l'expérience du vertige, l'expérience du dégoût, la position du voyeur non impliqué qui doit gérer une excitation comme étrangère à sa propre personne. » (Brenot, 2003, p. 3).

Baudrillard, cité à l'unisson, avait montré dès 1979 que

> « la pornographie tient toute entière du simulacre ou du prestige d'une technique qui déréalise la présence au monde et à soi » (Baudrillard, 1979).

Ces images peuvent être à l'origine de troubles tels une sexualité compulsive *via* une désinhibition, des conduites perverses, une hypersexualité, une hyperérotisation, du voyeurisme et du « sexolisme » (« *sex-addict* ») c'est-à-dire une dépendance sexuelle à la pornographie (Hayez, 2002, 2009). L'addiction virtuelle, qui touche potentiellement l'ensemble de la population, frappe bien souvent des adolescents fragilisés, parfois isolés et, par essence, en pleine construction identitaire (Vachey et Rufo, 2007). On peut ainsi observer de véritables traumatismes face au caractère cru ou violent des images. Pour parfaire l'excitation quand tout a été montré, on peut alors avoir recours à une excitation plus forte par la violence (Marzano, 2003).

Dans ces cas, il ne faut pas sous-estimer la difficulté, voire l'impossibilité, pour bien des jeunes de parler de sexualité avec les adultes et donc particulièrement d'un événement traumatisant à caractère sexuel. Cette situation les condamne au silence avec, comme possible conséquence parmi d'autres, l'apparition de troubles sexuels. C'était exactement le cas d'Étienne (cas clinique 17), 13 ans, surpris dans un acte de zoophilie avec son chien par son frère de 15 ans qui lui montrait des films pornographiques depuis ses 9 ans. L'évaluation de cette situation permit à la mère d'Étienne de révéler les abus sexuels incestueux qu'elle avait elle-même subis enfant dans sa famille.

Les autres conduites addictives plus connues jouent un rôle non négligeable : l'alcool, qui favorise chez les adolescents les prises de risque lors du premier rapport sexuel (Halpern-Felsher, Millstein et Ellen, 1996) mais aussi les *poppers* et cocaïne qui sont en augmentation depuis 2003 (Le Garrec, 2002 ; Faucher, 2007), favorisant l'apparition de troubles. « La consommation de produits psychostimulants peut entraîner une déresponsabilisation des actes et l'expérimentation de différentes conduites » (Faucher, 2007, p. 18) et notamment lors de la découverte de la sexualité (Cosar, 2006).

Les carences affectives

Dans le cadre de mon travail, tous les jeunes qui présentent des troubles du développement de la sexualité ont subi des carences affectives. Reprenons le cas clinique de Lucie (cas clinique 16), qui a été retrouvée à 12 ans avec un garçon de 17 ans dont elle est très amoureuse. Ils avaient déjà eu des relations sexuelles. Évidemment, on peut avancer que ce garçon n'a guère été prudent et qu'il est nécessaire de s'interroger sur la contraception et de mieux connaître l'autre pour aller loin dans une rencontre. Ce que ce jeune homme n'avait pas fait. Heureusement, Lucie n'était pas enceinte. En tout état de cause, le trouble du développement sexuel s'est traduit pour elle par une mise en danger sexuel précoce. Je constaterai, dans le suivi de Lucie, qu'elle n'est pas en capacité d'évaluer les risques de sa conduite sexuelle, ce qui était conforme à son âge biologique. Quant au jeune homme, que je verrai en consultation, il n'avait guère été entouré par ses parents, très occupés professionnellement et dira avoir eu plusieurs aventures sans protection dès ses 13 ans. Finalement, ces deux jeunes, cette préadolescente et ce grand adolescent, étaient amoureux mais avaient souffert chacun de carences affectives dans leur passé.

Pour Élodie (cas clinique 2), abandonnée par ses parents puis abusée dans la famille d'accueil, les carences affectives sont doubles. Elle avait noué un lien d'affection dans cette famille d'accueil avec le couple et ses enfants mais tout vole en éclats après dix années quand elle révèle les faits d'agressions sexuelles.

Pour les victimes d'inceste[7], la prise en charge est particulière puisque le lien affectif a été trahi. La plupart des violences sexuelles ont eu lieu dans un contexte « non violent », ce qui explique la difficulté ou l'impossibilité de révéler les faits, tout comme les rétractations après révélation. Mais sur ce sujet, la revue de la littérature, les apports de Ferenczi ([1932] 2004), de Summit (1983), de Gabel (2002), ont été essentiels au fil du temps pour encourager mon travail de terrain et de réflexion.

Cas clinique 21

Rémy a 12 ans. Il vit avec sa mère déficiente intellectuelle chez son grand-père maternel. Un jour, à une chargée de mission au logement venue chez eux, il dit que son grand-père lui a fait des choses dans son lit, à lui et à un jeune voisin. L'enquête révélera que Rémy a été régulièrement violé par ce

---

7. Voir chapitre 3, « Les réponses politiques et juridiques ».

> grand-père, comme d'autres enfants de la famille ; ce grand-père représentait « tout » pour lui qui n'avait pas de père et une mère en grande difficulté. Par la suite, il apparaîtra que Rémy a du mal à ne pas confondre amitié et sexualité avec ses ami-e-s.

Dans ce cas, l'introjection (Ferenczi, [1932] 2004) de l'agresseur[8] de Rémy se manifeste par une certaine passivité et une perte de repères qui sexualise les relations humaines. Dans la situation d'Étienne (cas clinique 17), surpris avec son chien, sa mère révéla donc des abus incestueux de la part de son propre père. Pour elle, la sexualité était bien difficile à vivre et elle a expliqué avoir eu du mal à nouer une relation affective avec ses deux fils parce que c'était des garçons. Leur père, qui n'était pas au courant de l'inceste vécu par sa femme, reconnut être insatisfait de sa vie de couple et s'être peu préoccupé de ses fils, qu'il considérait à l'origine des problèmes conjugaux ; il regardait des films pornographiques pour compenser le manque de sexualité.

Ces situations donnaient à saisir le lien possible entre des jeunes aux troubles de la sexualité, des jeunes victimes d'abus sexuels et d'autres encore, auteurs ou présumés auteurs de violences sexuelles. De récit en récit, il apparut que les carences affectives étaient au centre de tous ces parcours de vie.

> ***Cas clinique 22***
>
> **Baptiste** est adressé par l'éducatrice de la PJJ. Il a été mis en examen pour viol sur un jeune de 12 ans et avait 14 ans au moment des faits. Il n'a pas subi de violences sexuelles ni de maltraitance caractérisée. Le milieu social est aisé, les parents sont tous deux cadres supérieurs. Il est fils unique. Il a vécu douloureusement la séparation parentale, encore très conflictuelle à ce jour. Il a décroché scolairement. À 16 ans maintenant, il dit que sa famille ne compte guère pour lui et semble bien isolé. Il n'a pas de troubles intellectuels ni psychiatriques avérés.

---

8. « Les enfants se sentent physiquement et moralement sans défense, leur personnalité est encore trop faible pour pouvoir protester, même en pensée ; la force et l'autorité écrasante des adultes les rendent muets, et peuvent même leur faire perdre conscience. Mais cette peur, quand elle atteint son point culminant, les oblige à se soumettre automatiquement à la volonté de l'agresseur, à deviner le moindre de ses désirs, à obéir en s'oubliant complètement, et à s'identifier totalement à l'agresseur. [...] Par identification, disons par introjection de l'agresseur, celui-ci disparaît en tant que réalité extérieure, et devient intrapsychique. » (Ferenczi 1932 [1982], p. 130-131). Voir aussi chapitre 3 de cette partie sur le traumatisme.

Évidemment, candeur, complaisance ou indulgence vis-à-vis de ces jeunes auteurs, parfois victimes, peuvent favoriser, chez certains d'entre eux, un sentiment d'impunité ou de toute-puissance et conforter leur manquement à la loi. Pour ma part, de telles attitudes étaient exclues vu que je prenais en charge parfois parallèlement auteurs et victimes d'un même foyer. Malgré la *doxa* du secteur médicosocial qui sous-tend qu'un thérapeute ne peut prendre en charge à la fois auteurs et victimes (il serait impossible d'être en empathie avec des victimes si l'on suit des auteurs), j'affirme qu'il est, au contraire, nécessaire et constructif de le faire. D'abord, parce qu'un nombre conséquent d'auteurs est victime et, ensuite, parce qu'un soignant ne peut amener un auteur à réfléchir à ses actes sans bien connaître lui-même les problématiques liées aux victimes. En même temps, être ferme n'empêche pas de témoigner chaleur et bienveillance à l'égard de jeunes affectivement blessés. « Vous mettez de l'affection quand vous parlez aux jeunes » me disaient les travailleurs sociaux, surpris de ma façon d'être en consultation. « Oui, évidemment, cela va de soi ; mais pourquoi me posez-vous cette question ? » « Mais parce qu'on nous répète, en formation initiale puis dans la suite de notre carrière, qu'il faut se garder de jouer la carte affective avec les jeunes que nous suivons. » Au fil du temps et de ces questionnements multiples, entre émotion et remise en question, je mesurais combien, face à des jeunes en grande souffrance affective, les professionnels pouvaient se sentir démunis. Connaître ses émotions pour ne pas se sentir submergé est certes important, mais les renier sous principe de protection mutuelle me semble entraver toute empathie fondamentale dans une pratique de soin.

En dehors des antécédents de violences sexuelles, les carences affectives vécues dans l'enfance et l'adolescence s'expriment peu à peu au fil des consultations. Évidemment, alors que je voyais la force déstabilisante d'un tel mal-être chez les jeunes, j'appris à être vigilante face des adultes en difficulté sexuelle. Quelle avait été leur enfance ? Comment avaient-ils vécu leur adolescence ? Quelle était leur relation familiale ? Pour une situation donnée, le lien entre les troubles du développement de la sexualité et les difficultés sexuelles à l'âge adulte ne peut être formellement établi mais semble exister pour plus de 30 % des personnes que j'ai reçues jusqu'à présent en libéral et 50 % en institutionnel. Il est clair ainsi que ces histoires de vies, quel que soit le milieu social, sont marquées par un manque affectif dans l'enfance.

Cas clinique 23

Mlle A., 28 ans, enseignante, consulte pour anorgasmie vaginale. Son compagnon vient de la quitter sous le prétexte qu'elle ne savait pas jouir lors de la pénétration. Elle reconnaît ce manque et se dit que cela a probablement contribué à ce que ses trois précédentes aventures sentimentales n'aient guère duré plus d'une année chacune. Elle a peur « de finir sa vie toute seule », ce qui la motive à consulter. Elle explique avoir des orgasmes clitoridiens seule mais en l'interrogeant bien, son activité masturbatoire est compulsive, sans réel plaisir sexuel. Elle dit ne pas avoir été victime de violence sexuelle dans sa jeunesse mais avant 15 ans, elle a regardé en cachette plusieurs films à caractère pornographique trouvés dans le bureau de son beau-père. Par ailleurs, elle explique qu'un jour, vers 8 ans, sa mère l'a trouvée couchée sur sa sœur en train de frotter fortement son pubis contre son ventre et qu'elle s'est fait sévèrement gronder. Par la suite, elle aura une pratique masturbatoire intense. Elle se souviendra d'un des compagnons de sa mère dont elle s'est sentie très amoureuse vers 7 ans qui lui disait : « Ah ma princesse, un jour je me marierai avec toi. » Cet homme lui donnait de la tendresse alors que sa mère ne lui en témoignait pas. Elle dit : « Ma mère a été très malheureuse après le départ de mon père quand j'avais 5 ans. » De 6 à 15 ans, Mlle A. voit rarement son père, qui travaille à l'étranger.

Cas clinique 24

M. C., 25 ans, adressé par son médecin traitant, consulte dans un état d'angoisse marqué : sa femme menace de le quitter car elle l'a surpris devant une vidéo à caractère pornographique homosexuel. Ils ont un enfant de 18 mois. Dès la grossesse, ils n'ont plus beaucoup de sexualité, ce qui ne s'améliore pas après l'accouchement difficile du bébé : « Il y a eu du sang partout, la sage-femme était affolée et on m'a fait sortir sans explication. » Si sa femme s'est toutefois rétablie sans séquelles, il dit avoir toujours en tête ce moment de panique qui ne leur a pas donné envie, ni à lui ni à sa femme, de reprendre une sexualité de couple. La suite de l'évaluation montre que ses parents étaient fort libres et vivaient leur vie chacun de leur côté, expliquant que lui et son frère ont fait de même très jeunes ; qu'à 13 ans, l'un de ses copains, devenu par la suite homosexuel, lui montre des vidéos homo- ou hétérosexuelles ; que ce copain l'initie à 15 ans avec son consentement mais qu'ensuite M. C. choisit sa sexualité dans une orientation hétérosexuelle. À présent, sa femme et son médecin traitant lui disent qu'il est homosexuel alors qu'il aime sa femme et se considère comme hétérosexuel.

Cas clinique 25

Mme G. et son mari consultent pour difficultés sexuelles. Mme G. ne supporte plus les demandes sexuelles de son mari. Elle vient de connaître un épisode de sévère dépression et souffre d'anorexie mentale depuis son adolescence. Son enfance s'est déroulée avec une mère « très dure » et un père peu présent, dans un milieu social dit favorisé. Vers 13 ans, sa mère la soupçonne d'être amoureuse d'un garçon : elle se met dans une colère noire et traite sa fille de putain. Les larmes perlent des yeux de Mme G. quand elle évoque cet épisode de sa vie. Elle rencontre très jeune son futur mari, dont elle est toujours amoureuse, mais la sexualité sera décevante pour elle, ce qu'elle lui cachera jusqu'à sa dépression, qui explique alors le désarroi de cet homme.

Cas clinique 26

M. J. a vécu en couple, deux enfants sont nés et il a divorcé à 39 ans pour les motifs suivants. La sexualité n'était guère épanouissante dans son couple ; d'ailleurs, après la naissance des enfants, elle était inexistante et la relation s'était dégradée peu à peu. Après cette rupture, il a une vie triste du fait d'une dépression, avec quelques aventures sexuelles insatisfaisantes pour lui et pour ses partenaires. Ses enfants se détachent de lui « qui ne sait vraiment montrer d'optimisme ».

Il consulte pour savoir si « sa peur de la sexualité peut être curable, pour rompre la solitude qui lui pèse ». Il se demande si en fait, il n'aurait pas dû être homosexuel bien que n'ayant jamais ressenti d'attirance pour ses collègues masculins.

Concernant son enfance, il explique qu'à 10 ans, il s'est approché de sa sœur de 9 ans qui était en train de faire pipi dans le jardin, pour la regarder, puisqu'il ne l'a jamais vue dévêtue. Il ne la touche pas. Sa sœur rit et lui aussi. Mais une voisine le voit, lui ; elle en parle à sa mère : s'ensuit une raclée terrible de la part de cette mère qui manifeste peu de tendresse au quotidien. À 13 ans, sa mère le surprend un jour en train de se toucher le sexe : elle le dit à son père et c'est une nouvelle raclée, paternelle, cette fois et des remontrances. Il ne touchera plus son sexe. Il a sa première aventure sexuelle à 24 ans, poussé par des copains qui se moquent de sa timidité ; c'est un « fiasco » car la fille rit de son inexpérience et en parle aux copains. Trois ans plus tard, il rencontre la mère de ses enfants. Lorsqu'il consulte en sexologie, il n'a jamais touché son sexe dans un but masturbatoire, le souvenir de la raclée étant encore très fort. Il suit un traitement antidépresseur et anxiolytique depuis des années.

Dans toutes ces situations, l'absence de paroles autour de la sexualité et de son développement a, au minimum, empêché un certain épanouissement, au maximum empêché « le devenir sexuel » : les carences affectives parentales étaient évidentes et n'ont fait qu'aggraver l'absence de paroles. Malgré les évolutions sociales, ce type de situation peut encore se rencontrer aujourd'hui pour de jeunes adultes. L'accès à de l'information sur le sexe *via* Internet (pornographie), qui constitue pour bien des jeunes la seule source d'information sur la sexualité (Blachère et Merguy, 2007) peut engendrer toutefois, comme nous l'avons vu, d'autres problèmes.

> ***Cas clinique 27***
>
> **Jules**, 16 ans, est adressé par un pédopsychiatre. Ses parents ont présenté leur fils à ce médecin lorsqu'ils ont dû porter plainte contre un homme âgé d'une quarantaine d'années ; leur fils avait pris contact avec lui par Internet ; il a accepté et peut-être même souhaité une rencontre sexuelle avec cet homme, qui l'a payé après une fellation. Le pédopsychiatre a conseillé de consulter en sexologie après une évaluation initiale ne permettant pas de diagnostic inquiétant concernant Jules, jeune homme sans problème jusqu'alors. L'assistante sociale qui fait le lien avec moi me dit que la famille de Jules est sans histoire et que ce sont des parents très respectueux de leurs enfants et par conséquent très contrariés par la situation. Après deux consultations, je peux constater plusieurs faits importants dans l'histoire de Jules : il me révèle qu'à 11 ans, en colonie de vacances, un garçon de 13 ans environ l'a coincé dans une douche, s'est dévêtu et tenté de le pénétrer mais il a pu se débattre et s'enfuir. Vers 14 ans, il regarde « ses premiers films pornographiques » et y revient régulièrement. Lorsque je lui demande s'il avait un besoin d'argent qui aurait pu motiver son acte, il me dit qu'il n'a jamais d'argent de poche. Puis la conversation porte sur sa famille : avec sa mère, « ça va », mais avec son père, depuis longtemps, Jules a le sentiment qu'il n'est pas pris au sérieux : « Il se moque toujours de moi lorsque je dis quelque chose » ; le père et le fils n'ont finalement aucun échange et Jules se sent bien éloigné de son père.

Les difficultés de vie

Dans le cadre de mon expérience, comme je l'ai dit, les troubles du développement de la sexualité sont des signes potentiels ou possibles de violences sexuelles subies ou, de façon plus large, d'un mal-être affectif. S'ils n'épargnent pas les enfants de famille dites favorisées, ces symptômes touchent les enfants et adolescents – ceux que j'ai rencontrés pour la plupart – qui grandissent dans des familles en rupture, aux difficultés affectives et sociales. Malgré numéros verts autour de la maltraitance ou conscientisation des enseignants, ces troubles et ces violences sexuels sont encore relativement tenus secrets dans d'autres contextes familiaux, où n'interviennent pas les services sociaux. En revanche, les prises en charge socioéducatives globales, en lien avec des conditions socioéconomiques et familiales précaires, amènent parfois à repérer certains comportements ou à dévoiler des violences sexuelles graves dans un contexte délétère. Je ne veux en aucun cas ici stigmatiser les familles dites « précaires[9] » mais dire qu'elles m'ont permis de comprendre les liens pouvant exister, pour certains enfants et adolescents, entre dénuement, désespérance, manque de ressources symboliques, défaillance affective et troubles du développement de la sexualité, quand les balises bienveillantes s'effondrent, quand les repères structurants se délitent, quand le corps est malmené.

La vie est parfois socialement difficile. Faits et auteurs s'accordent pour signifier la crise sociale que traverse la France depuis plus de vingt ans et l'échec de certaines mesures sociales, en matière de logement, d'insertion ou d'éducation, par exemple (Maurin, 2004). Des facteurs sociaux et économiques multiples, souvent interdépendants les uns des autres, ont joué, au cours du temps, sur l'aggravation des situations de vie, entre solitude et absence de soutien, et sur les phénomènes d'exclusion. La désertion des classes moyennes des quartiers périphériques, grâce à un accès personnalisé à la propriété, a laissé entre elles les populations les plus défavorisées. Tout semble montrer qu'une grande proximité sociale du voisinage (cela étant vrai *a contrario* pour les classes et les quartiers bourgeois des centres-villes) favorise les reproductions d'échec (ou de réussite) (Maurin, 2004). Les évolutions économiques de ces dernières années, l'entrée dans la mondialisation et le passage d'une économie primaire à une économie de services, requérant de plus grandes qualifications, ont laissé pour compte d'une part les travailleurs les moins formés et d'autre part les plus jeunes en échec scolaire, touchés en première ligne par le chômage et la pauvreté[10]. La paupérisation généralisée de certains quartiers[11] est relayée par la perte de repères, notamment des plus jeunes, le délitement du lien social entre les habitants, la culpabilisation des parents et les mises en scène médiatiques (Boyer et Lochard, 1998), notamment autour des scandales sexuels. Certains contextes difficiles ne sont alors pas propices à un développement serein de la sexualité.

---

9. La notion de précarité permet de cacher des réalités sociales et de nier les rapports de classe (les effets des déterminismes sociaux, Eribon, 2009, p. 130-131) ou les comportements pathologiques (Berger, 2007, p. 33).
10. De 1974 à 1995, le secteur industriel a enregistré une perte de 430 000 emplois pour la seule région Île-de-France, alors même que la croissance du secteur des services ne permet pas de compenser les licenciements d'un personnel peu qualifié et mal préparé à d'autres tâches (Vieillard-Baron, 2001, p. 153) et la situation actuelle n'est pas meilleure.
11. Même s'il faut rester prudent et, à chaque fois, mener des études singulières sur les changements urbains pour signaler aussi l'amélioration des conditions de vie de certains territoires, où le travail social et citoyen fait son œuvre...

La vie est parfois personnellement difficile. « Le programme institutionnel » (Dubet, 2002), c'est-à-dire la prise en charge par l'État des citoyens, a permis pendant des siècles, et jusqu'aux années 60, la socialisation des individus et leur ancrage professionnel et familial. Puis on a vu naître un questionnement ontologique profond et un individu libre de ses choix dans une émergence du sujet. La prise en charge par une autorité supérieure (la religion, la classe sociale, la famille) du destin individuel et professionnel des individus ne protégeait certes aucunement des violences sexuelles comme de tout autre type de violence. Mais à notre époque, l'injonction omniprésente à construire sa vie, à être maître de son avenir laisse beaucoup d'individus entre désarroi et impuissance, notamment affectifs qui ont des conséquences sur la construction personnelle et, entre autres, sexuelle. L'individualisme est donc le maître mot de notre époque, non pas seulement au sens d'égotisme et de repli narcissique, tel que pensé dans les années 80 (Lipovetsky, 1983), mais « d'individuation » (Giddens, 1994) et de construction de soi autonome et libre. Aujourd'hui et à partir des années 60, les institutions ne parviennent plus à encadrer leurs membres, la toute liberté ouvre le champ des possibles mais aussi le vide à combler. Mais s'il devient libre de ses actions pour se faire sujet, l'individu, renvoyé à sa solitude, peut perdre la maîtrise de soi, quand la réalité est trop lourde, quand les difficultés sociales l'empêchent, quand les émotions l'entraînent. Ces fêlures mettent à mal les maîtres mots dominants de la réussite et de l'épanouissement individuels. Ainsi, les pauvres sont-ils responsables de leur pauvreté comme tout un chacun est responsable de ses échecs (Kaufman, 2004). Si l'affaiblissement des normes et des contraintes sociales affranchissent et libèrent les individus, elles fragilisent les plus faibles, renvoyés à leur destin. Quand ni la morale, ni l'ordre historique, social ou religieux, n'imposent les conduites de vie, l'individu, contraint par sa seule force d'émancipation, peut se perdre dans la désassurance, la fragilité ou la dépression. À travers les désarrois existentiels et « la fatigue d'être soi » (Ehrenberg, 1998) engendrés par l'injonction parfois impossible de réussir sa vie, tous les individus ne sont pas prêts à se construire comme sujet, pour des raisons complexes, médicales, familiales, psychologiques ou sociales.

> « On ne reconnaît pas que certains parents ne parviendront jamais à offrir le minimum psychique à leur enfant. Le principal de leur énergie, ces parents le consacrent à se centrer sur eux-mêmes, ou à garder la tête hors de l'eau en luttant contre les sentiments dépressifs ou à tenter de contenir leur impulsivité. Attribuer cet état de fait seulement à la précarité et au chômage est donc une simplification abusive. » (Berger, 2008, p. 160)

Certes, il en est qui sont plus favorisés que d'autres de se penser ; le libre arbitre, capacité de vouloir et d'agir, peut s'imaginer plus facilement dans des conditions matérielles et sociales aisées. Toutefois, on peut être inquiet actuellement devant les satisfactions matérielles de certains adolescents comme Baptiste (cas clinique 22) ou Cécile (cas clinique 18) qui ne peuvent contrer les manques affectifs, rançon tangible de l'individualisme parental et ambiant.

Face à ces difficultés, le recours au système de la protection de l'enfance est parfois une nécessité pour les enfants. Et on sait que les chiffres de placements vont augmentant. Malgré toutes les mesures de protection, la vie ne sera pas toujours facile pour eux, même si elles sont pensées pour un mieux-être (Berger, 2003). De la séparation avec les parents à la culpabilité de l'avoir provoquée, les enfants peuvent vivre leur placement comme une punition. Sentiment entretenu par les parents eux-mêmes parfois, qui ne peuvent se considérer responsables de la situation ni se saisir des vrais motifs de l'éclatement familial. Et quelles que soient les maltraitances, les enfants, la plupart du temps, vont vouloir protéger leurs parents, entre fidélité et réparation, pour croire encore, dans une forme d'idéalisation réconfortante et d'assurance de loyauté, en leur valeur (Berger, 1997b). En institution, quand les éducateurs sont trop peu nombreux, les enfants peuvent encore manquer de soutien, et déjà confrontés à des parents défaillants, revivre une insécurité qui les fragilise. La multiplicité des souffrances et des situations psychologiques, la promiscuité au quotidien ne rendent pas non plus l'adaptation aisée et la vie sereine. Les enfants confiés à une famille d'accueil peuvent vivre une double appartenance affective et, face au risque de « trahir » leurs parents, mettre à mal leur nouveau cadre éducatif, quand ils n'ont pas pu comprendre les motifs de leur accueil. Pour leur bien, il est alors fondamental que les parents puissent les autoriser à s'installer ailleurs.

Dans certains cas, les enfants vont pouvoir continuer à voir régulièrement leurs parents ; dans d'autres cas, on peut mettre en place un droit de visite médiatisé dans un lieu dit neutre avec un psychologue et un éducateur pour permettre d'observer les relations parents-enfants, de sentir les tensions et de rendre une certaine autonomie aux enfants. Parler pour les protéger psychiquement. Il est encore des situations où il est nécessaire de revenir sur ce principe institué du maintien indispensable du lien biologique et de savoir le remettre en question quand il s'avère nocif, inadapté voire dangereux, notamment dans les situations de carences affectives graves ou de violences sexuelles (Berger, 2003).

Ainsi, il est des contextes douloureux, ceux que j'ai expérimentés, qui peuvent d'autant plus favoriser les enfermements et la méconnaissance autour de la sexualité.

Chapitre 3

Les conséquences psychologiques, sexuelles, sociales et politiques

MA PRATIQUE SEXOLOGIQUE auprès des adultes et des mineurs dans un conseil général, mais aussi dans le cadre d'une consultation libérale, m'a montré qu'il est des vies très éprouvées et marquées plus ou moins tôt par des difficultés sexuelles, psychologiques et sociales. Selon le processus d'anamnèse, elles apparaissent comme des conséquences des troubles du développement sexuel, liés à des traumatismes le plus souvent sexuels, ou à des carences affectives dans l'enfance ou l'adolescence.

LE POIDS DU TRAUMATISME

J'ai expliqué que, lors des premières années de mon travail, la plupart des jeunes victimes de violences sexuelles m'étaient adressées non pas justement en tant que victimes mais parce que leur comportement insupportait leur entourage (73 %). Beaucoup de jeunes que je suivais présentaient des troubles psychotraumatiques qu'heureusement ma formation en médecine d'urgence et de catastrophe, puis en sexologie dès 1999, m'avait permis de repérer. Grâce à la littérature et face à l'urgence du terrain, j'ai complété ma réflexion pour une meilleure analyse des traumatismes et pour la compréhension des victimes elles-mêmes. Cet approfondissement théorique est, à mon sens, indispensable pour une prise en charge sexologique efficiente.

> « Le psychotraumatisme a été longtemps le parent pauvre de la psychopathologie en France [...] entraînant une confusion entre victimologie et psychotraumatologie préjudiciable puisque la prise en charge des victimes nécessite, outre de bonnes connaissances de la psychopathologie et du traitement, un savoir propre aux autres disciplines dont l'ensemble constitue la victimologie : droit, aide aux victimes, criminologie. » (Lopez et Casanova, 2006, p. 2)

Ainsi, de façon régulière dans mon exercice, j'ai pu constater que nombre de professionnels de l'enfance étaient convaincus qu'il fallait « tout faire » pour les victimes alors qu'ils ignoraient les aspects essentiels de la pathologie victimaire. Comprendre les mécanismes émotionnels engagés dans le traumatisme sexuel, aux conséquences psychopathologiques particulières et plus ou moins dévastatrices, m'a permis de montrer la nécessité d'une prise en charge adaptée autour du développement de la sexualité des victimes.

En 1889, Hermann Oppenheim[1] crée le terme « névrose traumatique » pour désigner la symptomatologie liée aux accidentés des chemins de fer. À la même époque, Jean-Martin Charcot remarque des symptômes similaires chez ses patientes et va se consacrer, comme Sigmund Freud, à l'étude de ce qui devient la « névrose hystérique » et tous deux se questionnent sur le rôle des traumatismes dans la genèse des troubles mentaux. Sandor Ferenczi, dès 1916, donne la plus magistrale description des syndromes psychotraumatiques.

> « Le traumatisme est un effet de sidération, une perte de liberté de pensée, un retournement de l'agressivité contre soi-même, une perte de plaisir à vivre. » (Ferenczi [1932] 1982, p. 130)

Ferenczi avait par ailleurs utilisé les mots « identification anxieuse et introjection » (Ferenczi [1932] 2004, p. 44) pour expliquer que

---

1. Pour une histoire de la notion, voir Barrois, 1988.

> « la peur, quand elle atteint son point culminant, oblige les enfants abusés à se soumettre automatiquement à la volonté de l'agresseur, à deviner le moindre de ses désirs, à obéir en s'oubliant complètement et à s'identifier totalement à l'agresseur qui disparaît en tant que réalité extérieure et devient intrapsychique » (Ferenczi [1932] 1982, p. 130).

Cette théorie permettait déjà de mieux comprendre pourquoi l'enfant, lors d'abus sexuels, ne peut pas se défendre ni révéler plus tard parce que

> « ressentant une énorme confusion, il est clivé à la fois innocent et coupable, et sa confiance dans le témoignage de ses propres sens en est brisée » (Ferenczi [1932] 2004, p. 45).

Les deux guerres mondiales permettront alors aux psychiatres militaires d'explorer cette notion.

Par la suite, le syndrome traumatique des violences sexuelles est repris en lien avec des troubles affectifs, identitaires ou de dissociation (Burgess et Holmstrom, 1974), pour devenir un « événement traumatique » où les enfants développent une constellation de symptômes spécifiques en relation directe avec cet événement traumatique (Terr, 1979 ; Haesevoet, 2008). À partir des années 80, s'impose « l'état de stress post-traumatique tel que définit par l'American Psychiatric Association[2] » qui provoque peur, détresse ou horreur neurovégétative. En 1980, Roland Summit décrit le syndrome d'adaptation de l'enfant victime d'abus sexuels qui se manifeste à travers cinq réactions en chaine.

1. *Le secret*. L'acte est perpétré secrètement et les menaces de l'adulte à garder le silence rendent les révélations plus dangereuses que l'acte d'agression même.
2. *La relation d'autorité*. À travers la relation d'autorité à l'adulte, l'enfant, qui a appris à obéir et à être affectueux avec ceux qui s'occupent de lui, sans défense possible, ne va ni ne se plaindre ni résister.
3. *Adaptation de l'enfant*. Dans l'impossibilité de se protéger, l'enfant s'adapte au prix d'un renversement des valeurs morales et de bouleversements psychiques qui peuvent entraîner comportements violents, mutilations, agressions sexuelles d'autrui, états de dépersonnalisation,

---

2. Voir le DSM-III et le DSM-IV (*Diagnostic and Statistical Manual of mental disorder*, 3e et 4e éditions) de l'American Psychiatric Association, classification pour définir les troubles mentaux en 1980 et 1994.

recours à des conduites addictives ou suicidaires mais aussi, et particulièrement chez les enfants, recours à des compagnons imaginaires.
4. *Dévoilement retardé et non convaincant.* Pris au piège, l'enfant ne peut faire des révélations que tardives qui déconcertent l'entourage.
5. *La rétraction.* Face à la catastrophe qu'elles peuvent représenter, les révélations peuvent être suivies d'une rétractation.

Ces connaissances sont essentielles pour décrypter notamment les situations d'inceste quand un véritable piège se referme sur l'enfant et sur l'adolescent. La victime est généralement captive, sous le contrôle de l'auteur des actes traumatogènes et incapable de lui échapper pendant des mois ou des années. C'est pourquoi il est nécessaire d'imposer la présence de professionnels bien avertis au moment des révélations.

> « La connaissance de ce syndrome permet un meilleur abord préventif et thérapeutique des abus sexuels. Plus les professionnels sont formés, plus ils acceptent la réalité des faits, et plus ils peuvent offrir à l'enfant l'aide adéquate. » (Summit, 1983)

L'abus sexuel, intrafamilial, répété bien souvent, constitue en effet un profond traumatisme, un événement destructeur.

Événement qui se mue alors en traumatisme complexe, résultat d'une victimisation ou à des formes d'assujettissement à une ou des personnes (Herman, 1992). Ainsi, à partir des années 90, les recherches sur les traumatismes se développent de façon considérable et, en conséquence, celles sur les traumatismes liés aux violences sexuelles subies dans l'enfance (Lonigan *et al.*, 1994 ; Mouren-Siméoni, 1994 ; O'Brien, 1998 ; Vila *et al.*, 2000 ; Banyard, Williams et Siegel, 2001 ; Johnson, Pike et Chard, 2001). S'impose aussi la notion (Van der Kolk, 2002) « d'état de stress extrême non spécifié/*disorder of extreme stress not otherwise specifed* » (DESNOS) qui induit des troubles dissociatifs et une modification profonde de l'individu victime. Les principaux signes retrouvés à l'âge adulte suite à un état de stress extrême non spécifié sont des difficultés relationnelles (incapacité à faire confiance aux autres, agressivité, répétition des éléments traumatiques dans les relations actuelles), des passages à l'acte hétéroagressifs et sexuels, des comportements automutilatoires, des idéations suicidaires, des prises de risque excessives, l'absence d'estime de soi, une forte culpabilité, de la honte, une tendance à idéaliser l'agresseur, des conduites de revictimation, des troubles somatoformes et des troubles addictifs (Lopez et Casanova, 2006). Les événements traumatiques répétés sont parfois source de troubles de la personnalité, de type états-limites ou borderline dus à des frustrations extrêmement précoces. Ainsi il apparaît que de nombreux jeunes catégorisés comme « souffrant de personnalités limites » ont été soumis à des faits violents durant leur enfance : violences sexuelles, physiques, psychologiques, négligences lourdes, carences affectives sévères, violences conjugales, etc. (Mc Farlane, 1987 ; Vila *et al.*, 2001 ; Vila 2002 ; Roelofs *et al.*, 2002 ; Mc Lean et Gallop, 2003 ; Read *et al.*, 2003).

J'ai constaté, lors des formations que j'ai menées sur le terrain dans la Marne à partir de 2005, que si des professionnels avaient des notions sur le traumatisme, très peu connaissaient le traumatisme sexuel et ses conséquences, comme si cela pouvait déranger. Ils n'avaient jamais entendu parler du syndrome d'adaptation, pourtant « très utile à la compréhension de la dynamique abusive et à l'interprétation des signes manifestés par l'enfant » (Haesevoets, 2003, p. 71). Évidemment, depuis que les pouvoirs publics ont pris conscience de la réalité du fléau des violences sexuelles faites aux enfants, le moment de la révélation fait désormais l'objet d'un crédit évident, *a priori*, de la part des intervenants médicosociaux, ce qui n'était pas le cas au début des années 80. Il faut toutefois rester vigilant et sans cesse rappeler que la connaissance du syndrome traumatique permet un meilleur abord préventif et thérapeutique des abus sexuels, pour une meilleure aide à l'enfant.

Ces notions, issues de l'observation clinique, bénéficient ces dernières années de l'avancée des connaissances des mécanismes neurobiologiques et neurophysiologiques ; ils permettent notamment de comprendre comment on peut passer du psychotraumatisme à la psychopathologie. C'est pourquoi les classifications internationales (CIM-10[3] et DSM-IV) mettent l'accent sur la notion de « dissociation péritraumatique » qui se traduit cliniquement au moment de l'événement traumatique par une inhibition anxieuse, l'amnésie des faits, le déni, et des symptômes de dépersonnalisation et de déréalisation (Lopez et Casanova, 2006). D'un point de vue biologique, la théorie des émotions (Zajonc, 1984 ; Tulving, 1985 ; Ledoux, 2000 ; Stickgold, 2002 ; Damasio, 2003) a permis de comprendre comment, lors d'un événement traumatique, des mécanismes de sauvegarde exceptionnels font disjoncter le circuit de réponse émotionnelle (système limbique), pour échapper à un risque vital.

> « Une violence à laquelle on ne peut pas échapper crée un stress extrême et une forte réponse émotionnelle qui entraîne un risque vital cardiovasculaire et neurologique par "survoltage". Pour arrêter ce risque fonctionnel, le circuit neuronal disjoncte automatiquement grâce à la sécrétion de

---

3. CIM-10 (Classification internationale des maladies, 10ᵉ édition), OMS, 1992.

drogues dures sécrétées par le cerveau (endorphines à hautes doses et drogues kétamine-like). Cette déconnexion "éteint" la réponse émotionnelle et entraîne une anesthésie psychique et physique, un état dissociatif (conscience altérée, dépersonnalisation, être spectateur de soi-même) et des troubles de la mémoire dont une mémoire traumatique : "hypersensibilité émotionnelle" piégée, isolée par la déconnexion qui n'a pas été intégrée "dans le disque du cerveau" ; c'est une véritable "bombe à retardement", prête à exploser à l'occasion de toute situation rappelant les violences, en réenclenchant la même terreur, la même détresse, les mêmes sensations, de façon incompréhensible quand on ne connaît pas ce phénomène. La vie devient alors un terrain miné et pour éviter de déclencher la mémoire traumatique, le patient est obligé de mettre en place des conduites d'évitement. Lorsque celles-ci ne suffisent plus, seules des conduites "d'autotraitement" dissociantes vont pouvoir redéclencher la disjonction du circuit émotionnel en augmentant le niveau de stress, ce qui va entraîner une anesthésie affective et physique, une dissociation et calmer l'angoisse, mais va recharger la mémoire traumatique et créer une dépendance aux drogues dures sécrétées par le cerveau. » (Salmona, 2009)

Ces éléments de compréhension sont fondamentaux mais ils sont aussi un espoir de prise en charge mieux adaptée, ne serait-ce qu'en terme de pharmacologie.

Parmi les 176 victimes mineures de violences sexuelles que j'ai suivies au conseil général de la Marne, entre 2002 et 2008, il y avait 104 adolescents (plus de 13 ans), parmi lesquelles 21 jeunes de 16 à 18 ans présentant au moins cinq des signes précédemment cités. À l'exception de 4, tous avaient été victimes d'abus sexuels répétés survenus avant 8 ans, associés à d'autres types de maltraitance. Ils avaient en moyenne 6 ans au moment du placement à l'ASE et, en fin d'adolescence, leur vie avait été particulièrement difficile, avec notamment plusieurs lieux de placements. Parmi les 52 auteurs, tous adolescents, 12 présentaient des troubles psychiatriques de type borderline documentés, et 5 étaient psychotiques (10 %). Des traumatismes sont retrouvés dans tous les cas, et particulièrement des traumatismes sexuels chez 11 de ces 17 jeunes.

Cas clinique 28

Marine a 15 ans lorsqu'elle m'est adressée. C'est une adolescente en grande souffrance, avec un suivi pédopsychiatrique. Ses parents sont condamnés à vingt ans de réclusion pour actes de barbarie, abus sexuels sur leurs enfants et incitation à la sexualité avec leurs enfants. Marine a été confiée à l'ASE à 4 ans. Les lieux de vie se succèdent dans sa vie du fait de ses troubles du comportement. Elle est décrite comme « un bulldozer » ou un « taureau » dans certains rapports et présente les troubles suivants : actes d'automutilation, fugues, mises en danger permanentes, boulimie, énurésie, absence d'hygiène, violences physiques envers les adultes et les mineurs, violence verbale, affabulations, mensonges, vocabulaire ordurier, pulsions sexuelles incontrôlables envers des enfants, adolescents et adultes des deux sexes, assorties de violence verbale sexuelle, organisation « d'un réseau de prostitution » à 12 ans.

Cas clinique 29

Célia a 23 ans lorsqu'elle vient consulter en sexologie, adressée par son médecin généraliste. Elle souffre de divers troubles : vaginites à répétition, douleurs pelviennes et aussi dyspareunie c'est-à-dire douleurs lors des relations sexuelles. Elle a révélé à ce médecin traitant qu'à l'âge de 14 ans, sa première relation sexuelle a été un viol : elle connaissait le copain dont elle était amoureuse. Auparavant, sa mère, constatant qu'elle s'intéressait aux garçons, l'avait encouragée à voir un médecin pour prendre une contraception, ce qu'elle avait fait. « Mes parents étaient très ouverts et parlaient de tout », dit Célia. Mais à cette époque, poursuit Célia, « j'étais rebelle ». Le garçon, âgé de 16 ans, était très beau et du style instable et provocateur ; il fuguait régulièrement de chez ses parents, commerçants, et n'allait plus à l'école qu'occasionnellement. Elle n'a pas pu parler de cette histoire sauf à l'une de ses meilleures amies, deux ans plus tard, pour se rendre compte qu'elle avait vécu la même chose avec ce même garçon.

Célia raconte qu'ensuite, « elle a fait n'importe quoi dans sa vie » : elle a eu plusieurs copains mais se sentait mal lorsqu'elle avait des rapports sexuels, sans que la douleur soit la même. Elle s'est alcoolisée occasionnellement mais massivement, et a commencé à consommer des drogues douces. À 19 ans, alors qu'elle se met aux drogues dures, elle réagit.

Ses parents la soutiennent alors dans une démarche de soins psychiatriques et psychologiques. Elle arrêtera cette addiction aux drogues dures et douces ainsi qu'à l'alcool. Elle ne parlera pas de l'histoire du viol.

Dans ces deux observations, des difficultés sexuelles apparaissent très rapidement, heureusement moins dramatiques dans le cas de Célia, qui bénéficie d'un cadre familial, à l'inverse de Marine, abusée dans son milieu familial. Désormais, les résultats de nouveaux travaux de recherche permettent de mieux appréhender les effets des traumatismes sexuels sur la réponse sexuelle, c'est-à-dire sur ses différentes phases (désir, excitation, orgasme), traumatismes qui expliquent l'apparition de difficultés sexuelles propices alors à des révélations.

LES DIFFICULTÉS SEXUELLES

De façon plus large, la théorie des émotions permet une meilleure compréhension de l'impact d'un événement traumatisant sur la structuration de la sexualité adulte (Colson, 2009), quand on sait que l'excitation sexuelle et l'orgasme sont particulièrement influencés par le contexte émotionnel et subjectif (Laan *et al.*, 1994 ; Everaerd, Laan et Both, 2001). C'est pourquoi les émotions, en lien avec des processus inconscients, sont fortement signifiantes du déclenchement et du déroulement de la réponse sexuelle ou de son empêchement, comme le vivent bien des victimes de violences sexuelles (Whiffen et Macintoch 2005). Pour les victimes devenues adultes, les troubles sexuels reposent sur les perturbations émotionnelles subies au moment du traumatisme sexuel lui-même. Elles structurent profondément le fonctionnement cognitif, perturbent la structuration des schèmes émotionnels (Noll, Trickett et Putnam, 2003 ; Salter *et al.*, 2003 ; Tollenaar *et al.*, 2008) et fixent des marqueurs somatiques. « La sexualité est marquée par la peur et la violence » résumait Marie-Hélène Colson lors du congrès de Reims, *Prévenir et Prendre en charge les violences sexuelles des mineures : quel dialogue pour la sexualité ?* (2009) ; elle se structure autour d'un sentiment de dévalorisation, de perte d'estime de soi, de passivité, de découragement et de soumission. L'hypercontrôle et l'hypervigilance rendent alors tout abandon impossible et vont jusqu'à engendrer de l'agressivité. On peut désormais mieux comprendre les symptômes des femmes que je reçois en consultation, femmes marquées par de grandes détresses et souvent sévèrement jugées pour leurs comportements victimaires et leur sexualité dérangeante. Dans ma consultation libérale, de 2006 à 2009, 15 % des adultes reçus ont été victimes de violences dans l'enfance dont trois quarts de femmes. La majorité de ces adultes n'avait pas révélé les faits dans l'enfance ; 40 % de ces personnes n'avaient aucun suivi ; parmi elles, 55 % n'avaient jamais révélé les faits avant la consultation en sexologie ; 60 % du total de ces victimes adultes avaient un suivi psychiatrique en cours et étaient sous traitement antidépresseur. Parmi ces personnes suivies, près de 40 % n'avaient pas révélé les faits d'abus sexuels du passé : elles ont consulté d'elles-mêmes pour difficultés sexuelles ou elles ont été adressées par leur médecin ou leur psychiatre et/ou psychologue et la révélation a eu lieu lors de la consultation sexologique.

Cas clinique 30

Mme V., 35 ans, mariée, deux enfants, consulte pour absence de désir sexuel. Elle est suivie pour dépression depuis quatre ans et a révélé au psychiatre l'inceste qu'elle a subi régulièrement entre l'âge de 11 et 14 ans par son frère de trois ans plus âgé. Elle n'a jamais voulu en parler dans sa famille, son mari sait seulement qu'elle a été sexuellement abusée mais il ne connaît pas le nom de l'auteur. Ce frère a fondé une famille et semble vivre paisiblement. Pour elle, « la sexualité reste une galère », même si elle dit ne plus être dépressive malgré un traitement conseillé à vie.

Cas clinique 31

Mme et M. D., 40 ans, consultent pour difficultés sexuelles. Il y a quatre ans, M. D. s'est trouvé au chômage ; s'en est suivie une perte de son désir sexuel. Mme D. dit qu'elle n'a pas supporté cette période car « je suis très exclusive », avec une profonde remise en question personnelle et une dépression. Par la suite, lors du décès de son père, elle a manifesté une « grande indifférence » qui a étonné sa famille et, quelques mois plus tard, elle a révélé l'inceste subi. Depuis, l'équilibre familial est bouleversé puisque sa mère et son frère la rejettent du fait de cette révélation qu'ils ont qualifiée « d'invérifiable ». Elle vient d'être placée en invalidité du fait de sa dépression. Heureusement, M. D. a retrouvé du travail depuis cinq mois. En fin de consultation, ils demandent conseil parce qu'ils ont surpris leur fille de 13 ans, actuellement « très difficile » en train de regarder des images pornographiques mises sur son portable par son amoureux du même âge.

Cas clinique 32

Mme L. consulte avec son mari pour « absence d'orgasme ». Tous deux ont la soixantaine et sont à la retraite. Ils voudraient vivre plus heureux dans leur vie de couple. Il y a trois ans, Mme L. a révélé les abus sexuels subis dans son enfance, de 6 à 10 ans environ : un voisin de ses parents qui la gardait régulièrement se livrait à des attouchements sur elle lorsque l'épouse de cet homme s'absentait. M. et Mme L. ont eu deux enfants. « La sexualité du couple n'a été sereine qu'au tout début », dit M. L. Après, il explique s'être résigné au fait qu'elle ne souhaitait pas de relations sexuelles ou très occasionnellement, pour lui faire plaisir. Mme L. dit : « Je l'aime tellement, il a toujours su me respecter. » M. L. ne doute absolument pas de cet amour, qu'il partage. C'est pourquoi, à cet âge de la retraite, ils ont décidé de consulter en sexologie.

Dans ces situations, les personnes victimes dans leur enfance ne sont pas en situation sociale difficile. Et des couples ont pu d'abord se construire et, pour certains, continuer malgré les difficultés sexuelles.

> ***Cas clinique 33***
>
> Entre 8 et 11 ans, **M. R.** est victime d'attouchements et de viol par son instituteur. Il habite dans un village. Il se tait. Plus tard, il se marie, a deux enfants, travaille. Après quelques années de mariage, il entre en grave dépression et sa vie bascule : divorce et mise en invalidité. La prise en charge psychiatrique lui permet de révéler l'abus sexuel. Dix ans plus tard, il se remet en couple. Par la suite, il m'est adressé par un urologue qui envisage la pose d'une prothèse pénienne pour dysfonction érectile sévère mais qui perçoit, à partir du bref récit de la vie de son patient, qu'une évaluation sexologique est peut-être nécessaire. Cet urologue a assisté quelques jours avant à un topo que je présentais sur l'apport de la sexologie en aide médicale à la procréation.

Qu'elles aient révélé tôt ou tardivement dans leur vie, les victimes adultes que j'ai reçues, bénéficiant de prises en charge psychiatriques et/ou psychologiques, n'avaient jamais rencontré de professionnels qui leur parlent de construction de la sexualité. Ma coopération avec les thérapeutes (pédopsychiatres, psychiatres, psychologues) m'a permis de confirmer cette absence de travail sur la sexualité, de peur d'amener une déstabilisation d'un état psychique fragilisé par les violences sexuelles subies. Pour certains d'entre eux, il se serait même agi « d'une bombe à retardement » que d'aborder la question sexuelle. Il est vrai que, face à la notion même de sexualité, les victimes se trouvent dans une profonde détresse et dans l'impossibilité d'envisager la relation comme un partage de plaisir, même si elles ont tenté pour beaucoup de construire une vie de couple. Un rappel incessant au passé lors des relations sexuelles et, peu à peu, l'idée d'un échec irrémédiable, entravent toute image apaisante et épanouissante de la sexualité et renforcent le sentiment de détresse et de culpabilité (Ullman et Filipas, 2005 ; Rellini et Meston, 2007). Un changement brutal, notamment lors de difficultés « de vie » (chômage, deuil, maladie, etc.) pourra révéler cette cause profonde de la vulnérabilité du couple, à savoir la difficulté sexuelle, quand elle n'était jamais ni approchée ni évaluée.

La violence et l'inadaptation sociale

Les violences sexuelles connues dans l'enfance, nous venons de le voir, malmènent les vies d'adultes et les relations sexuelles. Les troubles du développement de la sexualité s'accompagnent parfois chez l'enfant, notamment s'il a subi d'autres formes de maltraitance, de difficultés relationnelles et sociales, de comportements physiques et verbaux empreints d'agressivité. Ainsi, de telles attitudes, qui peuvent laisser perplexes l'entourage ou les professionnels, sont bien souvent le symptôme de souffrances non révélées. La violence, qu'elle soit physique ou verbale, auto- ou hétérodirigée, quand elle dépasse l'impulsivité caractéristique de l'enfance et de l'adolescence[4], est significative d'un mal-être intime et profond. Si notre société contemporaine a parfois du mal à supporter des comportements adolescents provocateurs jugés « violents » – bagarres, incivilités notamment –, qui seraient passés inaperçus il y a quelques années (Neyrand, 2006), il ne faut pas pour autant sous-estimer des attitudes qui s'avèrent constitutives et pathologiques de certaines personnalités.

Les signes de violence caractérisée chez les enfants ne naissent pas *ex nihilo*. Précision importante : il s'agit de considérer ici la violence des mineurs, saisie d'un point de vue individuel hors de tout phénomène groupal. La question de la violence humaine, constitutive des relations sociales, nationales et politiques, en appelle à d'autres références, notamment philosophiques (voir Girard, [1972] 1998, la violence comme désir mimétique, Lorenz, 1974, dans une perspective éthologique) qui posent la violence comme pulsion fondamentale et fondatrice de l'humanité, possiblement transfigurée par la socialisation. En ce sens, la violence interindividuelle, qui s'exprimait à travers duels et vengeances, aurait diminué à partir du XVIIe siècle, avec la régulation des mœurs par l'État et l'instauration des codes de civilité (Elias [1939], 1991). Sans nier la part de la nature humaine ni l'aspect politique de la violence comme ressource d'affirmation contre la domination, les sciences sociales mettent l'accent sur l'influence du milieu dans les comportements violents (pour la sociologie et notamment pour ce qui est des violences urbaines, voir Bachman et Le Guennec 1996 ; Mucchielli, 2002. Pour l'histoire, voir Chesnais, 1981. Pour la sociologie et l'histoire, voir Wieviorka, 2005. Pour l'ethnologie, voir Héritier, 1996, 1999. Et pour les sciences de l'éducation, voir Charlot et Emin, 1996 ; Floro, 1996 ; Defrance 2000 ; Debarbieux, 1996, 2006 ; Favre 2007).

Il s'agit plutôt ici de considérer les comportements violents des enfants et adolescents en ce qu'ils sont conditionnés par un environnement familial « défectueux » et « désastreux » dès leur plus jeune âge notamment, au-delà d'une certaine insécurisation, à cause de « l'exposition à la

---

[4]. On peut distinguer, chez les enfants et adolescents, ce qui relève d'un côté de la violence « extrême » engendrée par des environnements familiaux déstructurant et, de l'autre, de la violence « impulsive » liée à une « dimension de tempérament constitutionnel » (Berger, 2008, p. 226).

violence et à l'échec de la séduction primaire » (Berger, 2008, p. 48). Ces enfants sont non seulement confrontés à la violence, mais aussi jugés non attirants par leurs parents et donc physiquement délaissés. Quand on n'est pas dans l'inhibition, les violences manifestées s'expriment le plus souvent à travers des comportements destructeurs et incontrôlés, physiques et verbaux.

> « Les enfants et adolescents violents sont eux-mêmes très perturbés, éprouvant fréquemment des pensées suicidaires, et sont issus de contextes sociofamiliaux violents. Ils ne font la plupart du temps que transférer sur leurs condisciples la violence, réelle ou symbolique, qu'ils subissent dans leur milieu familial. » (Troger, 2009, p. 50)

Les rapports éducatifs de Bertrand (cas clinique 13), placé dans des maisons d'enfants, sont éloquents et rendent compte des excès de violence de ce jeune adolescent et donc de sa difficulté à s'intégrer socialement.

---

9 août 2004. Grossier et insultant à l'égard des jeunes et des animateurs. Actes violents. A déshabillé un garçon. *Septembre-novembre 2004.* Attitudes à l'internat./ Insulte et menace un enseignant : « Ta gueule, putain. Tu vas voir ta gueule vendredi, ma mère va te péter la gueule. »/ Insulte et menace un enseignant : « Ma mère va venir te buter, ta mère, la pute... »/ Très insolent./ Gifle, bouscule, frappe, tape, lance. Insolent et irrespectueux envers l'adulte./ Violence verbale et physique./ Insulte et tutoie les enseignants./ Insolent, grossier : « Me pète pas les couilles. Je vais t'en coller une. Fais pas la maligne. »/ Insulte, menace : « Va te faire foutre, nique ta mère, enculée » ; « Je vais aller chercher mon frère, tu vas voir. » *3 décembre 2004.* Établissement d'enseignement adapté. Refus de tout et indifférence.

25 août 2005. Ses objectifs étaient de continuer à respecter le cadre, les adultes et les autres jeunes, de s'efforcer à contrôler son langage./ Les derniers événements montrent que Bertrand n'arrive ni à se contenir, ni à canaliser son agressivité./ Il est dans le déni./ Les sanctions et les plaintes successives ne semblent pas l'aider à réfléchir./ Il a du mal à verbaliser, il est sans doute en position d'évitement verbal, de non-verbalisation, de mise à distance de la parole et de ses contenus./ On ne peut cependant évoquer d'éléments pervers.

22 décembre 2006. Suite à des insultes d'un camarade, claque : « On va te couper la bite à coup de serpette. »

15 février 2007. Comportement agressif, vulgaire et non coopératif.

25 avril 2007. Repris quotidiennement pour son vocabulaire vulgaire, très souvent à connotation sexuelle./ Une semaine d'exclusion pour agression

> verbale./ Il est sanctionné./ Invectives verbales incessantes./ Irrespect à l'égard de ses camarades et des adultes./ Vocifère.

La violence verbale telle que décrite dans ces rapports permet d'expliciter, au-delà d'une impossibilité à se dire et à se penser, des processus de défense. Il est inepte de croire que l'enfant n'a ni les mots ni les arguments à sa disposition, il les a à partir du moment où on lui donne la possibilité d'une réflexion sur soi, entre fermeté et écoute. Pour le dire autrement, ce n'est pas une question de « pauvreté lexicale et argumentative » comme on peut l'entendre parfois, mais de difficultés psychiques pour se regarder et identifier ses émotions qui sont à l'œuvre.

Regardons de plus près ce qui est dit dans ces rapports. La violence verbale est ici fulgurante (voir entre autres, Moïse, 2007, 2009)[5], marquée par l'insulte et la menace, actes de langage directs, et elle n'est effectivement pas la manifestation de comportements pervers ou manipulateurs. L'agressivité exprimée est le signe de défense de territoires, pulsion réactive qui vise à préserver une certaine intégrité physique quand toute tentative de rapprochement est ressentie comme une attaque menaçante. L'agressivité, sous forme de défense, conforte alors l'impossibilité à se verbaliser et entretient une pensée dogmatique rassurante faite de certitudes, de généralisations, d'émotions projetées sur le monde extérieur (*Il a du mal à verbaliser, il est sans doute en position d'évitement verbal, de non-verbalisation, de mise à distance de la parole et de ses contenus*). Dans une projection d'un acte physique, la menace qui accompagne la violence fulgurante permet de maintenir un fantasme de protection impossible (« *Ma mère va venir te buter/Je vais aller chercher mon frère* »). L'insulte enfin comme « dernier recours » veut signifier, par un effet d'essentialisation, la négation de l'autre, façon de projeter son propre sentiment de manque, de vide et de mésestime. Dévaloriser l'autre permet de se valoriser soi-même. Sans oublier que menace et insulte sont chez Bertrand, plus qu'à l'ordinaire, à contenu

---

5. Voir les travaux du groupe de recherche sur la violence verbale dirigée par Claudine Moïse (www.violenceverbale.fr) qui définissent la violence verbale fulgurante comme « une montée en tension contextualisée qui se décline à travers différentes étapes (incompréhension, négociation, évitement, renchérissement, renforcement...) marquées par des déclencheurs de conflits (matériels ou symboliques), des marqueurs discursifs de rupture (durcisseurs, mots du discours, effets syntaxiques, prosodie, intonation...) et des actes de langage dépréciatifs (harcèlement, mépris, provocation, menaces, déni, insulte...) ».

hautement sexuel[6], marque d'un mal-être sexuel (« *On va te couper la bite à coup de serpette/pointeur* »). Écouter la violence verbale donne alors avant tout à entendre les carences affectives et les troubles du comportement chez ces adolescents violentés, facteurs d'inadaptation sociale et scolaire.

LES RÉPONSES JURIDIQUES ET ÉDUCATIVES SUR LES VIOLENCES SEXUELLES

Les faits divers qui se répandent dans la presse, entre effets exutoires, stigmatisation et mises en scène sensationnelles, font toutefois des violences sexuelles une préoccupation politique et sociale. De cette façon, cette attention portée à la sexualité permet, dans le cadre de mon travail, une plus grande écoute des politiques locaux. Même si les décisions gouvernementales sont parfois des réponses immédiates et dogmatiques pour satisfaire une opinion publique ébranlée, elles participent de la préoccupation nécessaire des questions des violences sexuelles. À nous alors, professionnels de terrain, à en faire bon usage et à en montrer les limites si besoin.

La loi du 17 juin 1998

La loi du 17 juin 1998 a eu pour « objet de prévenir et de réprimer les infractions sexuelles, les atteintes à la dignité de la personne humaine et de protéger les mineurs victimes ». Cette loi marque la nécessité de prendre en charge les victimes, et particulièrement les mineurs, mais aussi les auteurs d'infractions sexuelles, comme le mentionne le texte lui-même. Suite à la promulgation de la loi, des procédures de signalement ont été codifiées pour les enfants victimes de violences sexuelles, avec obligation, désormais, de révélation pour les particuliers et pour les professionnels, dont les médecins, avec la levée du secret médical. Cette obligation ne signifie pas la culpabilité de la personne, elle est un moyen d'attirer l'attention des pouvoirs publics sur une situation qui fera l'objet d'une investigation pluridisciplinaire, juridique, sociale et médicale (examens médicaux dans les hôpitaux, recueil de la parole des victimes par les brigades de protection des mineurs, prise en charge par les services sociaux). On a ainsi observé une augmentation du nombre de révélations, une meilleure organisation de la prise en charge immédiate

---

6. On sait que le gros mot, le juron et l'insulte sont transgressives ; d'un point de vue sémantique, ils touchent donc le champ du sacré, de la scatologie ou du sexuel.

des mineurs victimes, relayée par l'Éducation nationale et les services de protection et de santé de l'enfance. Toutefois, des indicateurs multiples montrent que le nombre de signalements d'abus sexuels des enfants reste toujours aussi important en France et l'application de la loi est difficile en raison du manque de moyens financiers et de médecins et psychologues formés dans ce domaine.

L'inceste

L'inceste, dans une acception entendue du terme[7], définit l'abus sexuel commis par un membre de la famille sur un mineur alors que « l'un des aspects de la fonction parentale est le refoulement de toute pensée sexuelle concernant son enfant » (Berger, 2008, p. 123). L'inceste a toujours été vécu dans nos sociétés comme un tabou (pour une synthèse historique, voire « mythologique », se référer à Haesevoets, 2003, p. 21-39) et, dans les années 70, se sont répandus des stéréotypes sur le père incestueux, habitant à la campagne, alcoolique et fruste. Il était alors bien difficile sans doute de concevoir, en même temps que les pratiques incestueuses entraient dans le cadre des maladies mentales, que de tels comportements pouvaient relever de dysfonctionnements psychopathologiques (Coutanceau, 2004, p. 118).

Aujourd'hui, les statistiques sont rares sur le sujet et les chiffres sous-estimés, sans doute parce qu'il en va toujours de difficultés psychologiques pour les victimes à révéler de tels actes. Toutefois, avec la médiatisation du phénomène, la connaissance actuelle de la gravité traumatique et l'égard porté aux victimes, les auteurs sont de plus en plus nombreux à être assignés en justice. L'inceste (Haesevoets, 2003 ; Coutanceau, 2004) a lieu en milieu familial, il est insidieux, normalisé par le parent, occulté. Sans pouvoir l'expliciter clairement, l'enfant perçoit peu à peu, au fil des attouchements et des agressions, que les actes dépassent le lien affectif filial ; et le secret vécu entrave la confiance, la protection et la tendresse attendues, surtout si la mère se fait par exemple complice, par déni ou participation effective, du comportement incestueux du père. À la culpabilité intériorisée de provoquer l'acte déviant s'ajoutent une insécurisation et un clivage intérieurs. Les réactions spontanées et défensives, de la sidération à la dissociation[8], protègent l'enfant le temps

---

7. Les anthropologues utilisent aussi le terme « pour désigner les lois ou les coutumes interdisant certaines alliances – par exemple le mariage entre un père et sa fille mais aussi entre deux cousins proches » (Dussy, 2009, p. 56).
8. Les mécanismes traumatiques ont été décrits ci-dessus, dans ce chapitre, paragraphe « Le poids du traumatisme ».

de la violence perpétrée. Mais le corps meurtri garde les traces d'une atteinte à l'intégrité du soi. D'autant plus que les abus en milieu familial, par leur répétition et leur constance, s'inscrivent dans la durée et dans un mode de vie inéluctable.

La loi du 8 février 2010 a inscrit l'inceste commis sur les mineurs dans le Code pénal. Un rapport parlementaire de 2009, qui faisait suite au rapport Estrosi de 2005 et à un sondage de l'Association internationale des victimes d'inceste, avait proposé une modification du Code pénal, en introduisant la notion d'inceste (infraction à caractère sexuel commise dans le cadre familial). Le sondage avait révélé que l'inceste était à penser comme un « fléau social », qui toucherait 2 millions de personnes en France. Il était alors juridiquement assimilé à un viol ou à une atteinte sexuelle avec circonstance aggravante, du fait du lien familial. Pour que cet acte soit condamné en cour d'assises, il fallait justifier qu'il avait été commis en l'absence de consentement de la victime, ce qui dans bien des cas restait difficile à défendre juridiquement (pour une synthèse sur la question, voir Porchy, 2003), notamment dans le cas des révélations tardives, les plus fréquentes. Faire de l'inceste une infraction à part entière peut éviter de se trouver confronté à des difficultés juridictionnelles et permet de prendre en compte la spécificité de cette effraction qui touche justement la psychologie et le développement global de l'enfant dans le cadre familial. C'est nécessaire, même si définir l'inceste demeure une entreprise délicate quand elle implique, de fait, de cerner les liens familiaux particulièrement complexes dans notre société : comment nommer un concubin ou un partenaire qui ne vivent pas sous le même toit ? À partir de quel moment sont-ils membres de la famille ? Que représentent-ils en tant que figures d'identification ?

L'Éducation nationale

L'Éducation nationale a toujours mené une réflexion autour de l'information et de l'éducation sexuelles[9]. Les initiatives sont nombreuses mais parfois partielles, isolées et dispersées, sans doute parce que la question du développement sexuel, comme il apparaît à travers ce livre, est chose délicate, sensible et encore taboue.

Dans les années 70, alors qu'à l'école les planches anatomiques dans les manuels de sciences naturelles sont encore présentées sans sexe, l'expression de la sexualité devient un fait social et se voit questionnée à

---

9. Les données factuelles et les citations sont tirées du site de l'Éducation nationale, www.education.gouv.fr

l'école. Ainsi, en guise de première initiative, une information officielle voit le jour dans le cadre des cours de biologie et d'économie familiale et sociale. Il est étonnant de constater qu'il a fallu attendre ces dernières années pour considérer dans les faits la sexualité dans sa dimension sociale, relationnelle voire culturelle, même si les recommandations étaient autres depuis quelques décennies.

> « La circulaire du 23 juillet 1973, ou circulaire Fontanet, définit les lignes de force de l'information et l'éducation sexuelle en milieu scolaire : d'une part, information scientifique et progressive, intégrée aux programmes de biologie et de préparation à la vie familiale et sociale, pour tous, et, d'autre part, "éducation à la responsabilité sexuelle", sous la forme de séances facultatives, en dehors de l'emploi du temps, sous l'autorité du chef d'établissement, avec autorisation des parents pour les plus jeunes. »

Les années 80, dans une visée citoyenne et responsable, recommandent aussi l'étude de « thèmes transversaux » qui misent sur la préparation à la puberté, la transmission de la vie, les maladies sexuellement transmissibles. À partir des années 90, la formation s'inscrit dans le cadre de la prévention du sida, ce qui remet l'accent sur la nécessaire formation au développement de la sexualité en fonction aussi de l'âge des élèves. Dans le cadre d'un plan de formation visant le personnel de l'Éducation nationale, a alors été rendu obligatoire en 1998 l'enseignement de deux heures minimum d'éducation à la sexualité par an, en priorité pour les élèves de 4e et 3e. Il s'agissait alors dans le même temps de « doter les académies de personnes ressources capables d'organiser et d'animer des formations de terrain appropriées et cohérentes ». L'Éducation nationale a enfin renforcé sa politique éducative de la sexualité, par une loi de 2001 puis par une circulaire de 2003, qui instaurent une généralisation de l'éducation à la sexualité rendue obligatoire et à raison de trois séances annuelles à tous les niveaux des établissements scolaires. Elle s'inscrit, entre autres objectifs, dans une perspective de protection des jeunes face aux violences sexuelles. Les personnels de l'Éducation nationale, volontaires pour assurer ces temps de sensibilisation, suivent une formation limitée à vingt-trois heures.

L'éducation à la sexualité a toutefois du mal à être mise en place tout au long de la scolarité des élèves et reste donc bien trop insuffisante. Ainsi les objectifs tout à fait louables de la circulaire sont difficilement atteints.

Désormais, la sexualité est effectivement considérée par l'Éducation nationale dans toute sa globalité et sa complexité éthique, individuelle, sociale. L'éducation à la sexualité repose, dans les textes, sur :

> « l'estime de soi, le respect de l'autre, le droit et l'acceptation des différences, la compréhension et le respect de la loi, la responsabilité individuelle et collective. À l'école, au collège et au lycée, elle vise à identifier les différentes dimensions de la sexualité (biologique, affective, culturelle, éthique, sociale, juridique), développer des modèles et des rôles sociaux véhiculés par les médias en matière de sexualité, favoriser des attitudes de responsabilité individuelle et collective, notamment des comportements de prévention et de protection de soi et d'autrui, connaître les ressources spécifiques d'information, d'aide et de soutien dans et à l'extérieur de l'établissement. Cette démarche s'inscrit dans la politique nationale de prévention et de réduction des risques (grossesses précoces non désirées, infections sexuellement transmissibles, VIH/sida), de la lutte contre les préjugés homophobes et sexistes et contre les violences sexistes et sexuelles. L'éducation à la sexualité intègre les questions liées à la mixité et encourage les attitudes, les réflexions et les comportements qui renforcent l'égalité entre les femmes et les hommes. »

Il faut toutefois noter que l'école n'a jamais été vraiment initiatrice en ce domaine, qu'elle a plutôt suivi les idéologies et préoccupations sociales, elle qui aurait dû, par sa mission éducative auprès des adolescents, être à l'initiative des projets d'accompagnement globaux. Si les textes officiels existent et posent aujourd'hui un cadre officiel assez ouvert au-delà de perspectives scientifiques, les mises en place éducatives sont insuffisantes, sans doute à cause du manque de formation spécifique des enseignants, de temps horaires libérés ou de financements pour l'intervention de personnels extérieurs compétents et qualifiés. Ainsi, l'éducation à la sexualité reste le fait des personnels motivés au sein des établissements ; elle est aussi plus attachée à la prévention (contraception, interruption volontaire de grossesse, infections sexuellement transmissibles, sida), à la protection des jeunes face à la pornographie et aux abus sexuels (sensibilisations certes nécessaires mais insuffisantes) qu'au développement de la sexualité.

Ces violences des mineurs ne touchent pas que le milieu familial ou éducatif : suite aux révélations de sportives de haut niveau, Roselyne Bachelot-Narquin, ministre de la Santé, de la Jeunesse, des Sports et de la Vie associative lance le 20 juillet 2007 une campagne de lutte contre le harcèlement et les violences sexuelles dans le milieu sportif. Sont mises en œuvre et organisées des sessions de sensibilisation et de prévention au sein des institutions sportives pour les jeunes sportifs et leur encadrement (Creps, écoles, etc.). On peut apprécier l'efficacité de la mise en place de ces sessions (entre le dernier trimestre 2008 et mars 2009) dans les régions, en espérant que cela ne reste pas qu'une opération ponctuelle.

La loi sur la récidive

Pour ce qui m'intéresse ici, la loi sur la récidive pour les majeurs et mineurs d'août 2007 introduit un volet d'obligation de soins pour les délinquants sexuels. Un médecin coordonnateur est désormais chargé de faire l'interface entre le juge de l'application des peines et le médecin traitant « pour assurer un suivi à la fois médical et judiciaire plus efficace ». Un juge pourra désormais inciter un prévenu de plus de 16 ans à se soigner, notamment dans les cas de délinquance sexuelle. Pour « appuyer » l'injonction, les détenus qui refuseraient de se soumettre à un soin, notamment psychiatrique, ne bénéficieront plus de remise de peine ni de possibilité de libération conditionnelle. Cette préconisation est dans l'idéal tout à fait pertinente mais sur le terrain, il n'est pas rare d'être face à des mineurs, sous contrôle judiciaire, donc avant jugement, soumis à une obligation de soins psychiatriques et/ou psychologiques difficile voire impossible à mettre en œuvre. Des juristes en charge de ces mineurs ont explicité la difficulté de la situation :

> « Il est avéré qu'il manque cruellement de personnels compétents pour ce type d'infractions, notamment de psychologues et de psychiatres susceptibles de prendre les jeunes mineurs délinquants sexuels en charge. Tout comme les majeurs, les moyens manquent et les psychiatres ne se bousculent pas à la porte de la justice pour permettre la mise en place du suivi sociojudicaire ou de thérapies en collaboration avec la Protection judiciaire de la jeunesse. » (Rabaux, 2007, p. 19)

CONCLUSION

Les victimes adultes de violences sexuelles, celles en tout cas qui révèlent leur histoire, osent se dire et libèrent leur parole, sont prises dans des vies complexes et douloureuses. Le traumatisme empêche non seulement des bonheurs possibles mais entrave, quand il réactive les violences subies, une vie sexuelle épanouie. Ainsi, la compréhension du traumatisme et la représentation d'une sexualité sereine et sans violence sont fondamentales dans la reconstruction de soi. D'une certaine façon, faire acte de résilience après un traumatisme sexuel, c'est être capable, un jour, de se sentir heureux dans sa vie sexuelle ; mais il en va alors d'un accompagnement nécessaire et indispensable autour de la sexualité et que la compréhension de son développement permette une réconciliation avec son propre corps et, dans la relation sexuelle, celui de l'autre. Les prises en charge classiques sont nécessaires mais, quand la question sexuelle n'a pas été abordée, elles n'empêchent pas, tôt ou tard, des effets de décompensation. Or il apparaît trop souvent que l'on n'ose pas parler de sexualité aux victimes de violence sexuelle : en quoi serait-ce dérangeant ? N'est-il pas un regard sur la sexualité qui, dans notre société où l'on parle tant de sexe, empêche un dialogue réel sur la sexualité et son développement ?

PARTIE 2

LA SEXUALITÉ, UNE DIMENSION HUMAINE NÉGLIGÉE

FACE AUX SITUATIONS douloureuses et aux violences sexuelles se pose la question incontournable des rapports entre les hommes et les femmes, des discours en circulation sur les modèles de la féminité et de la masculinité et, au bout du compte, des représentations de la sexualité dans notre société contemporaine. Comme dans tout champ scientifique, les recherches imprègnent les idées et les comportements[10], et celles sur le genre, foisonnantes à l'heure actuelle, et depuis les années 2000 notamment à partir des études anglo-saxonnes, n'en sont pas exemptes.

---

10. Il ne faut pas croire que, pétris de bonnes intentions, nous allons échapper aujourd'hui à l'imprégnation au sein des discours de nos construits idéologiques ; nous participons aux représentations en marche, à la diversité de la conception du genre et de la sexualité par exemple. Nos recherches peuvent servir de légitimation (ou *a contrario* de repoussoir, donc de contre-légitimation, ce qui va, d'une certaine façon, dans le même sens) du politique. Il suffit sans doute de bien le savoir pour « examiner avec autoréflexion les conséquences de l'action de la recherche » (Heller, 2000, p. 15).

Chapitre 4

Le contexte contemporain

L'INJONCTION À LA LIBERTÉ SEXUELLE ET LES RELATIONS HOMMES-FEMMES[1]

Le genre oublié en France

Alors que les *gender studies* occupent largement le champ des rapports de genre dans le monde anglo-saxon, les études et les approches francophones sont restées en retrait. Précurseurs, les disciplines universitaires comme l'histoire (pour des synthèses passionnantes sur genre et histoire, voir Thébaud, 2007 ; ou sur l'histoire même des femmes, Perrot, 2006) et la sociologie (Berger, 2008/4 ; Dorlin, 2008) ont ouvert la voie[2]. Si très tôt les études de genre se sont posées outre-Atlantique dans une perspective constructiviste, les approches françaises, prises dans des querelles philosophiques, féministes et politiques, étaient plus frileuses.

---

1. Une partie de cette réflexion est tirée de l'ouvrage, *Langage, Langue et Sexualité* (Duchêne et Moïse, 2010) et notamment le chapitre 1 des mêmes auteurs.
2. On peut aujourd'hui constater le dynamisme et le foisonnement des travaux et des recherches largement pluridisciplinaires sur le genre, à partir du site de l'Association de jeunes chercheuses et chercheurs en études féministes, genre et sexualités http://www.efigies.org/, et de leur liste de diffusion.

D'un point de vue constructiviste, le *genre* se conçoit comme le résultat d'un processus de socialisation qui définit les rôles des deux sexes ; il se fait catégorie analytique au sein de laquelle les êtres humains, selon des contextes politiques et culturels particuliers, pensent et organisent leur activité sociale et donc leur identité masculine ou féminine. Quand on en est aujourd'hui, de l'autre côté de l'océan, sur les traces de Judith Butler ([1990] 2005) à dénoncer cette forme de naturalisme donné du genre et des sexes, quand le sexe même serait socialement construit, quand la distinction de genre, entre féminin et masculin, serait dépassée pour intégrer d'autres pratiques sociales genrées et *queer*, les espaces français, loin encore d'une certaine vision postmoderne, avancent doucement, tentant, malgré tout, de revisiter la question de la distinction des genres.

Un tel apparent désintérêt s'explique en partie par le fait que les études de genre en France n'ont pas bénéficié d'un réel ancrage institutionnel (Mattelart, 2003), même si certaines chercheures, prises dans les mouvements des années 70 et portées par les auteures américaines, ont pu mettre au-devant de la scène la question du statut des femmes. Dans les pays anglo-saxons et nordiques, en revanche, les études sur le genre sont devenues très vite des champs de recherches originaux et pluridisciplinaires, portées par des enseignements dès les années 80 et de nombreuses revues spécialisées – *Women Studies*, créé en 1972, *Signs : Journal of women in culture and society* en 1975, *Gender and Society* en 1987, *Genders* en 1988 –, ce qui ne fut pas le cas dans les pays francophones. En effet, cet ancrage institutionnel était impensable en regard de l'idéologie portée par la vision universaliste de la nation, une et indivisible, où le citoyen se construit dans une unité unificatrice, au-delà des différences ethniques, linguistiques ou sexuées. Dans les années 60, la variable sexe n'est pas prise en compte comme variable sociale et la question à l'université reste longtemps taboue.

Le féminisme français et la libération féminine

En France, différentes tendances, voire « écoles », se distinguent par leur conception du genre ou dirait-on ici, dans l'hexagone, du féminisme. Il y a les revendications pour une égalité de droit dans l'espace public, induite par la conception des citoyens « libres et égaux en droit » qui ne renierait pas pour autant aujourd'hui (contre une Simone de Beauvoir en son temps) la part de féminité de la femme. Dans les pas d'Élisabeth Badinter (1986, 1992), il s'agit de défendre la femme en tant qu'être humain dans sa spécificité, au-delà des quotas et des discriminations positives. D'un autre côté, il y aurait à revaloriser la spécificité féminine, celle de l'éthique *care*, c'est-à-dire celle « des sentiments moraux des femmes qui constituent une ressource morale oubliée et qui pourraient renouveler la philosophie pratique » (Dorlin, 2008, p. 23). Avec un certain désappointement, cette approche intéressante a été pervertie par une revendication des qualités « naturelles » des femmes, qui sous des allures de modernité, est souvent mâtinée de couleurs misogynes. Ces qualités seraient davantage, pour le mieux-être de nous tous, à défendre comme éléments de notre humanité commune. Ce « féminisme naturaliste » s'appuie particulièrement sur la maternité et la grossesse, différence fondamentale entre les hommes et les femmes. Le mouvement d'émancipation de mai 1968 a permis la plus grande révolution des mœurs depuis des siècles, la femme a pu contrôler la procréation. Par la maîtrise de son corps et de sa sexualité, elle s'est affranchie du désir masculin. On mesure aujourd'hui les effets incommensurables de cette échappée belle, quand la maternité choisie, voire imposée à l'homme, devient critère d'épanouissement et de distinction de genre. Elle deviendrait alors, dans un effet de retournement quelque peu insolite la part revendiquée de la femme dans une prise de pouvoir contemporaine.

La crise de la masculinité

Les rapports de places se sont modifiés, les femmes occupent ainsi un plus grand champ symbolique de pouvoir dans nos sociétés occidentales et peuvent jouer sur bien des tableaux. Un exemple intéressant est celui des technologies de l'information et de la communication dans une perspective genrée. Sur l'usage de ces outils (Jouët, 2003), les auteurs montrent que les nouvelles technologies et notamment Internet peuvent modifier les comportements ou justement casser les idées reçues. Pour le dire autrement, les pratiques d'interaction par Internet permettent de ne pas se laisser prendre par des comportements genrés attendus. *Via* l'écran, les femmes peuvent manifester plus de confiance, en échappant à un certain rôle attendu, notamment dans un contexte social non professionnel (We, 1993). Il y aurait donc une plus grande confusion des genres dans l'usage des nouvelles technologies (Jouët, 2003) et les catégories binaires du type technologie/homme et relation/femme sont plus complexes quand les femmes feraient preuve de rationalité, et les hommes donneraient libre cours à leur émotion. Des sondages demandés sur l'usage d'Internet par les femmes de différents pays européens[3] montrent combien les études

---

3. Consulter le compte rendu de l'enquête (consulté le 9 avril 2010) http://www.paperblog.fr/477465/internet-et-les-femmes-une-etude-europeenne-tns-sofres-aufeminincom/

sur le genre, l'orientation sexuelle et la sexualité vont prendre un nouvel essor dans une société en bouleversement idéologique.

Les hommes vivent aussi, par contrecoup, une crise de la masculinité (Duret, 1999 ; Guénif-Souilamas et Macé ; 2006 ; Welzer-Lang, 2007), quand confrontés à une profusion de normes et de fonctions contradictoires, de pertes de repères et de places institués (Daoust, 2005), ils s'interrogent sur ce que doit être un homme (Castelain-Meunier, 2005).

Face à cette distorsion d'entendement parfois entre hommes et femmes, face à ces difficultés à se définir les uns par rapport aux autres, les relations peuvent se paralyser et la sexualité être mise à mal. Dans une forme de discours entendu, on parle beaucoup de sexe, de plaisir et de jouissance dans notre société, pour une plus grande libération de soi (Finger, 2000). Mais dans leur intimité, bien des femmes vivent des empêchements, des frustrations et des insatisfactions[4]. S'il s'agit toujours d'œuvrer pour une reconnaissance de la place de la femme dans la société[5], il est sans doute nécessaire de déplacer et d'améliorer le discours en circulation sur la sexualité. Sexualité épanouie certes mais surtout exprimée, construite et discutée dans sa globalité, dignement et avec les hommes. Il s'agirait alors de reconnaître l'altérité et d'identifier notre propre manque (Marzano, 2007), dans une forme de complétude à l'autre, façon de repenser les rapports hommes-femmes dans une nécessaire différence.

La sexologie déconsidérée

La déconsidération de la sexologie en France dit bien le peu de sérieux accordé à cette dimension fondamentale de notre humanité, qui peut aussi mieux se comprendre, s'apprendre et se partager. Que certaines femmes dites « libérées » critiquent d'un revers d'écriture pamphlétaire peu étayée (Polony, 2007) à la fois, dans leur ensemble, les recherches *queer* notamment et les « thérapies actuelles », fondement et fondation d'une meilleure compréhension de la sexualité, est inconséquent, voire irresponsable. Il faut faire la part des choses. La sexualité n'est pas une recette de bonheurs superficiels avec pour seule réflexion des godemichés prodigieux, elle est complexe et globale, à saisir aussi par la sexologie, science à part entière. Les sexologues dignes de ce nom[6] comptent

---

4. Voir chapitre 2 de cette même partie.
5. Il reste notamment beaucoup à faire au sein des grands pôles de pouvoir décisionnels, administratifs, industriels et politiques, comme le montre et le défend avec humour une association comme La Barbe (http://www.labarbelabarbe.org).
6. Voir partie 3, « L'apport de la sexologie ».

à l'heure actuelle parmi les professionnels les plus compétents pour « expliquer la sexualité » à partir de données scientifiques fiables et participer ainsi à ce que la femme soit reconnue comme une personne à part entière, libre de s'abandonner à un droit au plaisir sexuel à partager avec l'autre, en pleine conscience.

LES DISCOURS POLITIQUES ET MÉDIATIQUES

Les discours sur la femme

L'image de la femme (mais de l'homme aussi) se répand dans les publicités, les discours politiques ou les magazines féminins et *people*. Elle est partout, envahissante même. Les femmes subissent la tyrannie d'une beauté idéalisée et valorisante, d'une maternité rêvée et épanouissante et d'un métier désiré et conquérant. Une publicité donnait à voir, avec toute son arrogance et impertinence, une voiture de luxe et une jeune femme resplendissante adossée à la portière. Une liste signifiait tout ce qu'elle devait réaliser pour être performante, comme la voiture, sans doute. Elle devait être également, parmi toutes les injonctions envisagées, « orgasmique », comme si c'était là une donnée acquise et décrétée. La publicité offre un discours complexe (Perret, 2003) où se mêlent à la fois les représentations sociales sur le genre dans une société à un moment donné, les demandes et stratégies commerciales, les besoins des consommateurs et les tendances dans l'expression des agences publicitaires. Les études montrent donc que la publicité est toujours portée par les rapports sociaux, mais qu'elle ne les induit pas, même si les images médiatiques et publicitaires s'inscrivent dans des prises de pouvoir masculin, où l'image de la femme reste dans l'apparence, l'ombre, la non-représentation. La publicité fait et dit ce qui sera entendu.

> « On ne peut projeter sur la publicité des enjeux qu'elle ignore. Considérer la publicité pour ce qu'elle est : ni reflet, ni idéologie dominante, elle est une des composantes du discours médiatique et participe en tant que telle, à partir de modalités discursives qui lui sont propres, à la manière dont la société se parle et se pense. » (Perret, 2003, p. 151).

Mais la publicité joue malgré tout sur la négation de la femme dans la mesure où elle est « sous les feux de la représentation imaginaire » (Mattelart, 2003, p. 7), prise par les modes sociales qui dictent ce que sont la mère idéale ou un corps parfait.

La femme a donc été, dans la publicité, ménagère, maman ou sorcière avant d'être objet sexuel (Houdebine, 2003). Dans la presse encore

(Debras, 2003), les femmes ne reçoivent pas le même traitement que les hommes, elles sont dans l'ombre de l'actualité et les journaux restent centrés sur le masculin, notamment dans les quotidiens régionaux, et ne pas lire la presse resterait peut-être pour les femmes une force de résistance.

Chez les jeunes, les chansons, et les chansons rap notamment, sont dans leur expression et leurs paroles très révélatrices de l'appréhension des images et des rapports entre filles et garçons adolescents. Un chanteur comme Orelsan, très apprécié pour sa musique et sa rythmique, a été fortement critiqué pour sa chanson « Sale pute ». Trompé par sa « poupée », le narrateur dénonce, à renfort d'insultes, le comportement de sa copine : « Tu n'es juste qu'une truie, tu mérites ta place à l'abattoir [...] On verra comment tu suces quand je te déboîterai la mâchoire. » Au-delà des débats éternels entre censure et création artistique, ce texte met en exergue les tensions entre filles et garçons. Les filles se sentent insultées par les propos proférés, tandis que les garçons se sentent floués par la toute-puissance des filles ; libres de leur corps et de leur vie, autonomes et indépendantes, elles décident des relations et des rapports sexuels. Les garçons, dans le seul pouvoir qui leur reste, celui les mots, en usent en dernier recours d'un contrôle perdu. Dans une autre chanson comme « 50 pour cent », en signifiant de façon directe et peu amène les relations amoureuses, « En un quart d'heure j'avais ma bite dans ta ceinture abdominale », « Je commençais à l'aimer cette pute », Orelsan exprime son impuissance à décider du cours de sa relation, voire de la naissance de l'enfant dont il aurait 50 % de chance d'être le père.

La sphère politique

La question du genre et de la sexualité émerge avec force dans les sphères publiques (politique, institutionnelle, médiatique, etc.) et les discours sur la sexualité, sur le rôle de la femme, sur la répartition des places ou encore sur les minorités sexuelles sont sujets à débats, qu'une femme se présente à la présidence de la république, que l'on aborde le mariage homosexuel ou l'homoparentalité. Les études du genre en politique touchent à la fois l'usage du discours chez les femmes politiques (Bonnafous, 2002, 2003) et les discriminations et injures dont elles sont l'objet (Oger, 2008). Les études montrent que les discours politiques portés par les femmes s'appuient sur l'image de la femme, soit par le genre même nommé de la locutrice (« en tant que femme, je... »), soit par l'expression de préoccupations réputées comme féminines (la conciliation, la générosité, l'attention, etc.) ; d'une façon comme une autre, on se rend compte que les mobilisations inconscientes du genre reposent encore une fois sur celles des stéréotypes de la parole féminine. Y aurait-il alors une valeur positive pour un homme aussi d'exhiber des qualités réputées féminines, comme l'écoute ou le pragmatisme ?

Chapitre 5

La sexualité : une dimension « parlée » ?

LE TABOU DE LA SEXUALITÉ

La question historique

L'histoire de la sexualité est passionnante parce qu'elle raconte les représentations d'une société et les rapports sociaux entre les hommes et les femmes et qu'elle peut en exposer des points de vue divergents (Foucault, 1994 ; Ferroul, 2002 ; Knibiehler, 2002). Ainsi, au cours de l'histoire, et de Xénophon à Rousseau puis à Spinoza, la sexualité a été pensée par les hommes à partir des hommes, dans une métaphysique de l'Un. La philosophie antique, entre Aristote et Platon, assoit la supériorité de l'homme sur la femme et le christianisme, qui prône l'égalité des genres humains et aurait pu changer la donne, a été dévoyé par ses propres penseurs... hommes. L'objet premier de la philosophie est l'exploration de la condition humaine et la dimension sexuelle, et de jouissance, a été reléguée à la partie animale de l'être humain.

Quand elle est quelque peu considérée, la sexualité est contrôlée par les hommes et particulièrement à partir du siècle des Lumières, dans une nécessité d'un contrôle social institué contre les « passions » pour valoriser le sexe fort (Knibiehler, 2002). Les positions dans l'acte sexuel, par exemple, nous renseignent sur les places sociales. L'accouplement où l'homme est couché sur la femme n'a rien de « naturel » et renverrait dans nos sociétés occidentales au mythe ancestral de l'union du Ciel et de la Terre, quand le Ciel féconde la Terre passive, qui est pénétrée par la pluie et les graines.

> « Cet imaginaire donne peut-être une explication des comportements sexuels de l'Antiquité jusqu'à nos jours. Les Grecs ont réservé le "missionnaire" à l'épouse et la position inverse, où la femme chevauche l'homme et que nous nommons "Andromaque", à la maîtresse. » (Ferroul, 2002, p. 33)

Cette distinction entre la femme-mère qui doit être fécondée et la femme-maîtresse qui donne du plaisir a traversé les siècles et continue à travailler les imaginaires masculins et féminins, dans une sexualité peu libre d'elle-même. En ce sens, à partir du XIXe siècle et dans les traités de médecine, est mise en avant la nature « active » de l'homme et souhaiter que la femme soit au-dessus pourrait être tenu pour un symptôme de perversité (Ferroul, 2002, p. 38). Ces représentations ont largement traversé les esprits pour s'inscrire encore dans l'inconscient collectif, quand le dialogue entre homme et femme sur un désir conjointement partagé ne peut s'exprimer. La société bourgeoise, née du XIXe siècle pour un plus grand contrôle du corps social, a largement imprégné les esprits et on est bien loin (lire l'excellente démonstration de Ferroul, 2002, p. 62-69) de la valorisation au Moyen Âge et même jusqu'au XVIIIe siècle, de la masturbation et des caresses chez les hommes et chez les femmes dans une conception joviale du plaisir et de la jouissance.

> « La permission pour les femmes de rechercher leur plaisir par les caresses était acquise, car au Moyen Âge, on est toujours convaincu de l'orgasme féminin pour avoir des enfants. » (Ferroul, 2002, p. 64)

Au XIXe siècle, sous le poids d'une société puritaine et bourgeoise, le corps est tenu à distance, renvoyé à la nécessaire procréation au sein du couple familial.

> « Le sexe de la femme est perçu comme en creux, en manque, une défaillance de la nature. Inférieure, la femme l'est d'abord par son sexe, sa génitalité. » (Perrot, 2006, p. 81).

Le corps est vécu sinon comme objet de débauche et de plaisirs interdits, corps sale et âme souillée et l'on voit alors fleurir des manuels de conseils pour les jeunes hommes (Tjeder, 2003) pour éviter la boisson, le jeu et la séduction et faire ainsi un bon mariage. Si l'adolescence est le temps des passions et des excès, il fallait alors apprendre à se contrôler pour entrer dans la société adulte et responsable. Si la sexualité peut être expérimentée le temps de la jeunesse dans tous ses plaisirs, elle sera codifiée et retenue dans le cadre du mariage. Et au début du XXe siècle, la préoccupation autour de la sexualité portera sur ses déviances (proxénétisme, violences, etc.).

La sexualité dans la langue

La langue rend compte des phénomènes sociaux ; elle exprime alors aussi avec force les rapports entre hommes et femmes et la représentation de la sexualité.

Les années 70, portées par les revendications sociales, vont alors voir fleurir des dénonciations autour de la langue sexiste, de celle qui entretient un rapport d'inégalité sociale entre hommes et femmes, voire la dévalorisation du féminin, notamment dans les relations sexuelles (Guiraud, 1978).

> « La langue enregistre ces discriminations, les transmet et les laisse ainsi perdurer autant que son système duel du genre les favorise. » (Houdebine, 1998, p. 165)

Et les exemples sont alors nombreux ; on s'aperçoit, par exemple, que les diminutifs posent les noms en féminin, du *camion* à la *camionnette*, du *balai* à la *balayette*. Pour les noms animés, c'est-à-dire qui concernent les hommes et les femmes, la langue devient *langue du mépris* et marque les dissymétries sémantiques (Yaguello, [1978] 1987). Les noms de genre féminin qui peuvent être attribués aux femmes et aux hommes sont négatifs et dépréciatifs, *une crapule, une canaille, une fripouille. Une* femme savante *est ridicule, un* homme savant *est respecté* ; *une* femme légère *l'est de mœurs* ; *un* homme, s'il lui arrive de l'être ne peut l'être que *de l'esprit* (Yaguello, [1978] 1987, p. 142). Le genre féminin est donc le genre dépréciatif. Les finales en -*ouille, andouille, nouille, fripouille,* en -*aille, canaille*, féminines tendent vers l'injure. Pas étonnant alors que dans le parler ordinaire, un grand nombre d'insultes font référence à la femme ou au sexe de la femme, soit pour mépriser les femmes elles-mêmes, *sale garce*, soit pour insulter des hommes en leur prêtant un caractère efféminé, *femmelette, gonzesse*.

Le genre s'inscrit donc dans la langue et un gros travail en aménagement linguistique sur la féminisation des noms de métiers a permis de revaloriser le féminin (Houdebine, 2003). Les règles proposées dans la circulaire de mars 1986 en France sur les noms de métiers sont plus ou moins en usage aujourd'hui, même si la féminisation des discours est loin de s'être imposée comme au Québec ou en Belgique, parce qu'elle soulève encore bien des oppositions et parce qu'à travers la féminisation de la langue se jouait une féminisation du pouvoir ou un refus, en France, d'une distinction des groupes minoritaires.

La langue inscrit sa propre représentation du monde comme le monde s'inscrit dans la langue. Elle déprécie la femme comme elle peut rendre compte du tabou autour de la sexualité. La sexualité s'exprime à travers des mots souvent perçus comme spécialisés, *la vulve* (qui apparaît rarement dans le dictionnaire mais se voit suppléé par « sexe de la femme ») ou *le pénis* par exemple, et, dans l'usage courant, on leur préfère des hypocoristiques, *la foufoune, le zizi*, ou, à l'inverse, des termes crus et directs. Ces mots tabous[1] transgressent un interdit ; ils se font alors « gros mots » de ceux qui, contraires aux bienséances, offensent la pudeur. Les gros mots[2] qui s'actualisent dans trois domaines sémantiques, la religion (le sacré), les excréments (scatologie) et la sexualité, sont interdits parce qu'à travers leur usage se manifestent les tabous d'une société.

Le sexe de la femme est décrit avec imprécision, comme s'il n'avait justement pas besoin d'être détaillé, qu'il était d'une désignation vague, sans vraiment d'utilité. Il est associé à la toison du chat (homonyme du « chas » ?), il est *la chatte* (*tcheu* verlanisée), *le minou, la minette*, il est désigné par sa forme, *la fente, la craquette, la cramouille* (mot-valise avec *mouiller*), *boutonnière, cicatrice*, il est un fruit, *l'abricot, la figue*, une fleur, *la pâquerette, le nénuphar*, une sucrerie, *le berlingot, le bonbon, la framboise* pour le clitoris, une *motte, gazon, cresson, laitue* pour le pubis tandis que le vagin, considéré comme un simple réceptacle, ne se voit pas nommé de quelque fantaisie lexicale. Et plus révélateur est encore le *con*, apparu au XIIe siècle du latin « *connus* » qui renvoie à la bêtise (« parler, raisonner comme un con ») et à cette femme qui déraisonne sous l'effet de son utérus (qui renvoie à *l'hystérie*).

En revanche, le sexe de l'homme, à cause de sa description extérieure (plus claire que pour la femme) et de sa force de domination, s'exhibe et

---

1. Ce passage sur la langue taboue s'appuie en partie sur les écrits de Delvau ([1900] 1990), Rouayrenc (1996), Huston (2002).
2. Un gros mot devient juron quand on s'emporte contre soi-même ou insulte quand on vise autrui (une « merde » est un gros mot, « Merde ! J'ai cassé le vase » est un juron, « Tu es une merde ! » est une insulte). Tous les gros mots ne sont pas des insultes ni inversement.

se voit associé à la force, voire à la guerre. Il est marque de virilité et de courage (*avoir des couilles*). Il est à considérer dans toute sa valeur et devient *bijoux de famille, marchandise, bibelots*. Les testicules sont *des rognons, des pruneaux, des burettes, des noisettes, des burnes* (excroissance sur un arbre), des *roubignoles* (petite boule de liège). Le pénis est *la bite* (verbe « abiter », « toucher à » avec croisement avec l'ancien français « habiter », « avoir commerce charnel avec ») ou *teube* (verlan 1988), *zob et zobi*. Il est lié à *l'outil, l'engin* (1977), *le goupillon, la balayette, la défonceuse, le chibre* (de l'allemand « schieber », « pousseur »), aux armes, le *dard, la trique, le gourdin, la matraque, le vit* (XIIIe siècle, du latin « vectis », « levier », « barre »). Si l'homme n'est pas armé, c'est un imbécile, « imbecillus » (sans bâton). Les surnoms du pénis, alors que le sperme n'était évoqué par aucun autre terme (associé la procréation ?), ont ainsi évolué au même rythme que le perfectionnement de l'arsenal militaire, *pistole, fusil, goupillon*. Mais d'une façon comme une autre, la richesse de ses nominations dit bien l'intérêt qu'on lui porte. Il est à l'image d'une *pine* (flûte d'écorce), d'une *clarinette*, d'une *quille*, il est décrit *chauve, col roulé, chinois* (représenté comme chauve), dur comme *une trique, un gourdin, un manche* et émet comme un *robinet*...

L'acte sexuel est toujours considéré du point de vue des hommes ; les verbes montrent un l'homme actif (*foutre*, « futuere », avoir des rapports avec une femme, dès le XIIe siècle, *niquer*, issu de l'arabe dialectal à la fin du XIXe siècle, *piner, chibrer, biter..., fourailler*) tandis qu'ils désignent une femme passive qui *se fait mettre, passe à la casserole, fait la planche*, etc. Ils renvoient aussi à la tromperie et à la duperie, *baiser, niquer, l'introduire*, (sodomie), *enculer, entuber*. Finalement, la langue décrit la relation sexuelle comme un acte d'hostilité envers un être sans valeur. Les métaphores à partir du français standard sont associées à la violence, *se faire quelqu'un, tirer, pointer, torpiller, se taper* (1947), *cogner*, au nettoyage, *ramoner, brosser*, à la force, *chevaucher, sauter, culbuter, baiser*. Violence associée à la pénétration, *enfiler, embrocher, défoncer, tirer son coup* ou à la domination, *tremper sa nouille, se baguer le nœud, aller au cul*.

DE LA DIFFICULTÉ DE PARLER DE LA SEXUALITÉ ET DE SON DÉVELOPPEMENT

On peut alors regarder si la difficulté de notre société à évoquer la sexualité, par un effet de causalité, peut étayer les violences sexuelles d'auteurs majeurs ou mineurs. Les récits que me donnent à écouter les adolescents ou adultes, récits qui permettent de se dire et de se construire, sont-ils vraiment significatifs de l'indigence et du manque de paroles à ce propos ? J'interviens régulièrement dans le cadre scolaire pour les séances d'éducation à la sexualité et il m'est alors permis d'évaluer les savoirs et repères des jeunes sur la question ; leur bagage devrait d'ailleurs commencer à être conséquent, puisqu'à l'heure actuelle et dès le collège, ces élèves doivent avoir bénéficié de trois séances annuelles de deux heures de formation/éducation pour envisager, voire être en mesure, de vivre leur sexualité. Je recueille aussi dans le cadre de mes consultations de sexologie, les expériences de couples souvent difficiles, qu'elles soient *a priori* ou pas liées à des questions sexuelles.

La période de l'adolescence

Me voici dans un lycée face à 25 jeunes, filles et garçons, âgés de 15 à 17 ans, à la demande de l'infirmière et du proviseur. Quelles sont leurs préoccupations, comment parlent-ils de sexualité ? Ces élèves de lycée, que je vois pour la première fois, ont eu en classe de 4e des cours de biologie sur l'appareil génital et reproducteur et, en 3e, une séance de deux heures sur les moyens de contraception, les infections sexuellement transmissibles et le sida. Jusqu'à présent, tous les élèves de lycée que j'ai rencontrés n'avaient pas davantage bénéficié de cours d'éducation à la sexualité, ce qui est bien inférieur au nombre d'heures obligatoires. Je vais les rencontrer pendant une heure et demie et l'infirmière a prévu de les revoir après mon intervention. Évidemment, je ne pars pas avec l'idée de rattraper les heures manquées mais j'ai un objectif précis : les sensibiliser à l'idée d'une sexualité responsable et heureuse ou autrement dit, être à même d'envisager l'idée de leur responsabilité pour vivre la sexualité dans le respect de soi et de l'autre. Pour préparer ma venue, l'infirmière scolaire a demandé aux jeunes d'écrire sur papier anonyme ce dont ils aimeraient entendre parler. Les mots « préservatifs », « pilule », « sodomie », « fellations », « jouir », « débandades », « IVG », « grossesse » sont les plus fréquemment évoqués. J'ai au préalable informé l'infirmière du but que je me fixais et expliqué que, compte tenu de l'âge de ces jeunes, je ferai un rappel des connaissances sur « leur état » d'adolescents pour les amener à mieux comprendre ce que sont la réponse sexuelle humaine et le partage de plaisir. À partir d'une évaluation de leurs savoirs, forme de « photographie instantanée », je m'engage à leur apporter de nouveaux éléments en cohérence avec leurs propres perceptions. C'est pourquoi il est essentiel qu'ils puissent s'exprimer ; il ne s'agit ni de dispenser un cours magistral ni d'attendre qu'ils me posent des questions, mais d'amener de la matière pour susciter le dialogue. Ainsi, ce type d'intervention en lycée me permet de voir les représentations des jeunes sur la sexualité et leur façon d'en parler. La séance comporte un premier moment, que je vais évoquer ici, consacré à ce qu'ils sont, de grands adolescents enclins à construire leur sexualité.

Je commence donc par définir l'être humain en tant que personne dotée d'une tête qui réfléchit et qui pense, d'un cœur qui ressent des émotions et d'un corps qui vibre ; je dessine, à ma manière qui n'est malheureusement guère artistique, une représentation de cette personne.

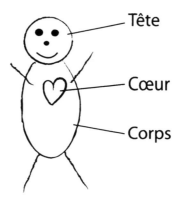

À partir de la puberté, cette personne devenue adolescent(e) se transforme dans sa globalité, tête, cœur et corps. J'interroge : « Que signifie la puberté ? » S'il y a quelques années, les réponses étaient centrées sur l'arrivée des règles, désormais la plus fréquente est devenue : « C'est quand on peut baiser. » J'annonce que dans un premier temps, nous parlerons d'abord de la personne avec son corps génital, sa tête et son cœur pour envisager ensuite la sexualité à partir de leurs questions, écrites sur les papiers. Je précise ce que j'entends par sexualité (je résume ici mais j'y reviendrai) : être en mesure de nouer un tête à tête, un cœur à cœur et un corps à corps avec l'autre que l'on choisit, qui nous choisit. Être en mesure implique l'idée de temps, de prendre le temps, chacun à sa manière, plus ou moins rapide, pour se lancer dans ce lien humain que l'adolescence permet. Et qui suppose de se connaître soi-même dans cette période de l'adolescence.

Concernant les règles, filles et garçons en parlent sans difficulté. Les garçons, documentés en 4ᵉ et par les publicités vues à la télévision sur les tampons et protections hygiéniques, en profitent pour exposer leur vision de cette singularité féminine. Ils le font avec humour ou, pour certains, avec dégoût. Certaines filles n'hésitent pas à leur dire que c'est pénible, ce qui étonne les garçons. Je fais un rappel (je suppose du moins) pour expliquer que le sang des règles n'est pas sale en lui-même et qu'il témoigne « du travail » mensuel de l'utérus, ce qui suscite de l'étonnement et du silence. Puis j'encourage les jeunes à nommer les caractères sexuels secondaires ; les garçons sont globalement plus loquaces que les filles : ils nomment les seins des filles avec des mots comme « les seins, les nichons, les lolos » et du respect ; la voix qui mue des garçons ou la barbe sont exclusivement citées par eux. Ils s'attardent sur leur taille et leur force physique, plus rarement sur l'augmentation de taille des organes génitaux. Les filles sourient de les entendre parler facilement ; quelques-unes soulignent l'arrondissement des hanches pour faire les enfants. Les poils en revanche sont cités par les filles et les garçons mais toujours accompagnés de commentaires du type « beurk, c'est nul, c'est dégoûtant ». Je dessine un bonhomme au tableau avec leur implantation. Les poils pubiens déclenchent hilarité et/ou dégoût. J'explique l'intérêt du poil, tout en précisant que nous ne sommes évidemment pas des animaux mais que pour favoriser le tête à tête, le cœur à cœur et le corps à corps, ils jouent leur rôle. Ils traduisent que l'on devient une « moyenne personne », c'est-à-dire une personne sortant de l'enfance. Une personne pubère qui devient peu à peu capable de choisir d'aimer avec son corps. Pour cela, il ne faut pas avoir un corps d'enfant et le poil signifie cette capacité. Et il protège. Les filles manifestent leur désaccord, car « c'est moche, les garçons veulent qu'on se rase ». Je parle des jeunes filles vues en centre de planification lors des examens gynécologiques qui se rasent intensivement la vulve elle-même (grandes et petites lèvres, que je dessine au tableau) déclenchant ainsi des irritations parfois sévères. Je continue mes explications : filles et garçons doivent comprendre que les poils participent du corps adulte, importants dans leurs facultés olfactive et attractive. Cela ne signifie pas toutefois devenir poilu(e)s comme des singes, puisque nous sommes des personnes. J'en profite, au passage, pour dire que les images à caractère pornographique que certains ont pu voir ne montrent jamais de poils... mais que ces images n'ont pas pour objectif de refléter le tête à tête, cœur à cœur et corps à corps, c'est-à-dire la rencontre sexuelle dont je parle dans cette séance. Dans la salle, le silence se fait, brefs instants accompagnés de regards amusés et de signes de soulagement.

Mais revenons à la puberté : « Qu'avons-nous oublié ? » Un garçon lance : « Les érections. » Je dis : « Les érections existent depuis que vous êtes nés. » Hilarité dans la classe quand je raconte qu'un bébé sur une planche à langer a souvent son zizi en érection. Certains disent : « Les petits vicieux. » Alors j'explique que l'enfant n'est pas dans l'idée de vouloir vivre la sexualité. D'ailleurs, il n'est pas, en tant que petite personne, capable ni de choisir ni de désirer la sexualité que l'on vit à deux, comme ils peuvent désormais commencer à le faire en tant que moyennes personnes. Je parle des érections qui accompagnent la vie des garçons puisqu'ils sont amenés, du fait de leur anatomie, à toucher et à découvrir ce zizi qui est entre leurs jambes : je suscite encore rires des garçons comme des filles qui parfois vont lancer : « Ils le font tout le temps. » J'amène l'idée qu'ils le font parce qu'ils se rendent compte que cela fait des chatouilles agréables, comme d'ailleurs les filles peuvent se rendre compte que toucher leur bout du nez ou leur corps là en bas (et je montre sur le dessin la vulve en la nommant), cela est différent. Mais les filles ne découvrent pas toujours cette sensation car le petit organe pourvoyeur de plaisir est plutôt caché ; et je cite le clitoris qui, chez les embryons, a la même origine que le gland chez les garçons. En cours de biologie, ce petit organe des filles n'a pas été nommé me disent certains jeunes, filles et garçons, à moins, ce qui est possible, qu'ils ne s'en souviennent plus.

Revenons aux garçons : « Qu'avons-nous encore oublié ? » « Les spermatozoïdes », dit un garçon. Le mot « spermatozoïde » déclenche le rire, à l'inverse du mot ovule lorsque je l'ai prononcé quelques minutes avant. « Les couilles, on a oublié d'en parler », rajoute un garçon. Le mot « testicules » déclenche le rire mais plus encore quand j'explique que chaque testicule produit 200 millions de spermatozoïdes chaque jour à partir de la puberté. Alors j'interroge : « Quel est le phénomène chez les garçons qui correspond aux règles chez les filles ? » Silence. Parfois, un garçon courageux lance « les éjaculations ». Sinon, c'est à moi qu'il revient de nommer cette manifestation physiologique, si difficile à évoquer encore. Quoique, par la suite, des expressions fusent : « C'est quand on se branle », « Quand on se vide les couilles », signes de leur connaissance sur la question. Je demande aux jeunes garçons s'ils ont reçu de l'information dans leur famille sur ce sujet : sur 14 garçons, aucun. Je n'ai jamais vu un grand nombre de mains se lever à cette question ces six dernières années, lors de mes interventions en lycée. Je demande si le mot a été prononcé dans les cours de 4e ou de 3e, mais ils ne savent pas me dire.

Parce qu'elle est liée à leur fonctionnement sexuel, l'arrivée des éjaculations chez les garçons est fondamentale à expliquer pour aborder la rencontre sexuelle. Chez les filles, et c'est une différence majeure entre les deux sexes, la venue des règles se situe ailleurs, dans l'avènement d'une procréation possible. Et j'explique. Un garçon a eu ses premières éjaculations. Un jour, alors qu'il se promène dans la rue, son regard est attiré par une autre ou un autre, peu importe : l'orientation sexuelle appartient à chacun ; elle n'est pas toujours claire et précise quand on est adolescent ; la notion de temps pour se construire et faire les choix qui conviennent est importante. Certains sont sûrs de leur orientation sexuelle, d'autres hésitent dans leur choix : il n'y a pas de normes ; il en est de même pour se lancer dans l'aventure de la sexualité. C'est pourquoi, ce jeune garçon dans la rue, attiré par l'autre, s'il a été éduqué, s'il a une idée du respect, sait qu'il ne peut « courir » vers cette autre personne. Toutefois, le soir dans sa chambre et dans son intimité, puisque notre personne sexuelle a besoin de se construire dans l'intimité, en repensant à cet autre, il peut ressentir une émotion particulière avec une tension croissante et très forte dans sa personne se traduisant par une érection. Tout à coup, il est submergé comme par « un raz de marée », dans ce qui correspond à un soulagement de la tension devenue extrême et à une possible et intense sensation de plaisir. Étonnement et culpabilité peuvent accompagner cette découverte mais aussi fierté de sentir son corps vivant.

Dans la salle de classe, si le silence s'est fait, l'attention des filles comme des garçons est très soutenue. Puis les visages des garçons se détendent et j'entends : « C'est vrai que ça fait drôle » ou « Ça fait du bien » ; les filles sourient ou parfois semblent choquées. Je renchéris sur leurs particularités à elles : les règles procurent parfois de la fierté aux filles – changement de statut, possibilité de devenir mère – mais souvent aussi de la douleur (je précise que les règles ne doivent pas être une souffrance mensuelle récurrente et que les médecins existent pour apporter de l'aide). Les règles ne permettent pas pour la majorité des filles de découvrir un possible plaisir ; elles trouvent leur corps sale et ne le toucheront qu'avec réticence, à la différence des garçons qui, du fait de leur découverte, vont être adeptes de la masturbation, qui consiste à éprouver du plaisir sexuel seul avant de se lancer dans le partage de plaisir. Pour certaines filles, c'est toutefois à l'occasion de l'arrivée des règles et avec l'utilisation des serviettes et des protections périodiques ou par la toilette vulvaire plus fréquente qu'elles vont mieux découvrir leur corps. Chez les jeunes, ainsi amené, le mot « masturbation » fait sourire et j'ai le sentiment que son évocation soulage les garçons. Et rassure aussi les filles. Je vais alors expliquer que les filles sont tout aussi capables de découvrir leur personne sexuelle et donc leur réponse sexuelle avec du désir, de l'excitation, du plaisir et de la jouissance. J'évoque la physiologie sexuelle féminine avec le rôle du clitoris et du vagin. Ces mots sont aussi des oubliés des cours de biologie.

Ce premier temps d'une séance d'éducation à la sexualité permet souvent de voir qu'un ajustement des connaissances est nécessaire : ces jeunes n'ont quasiment pas entendu parler de leur « personne sexuelle » ni vraiment de leur corps génital dans sa fonctionnalité sexuelle. Comment peuvent-ils mettre un préservatif alors que le mystère continue à planer sur la sexualité ? Comment les garçons peuvent-ils s'approprier ce geste ? Comment les filles peuvent-elles les encourager alors que manifestement ces mots suscitent de la gêne ? Comment peuvent-ils se regarder, se comprendre ?

Et souvent à ce moment-là, comme ils perçoivent que le dialogue est possible sur la sexualité, les élèves se mettent à poser des questions plus directes : « Madame, il faut que nous les garçons on en ait une comme ça pour que les filles aient du plaisir ? » Il n'est alors pas rare que filles et garçons se tournent vers les plus jeunes de la classe, généralement pas du genre Malabar, qui piquent leur fard tandis que les autres sourient malicieusement. Les filles aussi s'expriment par des questions : « Madame, pourquoi les garçons n'arrivent pas à nous faire jouir ? » ou « Pourquoi les garçons ils ont l'air de ne penser qu'à jouir, eux ? » ou encore, comme lors d'une de mes récentes interventions avec un ton de lassitude que je trouve terrifiant : « Madame, pourquoi les garçons nous demandent-ils tout le temps des sodomies ? » Ces garçons ont ainsi intégré des représentations sur la sexualité : un homme est seul responsable du plaisir de sa partenaire par son seul pénis. Évidemment, ce type de représentation a traversé les siècles quoique des écrits du Moyen Âge révèlent l'importance du plaisir de la femme (Ferroul, 2002). Mais le puritanisme du XIXe siècle, la domination masculine et le regard scientifique sur la sexualité féminine, exclusivement porté par des hommes pendant une grande partie du XXe siècle, ont favorisé de telles visions. Les filles s'autorisent aussi à poser des questions sur leur sexualité et c'est, à mon sens, un progrès. Plus réservées sur ce sujet, sans doute parce qu'elles s'approprient moins facilement leur réponse sexuelle que les garçons, des filles, assez jeunes d'ailleurs, se sentent désormais autorisées à intervenir après ces temps de discussion, ou même spontanément.

L'âge, la maturité ou les expériences sexuelles jouent sur les prises de parole, comme on le voit notamment à travers la question de la lycéenne au sujet de la sodomie : j'avais très peu de questions sur ce type de pratique sexuelle il y a une dizaine d'années. Face à ces nouvelles attitudes, on peut penser à la force de la pornographie sur les représentations sexuelles. Si ce n'est déjà fait, pour un certain nombre d'entre eux, les garçons risquent fort de voir un ou plusieurs films pornographiques avant 16 ans, ce qui conforte l'idée qu'ils vont devoir « faire jouir les filles », et demander des pratiques sexuelles de tous ordres pour tenter d'y arriver. Et la sexualité devient *a fortiori* violence pour des filles, des jeunes femmes qui ne comprennent pas et sont dégoûtées devant les demandes de leurs copains qui, de leur côté et dans une forme de malentendu manifeste, entraînés par les normes pornographiques, croient être dans leur bon droit.

Dernièrement, une jeune fille de 13 ans, en consultation de centre de planification, me disait : « Je ne jouis pas lors des rapports avec mon copain. » Il y a encore quatre ans, je ne recueillais pas ce type de constat de la part de si jeunes filles, alors que depuis plus de dix années dans les consultations de contraception, je prends le temps de leur demander si elles sont heureuses dans leur vie sexuelle, ouvrant ainsi un possible dialogue sur la sexualité. La réflexion de cette jeune fille est d'une certaine façon positive puisqu'elle s'autorise à questionner le médecin mais, en même temps, elle soulève d'autres interrogations : est-ce que des étapes ne sont pas brûlées dans le développement de la sexualité puisque je me trouve devant une adolescente ? Elle souhaite être femme mais est-elle déjà en capacité de penser une sexualité responsable dans un plaisir partagé ? Manifestement, le développement de la sexualité évolue ; ou plutôt n'est-ce pas les normes sociales qui poussent à parler ainsi, avec des conséquences certaines sur les plus jeunes des adolescents ? Si les lycéens sont plus enclins à la pudeur, il n'en est pas toujours de même de certains collégiens. C'est ainsi que l'on peut saisir des conversations de ce type entendues dans le bus. Le garçon : « Tu dois avoir une belle chatte, je te baiserais bien. » La fille : « Eh bien, moi, je ne te baiserai pas car tu dois avoir une petite bite et je n'aime que les grosses qui font mal. » Dans les séances d'éducation à la sexualité au collège, il est indispensable de susciter le dialogue sur la sexualité et non sur le sexe. Aujourd'hui, le silence ne peut plus être de mise, puisque le sexe s'affiche et se parle. Mais il s'agit de contrer certaines représentations pour accéder à une démarche éducative sur la sexualité, loin de toute violence. Évaluer les connaissances sur la sexualité, dire que les réponses sexuelles ne sont pas les mêmes chez les filles et les garçons, apprendre l'écoute mutuelle affective et physique participe d'un réel apprentissage adolescent qui peut désamorcer de potentielles violences sexuelles.

Cas clinique 34

Nadège, 16 ans, vient consulter au centre de planification. Elle a un retard de règles. Et une grossesse est confirmée. Lorsque je demande si elle et son copain, âgé de 15 ans, utilisaient une contraception, elle me répond par la négative. Lorsque j'évoque la question du préservatif, elle me dit lui en avoir parlé et il lui a répondu : « Ça ne va pas non, je ne suis pas un crasseux. » Nadège l'aime, ils ont fait trois fois l'amour. Ce ne fut pas ce qu'elle en attendait mais... Elle l'aimait. À présent, elle a décidé de ne pas lui dire qu'elle est enceinte car « il s'en ficherait ». Effectivement, elle ira faire une IVG, seulement accompagnée de la sœur d'une copine puisqu'elle ne veut pas en parler ni à son copain, ni à ses parents. Une année plus tard, Nadège revient pour prendre une contraception car elle a un nouveau copain mais elle me dit ne plus oser faire l'amour et elle pleure : « J'ai peur de tout ça. » Et là, j'apprendrai qu'en fait, l'année précédente, avec son copain de l'époque, ils avaient fait l'amour les deux premières fois en regardant des films à caractère pornographique qu'une de ses copines à elle lui avait prêtés.

Pour Nadège, la méconnaissance de sa propre construction sexuelle va jouer un rôle déterminant dans cette violence sexuelle sourde et souterraine ; une prise en charge, qui explicite comment se vit la sexualité, sera nécessaire pour que Nadège puisse reprendre confiance en elle et en l'autre et construise sa propre sexualité. Si l'on peut relever l'absence de responsabilité du garçon, ne doit-on pas non plus souligner la force des modèles et diktats d'une société, notamment en matière de sexualité ?

Célia, que j'ai déjà mentionnée (cas clinique 29), par manque d'information et de formation, n'a pas pu parler de sa propre sexualité et en a subi des conséquences douloureuses. Alors qu'elle m'a dit dans l'évaluation que ses parents étaient très ouverts et lui parlaient de beaucoup de choses, je lui fais préciser les sujets abordés. « Comment on fait les enfants, des préservatifs, de la pilule » me dit-elle. Par ailleurs, elle m'expliquera qu'elle avait souhaité cette relation sexuelle parce qu'elle était amoureuse du garçon et qu'elle avait envie de faire cette expérience pour se sentir grande. À ma demande de précisions sur les circonstances de cet épisode traumatisant de sa vie, Célia me dit que « devant ce garçon nu, en érection, elle a commencé à avoir peur et a voulu arrêter ». Mais le garçon n'a pas entendu ou n'a pas voulu voir et entendre sa peur et ses cris pour dire non. Et il a ricané quand il l'a laissée pantelante dans sa chambre, chez ses parents à elle qui étaient partis en week-end. Célia n'a pas pu parler de cette histoire, sauf à l'une de ses meilleures copines, deux ans plus tard, pour se rendre compte que celle-ci avait vécu la même chose avec le même garçon. Par la suite, comme je l'ai déjà évoqué, elle a commis de nombreux excès. Heureusement, ses parents l'ont soutenue pour être prise en charge et cesser ses conduites addictives. Mais elle n'a pas parlé de l'histoire du viol lors des consultations en psychiatrie.

L'expérience de Célia peut soulever quelques inquiétudes sur l'avenir du jeune homme, puisqu'il récidive et que ses ricanements peuvent induire une certaine forme de cruauté. L'absence de paroles sur la sexualité empêche à Célia de signaler l'acte subi et d'envisager une éventuelle prise en charge du jeune homme. Parler des violences sexuelles des mineurs, c'est sans aucun doute aussi rendre compte de ces violences *entre* les mineurs, mauvaises rencontres consenties par inexpérience pour des adolescences difficiles.

Au-delà de l'éducation à la sexualité au sens strict se pose l'information à la contraception ou à l'interruption volontaire de grossesse. La prescription d'une contraception n'est en aucun cas suffisante, comme on peut le comprendre après ce qui vient d'être dit, à la construction du développement de la sexualité. Avant 2002, lorsqu'il fallait obtenir le consentement des parents pour procéder à une IVG pour les mineures, combien de fois ai-je entendu des mères me dire devant leur fille dépitée de 14 ans : « Vous vous rendez compte, elle n'a même pas été capable de prendre la pilule alors que j'ai fait tout ce qu'il fallait en l'amenant chez mon gynécologue. » Les parents sont certes souvent démunis lorsque leurs enfants commencent à penser à l'amour. Être dans l'interdit systématique ne permet pas de participer à l'évolution sexuelle de son enfant mais, à l'opposé, banaliser la contraception, dans un jeu parent-ami, va peut-être à l'encontre de certaines sensibilités adolescentes.

D'une situation à une autre, l'accompagnement au développement de la sexualité reste une notion méconnue, théorique ou taboue, ce qui doit interroger notre société par rapport aux violences sexuelles entre mineurs. Pour revenir à cette question fort préoccupante des violences sexuelles des majeurs sur des mineurs, cette absence de dialogue, d'expression et de paroles, renforcée par des manques éducatifs à l'adolescence, ne peut-elle les expliciter en partie ?

À l'âge adulte

Dans le cadre de mes consultations libérales[3] en sexologie, certains patients viennent pour des difficultés sexuelles mais d'autres pour des conflits conjugaux, sans avoir pour autant l'intention de parler de sexualité (mais pourquoi me direz-vous viennent-ils alors voir une sexologue ?) Je m'efforce toujours de signifier, sans être intrusive, le lien entre sexualité et conjugalité. Les adultes sont de tous milieux sociaux, mais la plupart du temps de ceux dits favorisés, puisque les consultations ne sont pas prises en charge par la Sécurité sociale. L'analyse qui suit de mes consultations, photographie de certains comportements et malaises contemporains, est empreinte de ma propre subjectivité mais reflète toutefois les enseignements que j'ai reçus en sexologie.

Pour mes patients, venir consulter en sexologie n'a pas été une démarche facile, « parce que ce n'est pas habituel de parler de ce sujet ». C'est pourquoi, une fois le motif de consultation énoncé, la

---

3. J'ai créé une consultation libérale le samedi, qui vient s'ajouter à mon activité au conseil général de la Marne. Elle répond à la fois à une forte demande des adultes et m'a permis de ne pas limiter mon exercice au seul champ des violences sexuelles.

parole s'élabore peu à peu, dans une empathie nécessaire, autour de leurs diverses difficultés, dont sexuelles. Le récit, qui inscrit le sujet dans sa parole pour un à-venir revisité à travers un passé évoqué, s'enrichit des éléments sexologiques que j'apporte. « Tout est beau tout est rose au départ d'une vie de couple avec un prince très charmant et une princesse très charmante » (Tremblay, 1993) : bien des couples se rappellent ainsi leurs débuts ensemble. La vie se présente bien, la sexualité aussi.

Cet homme, amoureux et transporté, désire énormément sa compagne, d'où une forte réponse sexuelle, rapide et intense. Cette réponse est physiologique, dans le sens où elle répond à des circuits corporels précis : plus vous avez soif et vous pensez à cette soif, plus vous avez soif ; il en est de même du désir sexuel. Depuis son adolescence et ses premières éjaculations, alors qu'il a découvert un possible plaisir sexuel, l'homme a appris à se servir de son corps et de sa tête *via* son imaginaire : il ne pouvait encore aller vers l'autre, il y rêvait. À présent, dans la relation amoureuse, il a développé une dimension affective (« son cœur »), a appris à découvrir sa compagne dans toute sa complexité (« sa tête »). Évidemment, le jour où il peut laisser son plaisir s'exprimer, parce qu'il est amoureux et qu'il se sent aimé et désiré, il ne va pas s'en priver et ne peut pas s'en priver, une fois sa réponse sexuelle engagée. L'intensité de son excitation sexuelle est telle que la pénétration vaginale, dès lors qu'elle lui semble possible et qu'elle semble attendue par sa partenaire, intensifie cette excitation puisque le pénis, et particulièrement le gland, est extrêmement sensible du fait de sa richesse en récepteurs sensitifs. La vague le submerge dans une bouffée de plaisir. Je parle ici d'un homme doté comme beaucoup de cette tête, ce cœur et ce corps indispensables pour un être devenu sexuel, autrement dit en capacité de vivre la sexualité.

Que se passe-t-il du côté de sa compagne ? Les premiers temps de la relation, comme elle est très amoureuse, sa réponse sexuelle s'engage bien : il est tout beau, elle se sent belle. Les premières relations sexuelles sont belles. Lui semble « exploser de plaisir », elle aussi ; ou du moins le pense-t-elle et lui aussi d'ailleurs. Et puis peu à peu, elle se sent moins convaincue de ce qu'elle ressent, notamment lors de cette pénétration vaginale alors que lui semble s'envoler à chaque fois. Ainsi, cette pénétration qu'elle imaginait formidable avec celui qu'elle aimerait réellement, n'est peut-être pas aussi formidable que ce qu'elle attendait ; et ce, même dans l'hypothèse où elle ait déjà vécu plusieurs aventures sexuelles où elle s'était aperçue que la pénétration n'apportait pas toujours des sensations formidables ; mais il ne s'agissait que d'aventures et puis, elle attendait « l'homme de sa vie » ou « le père de ses enfants » avec lequel certainement la sexualité serait formidable. À présent, elle l'a rencontré, ce compagnon idéal. Force est de constater que la sexualité se révèle identique à ce qu'elle a pu déjà connaître. Comme il s'agit de l'amour idéal, cette fois, la femme va essayer de s'adapter ; elle a attendu le prince charmant, il est arrivé (parfois tard, désormais, après les études), il sera celui avec qui elle va vivre l'amour voire la maternité tant espérée. Elle va donc « s'accrocher » pour remplir cette mission d'épanouissement de sa vie de femme et d'une possible maternité, puisqu'aujourd'hui encore, il en va comme d'une norme sociale, malgré les acquis féministes. À ce stade, on est donc devant une femme qui s'étonne de sa sexualité, sans toutefois s'en plaindre à son prince charmant : elle n'exprime pas ce qu'elle ressent. Elle n'ose pas ; il pourrait penser qu'elle ne l'aime pas assez, qu'elle en aime un autre ou qu'il est lui-même incompétent.

Pour qu'elle éprouve du plaisir sexuel, et je l'explique à mes patients, une femme a besoin de s'impliquer de tout son être (tête, cœur et corps). Pour ce qui est du cœur, cela marche bien puisque la relation amoureuse est formidable. Pour ce qui est de la tête, les choses sont plus complexes. Prises par les tâches quotidiennes et la bonne marche du foyer, les femmes, quel que soit leur âge, assument encore bien plus que les hommes la vie matérielle familiale. « Ma tête est pleine de pensées sur tout ce que j'ai à faire... et certainement pas de pensées sexuelles » Mais est-ce surprenant ? Les femmes savent-elles que la sexualité peut-être envisagée comme une ressource ? Vivent-elles l'importance du désir sexuel, anticipation mentale pour imaginer et projeter l'acte sexuel, essentiel pour « entrer » en sexualité et enclencher l'excitation sexuelle ? Si les femmes rêvent au prince charmant, elles n'ont guère appris à rêver leur sexualité. Danger, problèmes, souffrances sont l'apanage de bien des discours adultes sur la sexualité, discours véhiculés et parfois transmis de mères en filles.

À ce moment-là de la consultation, je serai amenée, avec précaution, à donner à comprendre les éjaculations et la pratique masturbatoire, éléments importants de la sexualité. Sur 307 hommes adultes de 22 à 85 ans vus entre 2006 et 2009, seuls 4 avaient reçu une quelconque information sur les éjaculations avant leur apparition. Toutes les femmes, de 19 à 81 ans, sauf 10 (les plus âgées) avaient en revanche entendu parler des règles, le plus souvent accompagnées de l'idée de procréation (363 femmes). L'évocation des éjaculations en consultation étonne les hommes et les femmes. Les hommes abordent spontanément la pratique masturbatoire mais la plupart, et pas toujours les plus âgés, manifestent une certaine gêne face à cette activité solitaire qu'ils ont « forcément » abandonnée dès lors qu'ils ont construit leur couple. Quelques femmes y font référence, par exemple pour dire qu'elles peuvent éprouver de la jouissance clitoridienne et non vaginale. Comme le montrent les enquêtes nationales, la masturbation est de toute façon plus fréquente chez les hommes que chez les femmes (90 % des hommes et 60 % des femmes en 2008, enquête Bajos et Bozon). Pour ne pas choquer ni froisser, j'utilise souvent la métaphore du musicien : avant de jouer devant un autre, le musicien a appris à s'approprier son instrument seul ; ensuite, il a communiqué son plaisir en donnant du plaisir à cet autre qui l'écoute. Rien d'étonnant alors de devoir faire face à des réticences, des appréhensions ou des surprises quand les adultes n'ont pas reçu l'information qui conviendrait pour vivre leur sexualité de couple.

Il me faut aborder aussi la notion de « réponses sexuelles ». Les femmes comme les hommes savent que les préliminaires, le corps considéré dans sa globalité, et pas seulement dans la zone génitale, les cinq sens invoqués sont fondamentaux dans l'échange de plaisir. Pourtant les hommes, souvent « débordés » par leur réponse sexuelle et envahis par leur désir intense, axent vite (trop vite) leurs caresses vers cette partie du corps qu'ils savent essentielle, le clitoris, pour stimuler l'excitation sexuelle de leur compagne, ce qui peut d'ailleurs suffire à déclencher un orgasme. Cela, presque tous les hommes et les femmes le savent. Mais les femmes comme les hommes savent moins que le clitoris est doté de la même sensibilité (extrême) que le gland du pénis du fait de leur même origine embryologique. C'est pourquoi la stimulation du clitoris ne peut pas être rapide ou directe au risque d'être désagréable voire douloureuse (ce que les femmes savent par contre !) ; autrement dit, la femme a besoin d'une stimulation progressive extragénitale puis peu à peu génitale, pour parvenir à un orgasme clitoridien. Les freins physiologiques, sociaux et théoriques n'ont pas encouragé les femmes à juger « leur corps là en bas » comme digne d'intérêt et à découvrir leur clitoris dans son unique vocation de plaisir sexuel : « L'orgasme clitoridien est décevant pour les femmes, bon pour les femmes-enfants, alors que l'orgasme authentiquement satisfaisant est celui que procure la pénétration » (Dolto, 1982, cité par Ferroul, 2002, p. 135). Ainsi, les femmes attendent beaucoup de la pénétration et donc du prince charmant.

Pourtant, si la pénétration vaginale peut constituer un formidable moment de complémentarité érotique et enrichir les sensations orgasmiques clitoridiennes, elle peut être fort décevante au fil du temps chez bien des femmes... et des hommes. Cela avait été mis en évidence très tôt (Kinsey, Pomeroy et Martin, 1948 et ensuite Masters et Johnson, 1966) et aujourd'hui par bien des sexologues (Tremblay, 1993 ; Colson 2007 ; de Sutter 2009). Ainsi, malgré des préliminaires sensuels et satisfaisants, la pénétration peut laisser les femmes perplexes. Tandis que leur compagnon est submergé de plaisir puisqu'il est par la pénétration directement stimulé dans sa génitalité, la femme, elle, ressent une chute de sensations. Elle n'est pas frigide, comme tant de femmes savent le dire. Le vagin est simplement très peu sensible dans sa paroi externe à la différence du clitoris. Les seuls mouvements du pénis dans le vagin ne peuvent suffire à déclencher l'orgasme chez la femme : il n'y a pas de clitoris dans le vagin... et le point G n'a pas été trouvé scientifiquement à ce jour. C'est pourquoi la femme a besoin de s'impliquer de tout son être pour éprouver du plaisir sexuel : le déclenchement de l'orgasme lors de la pénétration est, pour la majorité des femmes, le résultat de la stimulation clitoridienne, associée à la « vaginalité », capacité à investir son vagin, dans un tout érotique.

> « Le potentiel qu'acquiert une femme au fil de sa vie sexuelle et affective d'atteindre un épanouissement et un plaisir sexuel passe par la découverte, la possession et le partage de son intériorité, de son intimité érotique. » (Cabanis, 1990)

Au fil des relations sexuelles, ces difficultés ou absences de sensations provoquent découragement et frustration. La femme attendait aussi que son prince charmant sache la rendre heureuse dans les rapports sexuels. Même si l'on se sent très amoureux, supporter des relations corps et âme sans émotion ni plaisir suppose une abnégation, difficile à supporter dans le temps. Les hommes sont-ils dupes de ces constats ? Souvent en souffrance de leur côté, ces hommes, ceux sensibles et aimants, vont alors inlassablement chercher à se contrôler pour aller moins vite que leur partenaire et « l'attendre ». Mais dans un effet inverse, le contrôle du réflexe éjaculatoire les rend de plus en plus rapides, d'où une frustration ou une déception accrues de leur compagne, d'où un plaisir moindre de leur part, d'où une mésentente grandissante. Or les femmes, dans ce cas, sont loin d'imaginer que cet « animal », qui éjacule vite, soit aussi désemparé qu'elles et frustré dans son plaisir. Mais parler de soi et de ses émotions, avouer le manque de plaisir dans les bras de l'autre n'est pas aisé ni pour un homme, ni pour une femme. Des tensions insidieuses s'installent, la sexualité, impossible ressource, est mise à distance. Les consultations de jeunes adultes laissent toutefois à penser que la souffrance sexuelle est de moins en moins supportable dans la vie des couples. Rançon positive de notre société qui parle de jouissance. Reste après à comprendre qu'au-delà d'une impatience à consommer du sexe, la sexualité s'apprend et se construit.

Souvent, les femmes peuvent patienter jusqu'à la maternité, puisqu'elles pensent à tort, comme certains hommes, que ce moment leur apportera l'épanouissement sexuel espéré. Les difficultés de procréation et les fausses couches vont alors participer des attentes déçues. Or dans la majorité des cas, si la maternité comble les femmes, elle ne favorise pas

« par miracle » leur épanouissement sexuel. Comme disait un jour l'une de mes patientes, venue consulter pour absence de désir sexuel : « Après la naissance de mes deux enfants, j'ai eu l'impression que mon corps (en montrant son corps génital) avait rempli sa mission principale en laissant passer l'enfant lors de l'accouchement. » Puis accaparées par leur vie de mères, les femmes ne peuvent plus vivre leur vagin comme lieu d'accueil de l'autre et délaissent la sexualité. Toutefois, de plus en plus de couples consultent dans un délai de deux à trois ans après la naissance de leurs enfants lorsque la sexualité n'est pas satisfaisante, attitude réjouissante pour favoriser une meilleure entente du couple, dont les enfants peuvent bénéficier. On peut noter aussi que les séances de rééducation périnéale prescrites en post-partum permettent à de plus en plus de femmes de découvrir « fortuitement » leur vaginalité. Mais bien des femmes des milieux défavorisés n'iront jamais faire ces séances de rééducation. Et, comble de tout épanouissement féminin, faudrait-il avoir procréé pour découvrir sa sexualité ?

Pourtant, quelles connaissances ont les hommes et les femmes sur le fonctionnement sexuel ? La sexualité a-t-elle été expliquée ? Il faut déjà balayer mythes et représentations : « La pénétration est le seul moment de la "vraie" jouissance » ; « L'orgasme des femmes repose sur la seule responsabilité ou compétence des hommes » ; « Perdre le contrôle avec l'autre serait être homme ou femme objet ». Lutter contre ces idées reçues permettrait, dans une urgence anachronique – puisque les femmes sont désormais d'après tous les magazines féminins « libérées » –, de redonner une place entière à la femme dans la sexualité. L'homme n'est pas seul responsable du plaisir de sa compagne. La femme, par la connaissance de son corps et de ses émotions, doit vibrer de plaisir dans un partage reconnu, loin de toute performance, résignation ou soumission. Je pense qu'il faut que la société reconnaisse à la femme son droit à la sexualité épanouie et travaille à cette notion envisagée dans sa globalité et pas seulement sous l'angle de la contraception, de la grossesse, de l'avortement ou du jeunisme. Je pense qu'il faut aussi convaincre les femmes elles-mêmes ; parler de la liberté des femmes demande de considérer la sexualité et d'encourager les femmes à la construire dignement. Souvent je demande : « Comment voyez-vous qu'un enfant est en bonne santé ? » Après réflexion vient l'idée du jeu. Puis j'ajoute : « Mais de quoi se sert un enfant pour jouer ? » En tâtonnant, les patients en arrivent à évoquer les cinq sens utilisés, sans oublier l'imaginaire, avec ou sans jouets. Jouer est vital pour un enfant mais peu à peu, les jeux vont disparaître, puisqu'il grandit. Et grandir va l'amener à découvrir sa sexualité pour lui permettre de se rendre heureux et de rendre heureux. Mais que serait la sexualité sans nos sens et notre imaginaire ? Bienfaisante, cette sexualité est notre jeu à nous les adultes, responsables et autonomes, avec la possibilité d'en choisir les modulations et les règles pour toujours l'enrichir. La sexualité n'est pas vitale mais source d'élan vital. Mon travail de sexologue m'a malheureusement permis de faire le constat que bien des femmes et des hommes sont loin de ce type de représentation de leur sexualité.

Lorsqu'ils ont exposé leurs difficultés sexuelles et qu'invariablement j'ai dû reprendre des éléments fondamentaux de compréhension de la sexualité, les femmes, les hommes ou les couples ressentent un réel soulagement. Les consultations ont permis de mettre des mots sur ce qu'ils constatent depuis plus ou moins longtemps sans jamais avoir osé l'évoquer en couple et encore moins avec un professionnel (médecin ou psychologue, par exemple). Elles ont montré aussi qu'il n'y avait pas de « faute » ni de culpabilité à porter de part et d'autre mais plutôt un manque de dialogue sur la sexualité dans notre société. Toutefois, la prise en charge sexologique sera pleinement thérapeutique si la santé sexuelle du couple n'est pas trop dégradée.

Il y a bien sûr les adultes victimes de violences sexuelles dans leur enfance ou leur adolescence. Parmi ces victimes, nombreuses sont celles qui ont aussi voulu vivre en couple pour oublier les malheurs du passé, sans toutefois arriver à connaître une sexualité épanouie[4]. C'est également vrai pour les hommes victimes de violences sexuelles, comme M. R (cas clinique 33). Il s'était marié et pensait pouvoir vivre heureux avec son épouse. Rapidement, son désintérêt à elle pour la sexualité, ses reproches sur son appétit sexuel le confortent dans l'idée de son « incompétence et de son incapacité » à combler sexuellement sa conjointe. Le rappel au passé dramatique des abus sexuels de l'enfance devient incessant et les abus apparaissent alors pour lui comme la seule cause de son incompétence. Pourtant, il se souvient « avoir eu avant de se marier quelques aventures sexuelles qui s'étaient bien passées malgré une certaine rapidité qui ne l'a pas gêné à l'époque et que dans la masturbation il a su éprouver, à l'adolescence, du plaisir sexuel ». Devant cet échec à réussir sa vie de couple, il tombe dans une dépression très grave et sa vie bascule avec un divorce et mise en invalidité.

On voit ici les conséquences dévastatrices dues aux difficultés à construire une vie sexuelle harmonieuse, en couple, lorsqu'on a été victime de violences sexuelles sans possibilités de paroles. La prise en charge sexologique permit à M. R. de comprendre pourquoi il avait

---

4. Voir partie 1, chapitre 3, « Les conséquences psychologiques, sexuelles, sociales et politiques ».

perdu pied contre sa propre volonté et son désir de bonheur familial. Tant qu'il avait eu de bons copains, adolescents comme lui puis jeunes adultes, avec lesquels « il parlait sexe de façon tranquille », et même s'il n'oubliait pas les abus de l'enfance, il ne se sentait pas envahi par les violences passées. Il considérait qu'il était devenu un homme et qu'il n'allait pas s'empoisonner toute sa vie avec cette histoire. Mais l'échec de la construction de sa sexualité en couple le rattrapa tragiquement. Contre toute crainte de certains professionnels à parler de sexualité quand elle pourrait réactiver le traumatisme, je sais que sans travail autour de la sexualité, détresse et instabilité sont latentes. Laisser les victimes sans connaissances sur la sexualité alors qu'elles éprouvent toutes un jour le désir de se mettre en couple, c'est peut-être les condamner à l'idée de malheur : un malheur lié une nouvelle fois au silence, à la solitude et à la souffrance. La sexualité n'était pas abordée dans sa prise en charge psychiatrique et M. R. n'osera pas dire au psychiatre que l'urologue l'avait envoyé chez un médecin sexologue.

La difficulté de parler de sexualité : une porte ouverte aux violences sexuelles des mineurs ?

En 2007 à Paris, lors du CIFAS, Monique Tardif a expliqué que « certains s'interrogent sur le rôle de l'éclatement des couples dans l'augmentation des chiffres des violences sexuelles entre mineurs ». Parle-t-on de l'état de la sexualité des couples lorsque l'on évoque l'éclatement des couples ? Ce que je viens d'expliquer peut apparaître inquiétant et contribuer à bien des ruptures : en effet, comment homme et femme peuvent-ils continuer à vivre ensemble quand ils ne se comprennent ni ne se supportent sexuellement ? Au moment de la séparation, alors que la sexualité a sa part de responsabilité, le silence se fera et l'on dira : « Ils ne s'entendaient plus. » Mais peut-être ne se sont-ils pas entendus dans leurs différences ? Et tôt ou tard, il et elle se lanceront dans une autre vie de couple dans laquelle tôt ou tard, il et elle auront les mêmes désillusions sexuelles, en pointant exclusivement l'impossibilité de construire la conjugalité. Dans les séances d'éducation à la sexualité, ces situations sont soulignées par les adolescents, mais aussi par les enfants des classes primaires, qui ne cachent pas leur incompréhension quand, au cours de la séance, on a parlé des liens entre les adultes qui ont une tête, un cœur et un corps : « Papa et Maman, ils se disputent tout le temps », ou encore « Le compagnon de Maman, il est pas gentil avec elle. » Ainsi les enfants sont-ils probablement des victimes de cette violence insidieuse des couples, liée à la difficulté de parler de sexualité.

Cas clinique 35

Mme F. vient consulter. Sa relation de couple se dégrade depuis environ trois ans, au point d'envisager la séparation. Elle vient sur le conseil de son médecin traitant auquel elle s'est confiée. Ce médecin m'explique dans son courrier qu'il a reçu le mari quelques mois auparavant, qui lui a fait part des reproches de sa femme sur son appétit sexuel depuis plusieurs années, ce que Mme F. lui a confirmé. Ce couple a trois garçons, désormais adolescents. En évaluant la situation de Mme F., cette dernière fait état de son désintérêt pour la sexualité et « qu'elle n'a jamais été portée sur cela ». Elle a eu quelques sensations de plaisir sexuel au début de sa vie de couple. Mais elle se reconnaît dans l'analyse que je fais de la réponse sexuelle des femmes et des hommes. Elle est soulagée de se sentir moins seule à avoir été si peu heureuse dans sa vie sexuelle, tout en disant qu'elle a considéré son conjoint comme « un animal ne pensant qu'au sexe ». Elle m'expliquera que son malaise a été porté à son comble quand dernièrement, dans la chambre de son fils aîné, elle a trouvé sous son lit des magazines à caractère pornographique. À présent, elle dit ne plus supporter ni son mari ni son fils.

Après quelques consultations, elle me dira qu'il lui a fallu prendre sur elle et surtout accorder beaucoup de crédit à son médecin traitant qui lui a conseillé de venir consulter un médecin sexologue.

L'éclatement des couples comporte un risque de carences affectives pour des enfants ou des adolescents, comme Cécile (cas clinique 18) ou Léa, qui ne trouvent plus leur place dans les conflits entretenus par les adultes.

Cas clinique 36

Léa a 13 ans. Sa belle-mère m'explique que Théo, son fils de 10 ans, demi-frère de Léa, lui a dit qu'elle lui touche son zizi de temps en temps, quand ils sont tous les deux seuls à la maison. Il ne veut plus et semble en souffrir. La prise en charge de Léa permettra de comprendre ses difficultés affectives, perdue qu'elle est dans les conflits familiaux des adultes et qui s'évade avec ses copines dans des préoccupations sexuelles *via* des programmes de téléréalité ou des films pornographiques. Théo est manifestement victime de ces préoccupations.

Dans les situations de ces couples, le mal-être sexuel précède le mal-être conjugal et pourrait, comme je l'ai déjà constaté dans de nombreuses situations, avoir des conséquences directes sur l'enfant qui cherche l'amour de quelque façon que ce soit. Allons plus loin. Je vois régulièrement des femmes qui vivent violemment leur sexualité : en effet, leur compagnon leur a demandé des pratiques sexuelles qui les offusquent et les dégoûtent : sodomie, échangisme, etc. Parfois, s'inspirant de ce qu'ils ont pu voir, par exemple, dans des films X, certains hommes vont solliciter leurs compagnes autour de pratiques sexuelles de tous ordres. Ils tentent par là de les amener à la jouissance qu'elles ne semblent pas trouver dans leurs relations. La sexualité devient *a fortiori* violence pour ces femmes de tous âges, qui ne comprennent pas les demandes de leur conjoint et sombrent dans une forme de désespoir. Les conjoints ne sont pas tous des pervers, loin de là : dans la majorité des cas que je vois en consultation, il s'agit d'hommes ignorants et maladroits, désemparés face à l'impossibilité qu'ils ont à faire jouir leurs compagnes. Ils ne soupçonnent pas les conséquences de leurs demandes.

Cas clinique 37

M. B., 54 ans, vient consulter. Il est cadre supérieur. D'emblée, il explique qu'il a honte, qu'il est probablement un pervers : il lui arrive, à l'occasion de déplacements professionnels, d'acheter en gare, des livres qu'il appelle « de hall de gare » c'est-à-dire des livres à caractère pornographique. Les premières fois qu'il a eu cette attitude, c'était lorsqu'il s'est séparé de sa première épouse. Depuis, il a refait sa vie avec une femme qu'il aime beaucoup. Mais voilà, il doit constater qu'il a été repris de cette envie de lire de tels livres. Sa femme est tombée sur l'un de ces livres et elle est très en colère. Elle a pu lui dire que « c'était d'autant plus terrible du fait de son insatisfaction sexuelle ». Lui ne se supporte plus. Il dit être éjaculateur rapide. L'évaluation sexologique lui permettra de comprendre les mécanismes de ce problème : il a toujours craint de ne pas rendre satisfaites sa première épouse, puis cette nouvelle compagne, qui n'éprouve pas d'orgasme par la pénétration. Par la suite, sa compagne acceptera de venir une fois : elle dit « qu'il n'est pas pervers, que c'est quelqu'un de bien, de gentil mais depuis qu'elle sait qu'il achète de tels livres, elle n'a plus confiance en lui ». Elle pense à rompre. Elle ne souhaitera pas venir davantage en consultation.

Revenons à la situation de Célia (cas clinique 29). Sa première relation sexuelle, à 14 ans, a été un viol. Elle avait souhaité cette relation sexuelle parce qu'elle était amoureuse du garçon et j'ai évoqué le traumatisme subi par cette jeune fille devant ce garçon qui n'a pas entendu ou n'a pas voulu voir et entendre sa peur et ses cris pour refuser cette relation sexuelle quand elle a réalisé ce qu'elle signifiait. Ensuite, Célia est partie tous azimuts dans sa sexualité. Cela peut expliquer la réaction de ses parents lorsqu'elle leur révèle ce viol à 21 ans. Ils doutent de ses propos au travers des petites phrases qu'ils lancent : « Avec tout ce que tu as fait dans ce domaine (sous-entendu la sexualité) ces dernières années... », « Tu as été précoce avec les garçons » ou encore « Les garçons n'avaient pas l'air de te faire peur ». Lorsqu'elle dira pour se défendre « Mais c'est parce que je n'arrivais pas à être bien quand j'étais avec un garçon en raison de ce qui s'était passé à 14 ans », sa mère lui lance : « Mais qu'est-ce que tu crois que moi, ta grand-mère ou les autres femmes, on a attendu de la sexualité ? Pas grand-chose et tu devras faire comme les autres. » Célia a deux amies qui ont l'air d'être en harmonie avec leurs copains. Son médecin qui soigne ses problèmes gynécologiques et auquel elle a parlé de ses difficultés sexuelles et de son vécu à 14 ans, lui conseille de consulter en sexologie. Célia comprendra que sa mère a une piètre idée de la sexualité pour elle-même et que le dialogue à ce sujet ne pouvait être que réduit, à parler de pilule, par exemple. Comment des jeunes comme Célia peuvent-ils être aptes à se protéger dans la construction de leur vie sexuelle ? Si sa mère n'est aucunement responsable, notre société est seule à incriminer, qui a si peu donné de moyens pour parvenir à un épanouissement sexuel. Notre société est en pleine anomie d'un point de vue de la sexualité, c'est-à-dire qu'elle ne se donne pas les moyens de parvenir aux buts fixés (Merton, 1930). Ainsi, l'impossibilité de dialogue sur la sexualité ne permet pas dans cette situation à la victime de révéler et ne permet donc pas une prise en charge de ce jeune homme qui avait violé Célia, indépendamment des conséquences judiciaires ; or on peut craindre, vu ses propos et une possible récidive, qu'il ait pu s'enferrer dans la déviance avec toutes les conséquences dramatiques qu'elle peut entraîner. Comment s'est-il « débrouillé » par la suite pour construire sa vie ou la vie de son entourage ?

Cas clinique 38

Céline, 14 ans, vient de révéler l'inceste qu'elle a subi de son père depuis ses 11 ans. Elle est très éprouvée et n'a plus envie de vivre. Ses parents s'étaient séparés une année auparavant. Au retour d'une semaine passée chez son père, elle a expliqué son mal-être à une camarade de classe, qui a été aussitôt réactive en informant l'infirmière scolaire.

Je recevrai la mère de Céline ; elle ne comprend pas ce qui a pu se produire. Jamais elle n'aurait imaginé que son conjoint puisse faire une telle chose. À présent, cet homme est incarcéré et cette femme se trouve dans une situation sociale, familiale, personnelle dévastée. « Le couple ne fonctionnait plus depuis des années » me dit-elle. La sexualité ne l'avait, elle, jamais trop intéressée. Elle n'avait pas subi de violence sexuelle dans son passé. Après la naissance des deux enfants, elle et son conjoint « n'ont plus guère connu de moments d'intimité sexuelle, nous nous disputions souvent et nous vivions comme frère et sœur ».

Voilà une histoire tragique mais fréquente. Évidemment, il est indispensable d'analyser globalement la situation et la personnalité de cet homme pour comprendre la déviance. D'après son épouse, il n'avait pas été victime d'abus sexuel dans son enfance et avait évolué dans un milieu social « normal ». Interroger l'histoire sexuelle des couples devient alors indispensable aux sexologues : comment un couple a-t-il vécu, parlé de sa sexualité ? Comment cet homme a-t-il construit sa sexualité ? Comment un homme n'a-t-il pu acquérir les critères de maturité sexuelle lui permettant de se distancer de sa fille ?

Ainsi le dialogue sur la sexualité est probablement un des éléments essentiels pour prévenir de telles situations. Il s'agit là d'un véritable problème de santé publique. Les hommes et les femmes ne dialoguent peu ou pas, d'où des difficultés sexuelles mais surtout des violences entre eux, préjudiciables pour les enfants qui vivent carences affectives, tensions familiales, violences conjugales et sexuelles. Établir un dialogue chez les adultes certes, mais aussi pour les jeunes. Ce serait une nécessité pour éviter des inscriptions dramatiques dans la déviance et pour prévenir les violences des majeurs entre eux mais aussi des majeurs sur les mineurs.

Et les professionnels ? Sont-ils formés à la sexualité ? Sont-ils aptes à poser un dialogue sur la sexualité ? Ou sont-ils aussi pris par le tabou sexuel ?

L'INSUFFISANCE DE FORMATION DES PROFESSIONNELS

Mon expérience de médecin

En 1995, à mon retour d'un séjour à Mayotte durant lequel j'ai travaillé comme médecin à la maternité de Mamoudzou, j'hésite à reprendre la médecine d'urgence ou les consultations de PMI dans les centres de planification. J'hésite car j'ai désormais la conviction qu'il me manque quelque chose dans mon bagage professionnel pour travailler auprès des femmes et des jeunes filles dans le domaine de la contraception, des suivis de grossesse et des interruptions volontaires de grossesse : je ne sais pas aborder la question de sexualité. Mes différentes pratiques professionnelles (maternités, services de gynécologie, centres de planification sous divers horizons, comme Mayotte, Bruxelles, région parisienne, Ardennes) m'ont amenée à réfléchir, tout simplement parce que je me suis souvent trouvée dans des situations où la sexualité posait problème. Et dans bien des cas, je ne m'étais pas risquée à aborder ce sujet, de peur d'être intrusive ou dérangeante. Comme par exemple lorsqu'une jeune de 16 ans en était à sa troisième grossesse. Parfois, la médecine d'urgence m'a aussi confrontée à cette dimension mais il était alors plus aisé de ne pas se sentir directement concernée comme lorsque, un jour, la lettre que je trouve près d'un homme qui s'est pendu, explique son geste : sa femme le trompait. J'avais suivi un cursus classique en faculté de médecine et cet aspect n'avait guère été abordé pendant les études, même si j'avais suivi en 6ᵉ année un certificat optionnel sur la sexualité qui ne m'a pas laissé de souvenirs très utiles dans mon parcours en gynécologie-obstétrique.

C'est pourquoi, au début des années 2000, alors que j'hésite sur mon avenir professionnel, je regarde les enseignements dispensés sur la sexualité ; mais n'étant ni psychiatre ni psychologue, les formations trouvées m'attirent peu en tant que médecin. Elles n'abordent pas suffisamment les aspects sociaux et physiologiques, elles ne proposent pas de prévention possible. La lecture d'un bulletin de l'OMS durant mon séjour à Mayotte m'avait intéressée et surtout intriguée ; il préconisait de considérer le bien-être sexuel en lien avec la notion de santé, définie comme « bien-être physique, psychologique et social, en favorisant l'éducation à la sexualité ». Un concept, dit de la *santé sexuelle* était aussi avancé dans ce bulletin. Je n'en avais pas entendu parler dans ma formation initiale. Et ces notions de santé sexuelle et d'éducation à la sexualité n'apparaissent pas dans les formations approchées.

Je vais intégrer le conseil général de la Marne puisque l'on me propose un poste de médecin de circonscription qui, je pense, ne me limitera pas aux centres de planification mais me permettra de m'ouvrir à d'autres questions, autres peut-être que celles de la sexualité. Il en fut tout autrement. Heureusement, alors que je constate avec stupeur que les problèmes sexuels vont accaparer ma nouvelle activité professionnelle, j'entends parler d'une formation de cent vingt heures en éducation à la sexualité organisée par l'association de conseil conjugal de la Marne et ouverte à tous les professionnels. Je m'empresse de m'y inscrire. À la suite, percevant déjà l'intérêt de ce premier bagage, je décide de me former en sexologie sur trois années. C'est ainsi que je vais être plus à même d'observer le regard professionnel sur la sexualité de mes collègues de travail, quelle que soit leur formation. J'ai la chance d'évoluer dans un milieu très diversifié, en côtoyant des assistantes familiales, éducateurs, assistants sociaux, médecins généralistes et spécialistes, sages-femmes, infirmières, psychologues, conseillers conjugaux, enseignants.

Le manque de formation

Ces professionnels, exceptés les psychiatres et les psychologues, n'ont pas une formation différente de celle que j'ai moi-même reçue sur la sexualité dans ma formation initiale. Elle consiste surtout à connaître les éléments dits biologiques se rapportant à la sexualité : anatomie, pathologie génitale ou de la reproduction, contraception. La réponse sexuelle n'est pas ou très peu abordée dans les cours de gynécologie ou d'urologie suivis par tous les étudiants en médecine. Heureusement, l'arrivée sur le marché des médicaments des dysfonctions érectiles en 1998 autorise en quelque sorte la possibilité d'un dialogue sur la sexualité dans les consultations médicales. Le développement de la sexualité chez l'enfant avec les différents stades, oral, anal et œdipien, est traité dans le développement psychoaffectif de l'enfant dans les cours de pédiatrie ou dans les cours de pédopsychiatrie. Dans les écoles de travailleurs sociaux, le plus souvent, la formation s'est résumée à quelques heures de cours sur le sida, les infections sexuellement transmissibles, la contraception et la démarche de l'IVG et sur le développement psychoaffectif. Les assistantes familiales ont une formation généraliste obligatoire depuis 1992 sur cent vingt heures d'abord, puis sur trois cents depuis 2005 ; la sexualité est abordée à partir du développement psychoaffectif de l'enfant, sans apport d'autres notions.

Les professionnels se trouvent régulièrement confrontés aux violences sexuelles des mineurs. Au fil du temps, je vais constater leur désarroi devant ces situations, parce qu'elles touchent la sexualité, sujet qui les met mal à l'aise et parce qu'ils vivent un sentiment d'impuissance dans la prise en charge des mineurs, auteurs ou victimes, fondement de leur mission, au titre de la protection sociale de l'enfance en danger. Pour les professionnels, la dimension sexuelle est chargée d'émotion et considérée comme part d'une intimité familiale, difficile voire indélicate à évoquer. J'ai réalisé au fil de mes formations que leur manque de formation était à la source de leur désarroi et qu'il était nécessaire d'y remédier, pour eux et pour les victimes ou auteurs de violences sexuelles. Pourquoi les laisse-t-on affronter des situations extrêmement difficiles sans outils ni formation ? Le souci d'intrusion (effectivement possible et nuisible aussi) n'est-il pas prétexte à refuser une formation adéquate ? Comment des victimes peuvent-elles révéler les actes subis, face à des professionnels mal à l'aise ?

La réalité des violences sexuelles faites aux enfants et adolescents est désormais connue dans la société : les associations d'aide aux victimes existent et couvrent bien le territoire ; elles sont d'un grand apport pour permettre aux personnes de franchir le pas et de révéler. Toutefois, un enfant ou un adolescent victime de violences sexuelles, « piégé » psychologiquement lors d'abus sexuels, peut ne pas pouvoir révéler. C'est pourquoi je suis convaincue que des professionnels aptes à créer un dialogue sur la sexualité, parce qu'ils ont été formés, favorisent les révélations, comme je le constate moi-même dans mes consultations depuis dix ans. Sinon, comment expliquer que des personnes, adressées par un médecin ou un autre professionnel pour des conflits de couple ou des difficultés sexuelles, révèlent des abus sexuels en consultation de sexologie, malgré des suivis psychologiques ou psychiatriques en cours depuis des années ? Or le fait de favoriser les révélations précoces ne peut qu'améliorer le sort des victimes et amenuiser dans le temps le risque de lourdes conséquences. Enfin, une formation adaptée ne permettrait-elle pas d'éviter de considérer comme abus sexuels ce qui ne l'est pas, ou au contraire de passer à côté d'autres, authentiques ? Ne serait-elle pas aussi la garantie de ne pas être dans l'intrusion mais de rester à sa place de professionnel ?

Ainsi, au fil des années, le manque de formation m'est devenu de plus en plus manifeste, manque qui, au-delà des effets sur la sexualité, accentue les difficultés personnelles et sociales chez les jeunes pour une raison étonnante et préoccupante : l'aspect sexuel est rapidement considéré comme déviant.

Cas clinique 39

Une assistante familiale semble mal à l'aise avec un jeune garçon de 15 ans, **Alexandre**, qui lui est confié depuis ses 13 ans. Elle a beaucoup travaillé à (re)donner de la chaleur à cet enfant fort carencé dans son milieu familial. Autant elle « croyait » dans les capacités de ce jeune, autant elle semble beaucoup moins y croire depuis quelque temps et se montre négative, dénigrante vis-à-vis de lui parce « qu'il devient adolescent » ; elle a également perçu qu'il ne fera pas de grandes études et qu'il lui faut du temps pour intégrer certaines notions bien qu'il ne soit pas considéré comme déficient. C'est pourquoi l'assistante sociale me demande de recevoir Alexandre, qu'elle estime vulnérable du fait de son passé (rôle des carences affectives lourdes sur son développement sexuel) et du conflit latent avec l'assistante familiale. Lorsque je la rencontre pour évoquer la situation du jeune que j'ai déjà vu trois fois, je perçois le malaise de cette professionnelle : je mène la conversation pour me rendre compte du regard qu'elle porte sur cet adolescent. À un moment, elle me dit qu'elle fait attention aux deux filles plus jeunes de la famille (la sienne et une petite fille confiée à l'ASE). Je lui demande si Alexandre a eu des attitudes ou des gestes bizarres ; elle me dit que non ; je lui fais préciser « ses craintes ». « Vous comprenez, il est bien bâti » ; je lui demande ce qu'elle veut me dire. Elle est gênée. Je l'encourage à m'expliquer en lui disant « Bâti... vous voulez dire en taille ou parce qu'il devient un jeune homme ? » « Oui, c'est ça, il est bien pourvu. ». Alors, je demande franchement : « Vous l'avez vu s'exhiber ou être nu dernièrement ? » Elle rougit et m'apprend qu'il a été opéré il y a quelques mois d'une torsion testiculaire. Je lui dis : « Vous avez eu à faire les pansements ? » « Oui », me répond-elle, au comble de la gêne. « Et là, vous avez vu qu'il n'était plus le petit garçon que vous aviez accueilli deux ans avant mais à présent un jeune homme qui pouvait aussi avoir des érections ? » Elle soupire. J'explique que devenir un jeune homme, c'est-à-dire faire sa puberté, accroît la fréquence des érections qui peuvent survenir à tous moments et particulièrement à l'occasion de soins génitaux ; elle ne doit pas s'inquiéter : certainement, il n'y avait ni mauvaises idées à son encontre ni pensées amoureuses d'ailleurs. Ce que par la suite je me fis confirmer, indirectement, par ce jeune adolescent, pas du tout intéressé ni par les petites filles de la maison ni par son assistante familiale.

Dans une telle situation, il est important de ne pas laisser se tricoter et s'enkyster incompréhension et malaise ; ce jeune « pénalisé » par son histoire familiale, sujet à des stigmatisations et catégorisations possibles pourrait, dans une forme d'affirmation de soi, être blessé et réagir fortement. C'est ainsi que le manque de formation des professionnels peut avoir des conséquences graves.

Je dois reconnaître que j'ai parfois été déconcertée (depuis que j'ai décidé de me former) par une certaine incohérence des réactions face aux questions sexuelles. Dans la situation de Bertrand (cas clinique 13), j'ai noté, dans les récits relatant ses comportements, les grandes inquiétudes et préoccupations des professionnels « qui n'en pouvaient plus » comme je pouvais le lire dans des notes, puisqu'il se montrait agressif avec eux, physiquement et sexuellement. Il y eut des réticences et même une opposition de la part des professionnels lorsque son éducatrice référente de l'ASE proposa qu'il puisse bénéficier d'un travail médical autour de la sexualité après ses deux premières agressions sexuelles présumées. On évoqua la nouveauté d'un tel suivi et l'absence de recul qui puisse permettre d'en mesurer l'intérêt. On laissa entendre qu'un travail sur la sexualité revenait à considérer un jeune comme auteur, en faisant fi de la présomption d'innocence Il est vraisemblable que ma casquette de médecin sexologue exerçant dans un conseil général n'a pu suffire pendant plusieurs années à rassurer les professionnels (« elle n'est ni psychiatre, ni psychologue ni thérapeute », m'a-t-il été rapporté de temps à autre, soulevant ainsi tout le problème d'identité et de légitimité d'un médecin sexologue). Ainsi pour Bertrand, le silence semblait plus adapté à sa situation... une nouvelle mise en examen pour agression sexuelle puis une plainte pour viol par la suite permirent, finalement, de mettre en place en urgence un suivi sexologique. Ainsi, la réticence de certains professionnels à adresser des jeunes rend compte de l'insuffisance de leur formation, ce qui peut avoir de graves conséquences.

Cas clinique 40

Pierre, 15 ans, est victime de carences éducatives, affectives et de maltraitance physique dans son enfance. Il est confié à une assistante familiale depuis l'âge de 9 ans et voit très rarement ses parents. L'évaluation par l'assistante sociale au moment du placement a révélé que « sa mère a

> tout fait pour le perdre pendant la grossesse et qu'elle n'a manifesté que dégoût et rejet à son égard. Son père était indifférent ». Il est scolarisé en 4e générale, avec des résultats scolaires moyens et bénéficie d'un suivi en structure pédopsychiatrique et psychologique.
>
> Un jour, il est surpris par le mari de l'assistante familiale en train d'attoucher la fillette de 6 ans confiée comme lui à cette famille. Il s'agit d'une fillette atteinte d'une déficience mentale profonde.
>
> L'assistante sociale comme le pédopsychiatre qui suivent Pierre lui font part de leur étonnement en apprenant ses gestes et en précisent la gravité. Six mois plus tard, Pierre est à nouveau surpris tenant la fillette à califourchon sur lui en train de l'embrasser sur le corps.
>
> Une décision immédiate est prise d'un placement en MECS pour ce jeune garçon et un signalement au procureur de la République.

Cette assistante sociale a reçu une formation initiale identique à tous ses collègues et l'on pourrait comprendre qu'elle ne fasse pas de demande de prise en charge particulière sur le développement de la sexualité. Pourtant, lorsque le premier épisode d'attouchement se produit, elle a déjà suivi une séance de sensibilisation de trois heures sur les violences sexuelles que j'ai dispensée à tous les professionnels du conseil général. Lorsqu'elle vient me présenter la situation de Pierre après le deuxième épisode, elle est très embarrassée et se culpabilise de ne pas me l'avoir adressé dès la première alerte, alors qu'elle connaissait mon travail et mon discours sur la nécessité d'une prise en charge précoce pour éviter un autre passage à l'acte. Je la rassure et nous faisons le point sur sa démarche professionnelle. Elle m'explique qu'elle a été très choquée dès le premier épisode pour deux raisons essentielles : « Cet enfant, je l'avais vu dans un état de marasme psychosocial à 9 ans et il s'en était sorti, je ne pouvais désormais le voir comme un délinquant sexuel ». Et puis : « Il aurait volé de l'argent à une vieille dame, je n'aurais pas été aussi choquée. » Or adresser ce jeune au sexologue était, aux yeux de cette professionnelle, reconnaître qu'il avait commis un acte délictueux à connotation sexuelle, bien plus grave que de voler. Elle précise : « Je me suis dit que mon regard sur ce jeune changerait en l'adressant en sexologie ; j'ai eu peur de le regarder comme un déviant et de ne plus pouvoir travailler avec lui. » L'insuffisance de formation des professionnels peut pénaliser les victimes : on voit, dans cette situation, comment un jeune auteur présumé ne peut être pris en charge. Et il récidive six mois plus tard. J'ai déjà insisté sur la part des carences affectives dans l'apparition des troubles du développement sexuel. Dans la situation de Pierre, on ne peut écarter le poids de nouvelles ruptures affectives sur son développement sexuel déjà perturbé, puisqu'il est immédiatement retiré de la famille d'accueil où il s'était reconstruit. C'est ainsi que l'on a vu des jeunes s'enferrer dans des processus de violences sexuelles.

La réticence de professionnels à envisager une prise en charge sexologique reflète aussi d'autres craintes plus profondes. À travers l'idée de prise en charge sexologique, ne craignent-ils pas une ouverture au dialogue sur la sexualité qu'ils ne peuvent assumer ? Ne s'agit-il pas d'une remise en cause de leurs propres connaissances ? En 2008, lors d'une présentation de mon travail de médecin sexologue, dans une MECS, la psychologue écoute, puis se met à noter tous mes propos et enfin « explose » lorsque la directrice lui demande de me parler de la situation de certains jeunes : « Si vous faites appel à ce médecin, je ne verrai plus ces jeunes car ce travail est en total désaccord avec mon travail de psychanalyste. Jamais je ne mélangerai le sucré et le salé. » La directrice, d'une certaine manière, contournera le problème en autorisant des éducateurs à se former en matière d'éducation à la sexualité.

En 2008, à la demande de la direction du conseil général de la Marne, je dispense une formation aux responsables et responsables adjoints des circonscriptions médicosociales ainsi qu'aux médecins de circonscription et de PMI, aux responsables de l'ASE, des services de l'adoption et des personnes handicapées, et à quelques professionnels des MECS de la Marne. Les 45 professionnels sont répartis en deux groupes ; ils ont déjà suivi pour la plupart une séance de sensibilisation dans les deux à trois années antérieures. La formation comporte deux journées consécutives, puis une troisième à distance, pendant laquelle est soumise à la réflexion des participants la situation suivante.

Cas clinique 41

Une éducatrice, jeune professionnelle, demande à voir en urgence sa responsable. Elle est choquée de ce qui vient de se passer. Alors qu'elle était en entretien avec un jeune de 14 ans qu'elle suit depuis un an, elle perçoit peu à peu qu'il décroche dans l'entretien : il a le regard dans le vague et tout à coup, elle s'aperçoit qu'il a la main au niveau du sexe et qu'il a l'air de se masturber. Elle suspend immédiatement l'entretien en lui disant que son comportement est inacceptable. Le garçon quitte la pièce sans autres gestes ou commentaires particuliers.

Ce garçon est confié à l'ASE depuis plusieurs années pour carences éducatives et négligences lourdes parentales ; il vient d'intégrer une MECS puisque sa situation devenait conflictuelle avec l'assistante familiale chez laquelle il a vécu depuis ses 8 ans ; il bénéficie d'une prise en charge psychologique depuis ses 9 ans.

Je demande aux participants : « Quelle est votre démarche professionnelle devant cette situation ? » Dans le premier groupe, 20 % des participants déclarent procéder d'emblée à un article 40 du Code pénal (« suspicion de crime ou délit sur autrui »), les autres demandent une évaluation en urgence de la situation du jeune garçon. Dans le deuxième groupe, 80 % déclarent procéder d'emblée à un article 40. Il s'agit donc de signaler au procureur de la République l'acte de ce garçon, qu'ils considèrent comme une agression sexuelle à l'encontre de la jeune femme. À noter que suite à un tel signalement, les professionnels ne doivent plus évoquer la situation avec le jeune dans l'attente de la décision du procureur, qui peut ordonner une enquête.

Comment expliquer une telle différence de prise de décision chez ces professionnels ? Ceux du deuxième groupe sont plus jeunes que ceux du premier et il s'agit principalement d'adjoints et de médecins jeunes (moins de 45 ans) mais il inclut aussi les responsables de l'ASE. Le premier groupe est constitué de responsables de circonscription en majorité, d'âge supérieur à 50 ans et expérimentés ainsi que de médecins de plus de dix années d'ancienneté dans leur poste. Évidemment, je me questionne sur la qualité de la formation que j'ai dispensée : elle a en effet pour objectif de motiver les professionnels à s'interroger sur la sexualité et son développement, d'apprendre à cerner la complexité des situations avant de prendre des décisions. Les magistrats m'ont souvent signalé qu'ils sont, pour leur part, confrontés à un grand nombre de signalements de la part des personnels des services médicosociaux, avec un risque de retard pour leur traitement. Il leur apparaît nécessaire de parvenir à mieux cerner les cas qui relèvent d'une urgence et d'un réel danger et donc d'une réponse judiciaire efficace.

La formation a toutefois fait son chemin pour les professionnels du premier groupe, puisqu'ils demandent une évaluation de la situation en urgence, par un dispositif approprié[5], évaluation qui permettrait de répondre aux questions suivantes : qu'en est-il du comportement global de ce jeune, de son développement pubertaire, de ses connaissances sur les transformations corporelles liées à la puberté, de son état psychique, de ses repères relationnels ? A-t-on observé une masturbation compulsive ou des épisodes de masturbation répétés en public ? A-t-on observé de sa part des gestes connotés sexuellement à l'encontre d'autres jeunes ou d'enfants plus jeunes que lui ? Après ce temps d'évaluation, la rencontre des différents professionnels permettra une prise de décision, dont la possibilité de signalement. Un délai de dix jours est fixé. Un tel temps

---

5. Voir partie 3, « L'apport de la sexologie ».

d'évaluation n'a pas été envisagé par les professionnels du deuxième groupe, comme d'ailleurs je l'ai fréquemment constaté sur le terrain : le comportement à connotation sexuelle peut d'emblée être considéré comme déviant, voire pervers, et soulève seulement une émotion réactive[6] (peur, dégoût, rejet, tristesse, honte, etc.).

La sensibilisation des professionnels, puis la formation sur trois jours, semblent insuffisantes dans ce deuxième groupe. Dans l'évaluation finale de cette formation, les professionnels du premier groupe, dans leur ensemble, font part de leur intérêt pour le contenu et montrent de l'enthousiasme à réfléchir à leur pratique professionnelle dans le domaine de la sexualité. Dans le deuxième groupe, le contenu est remis en cause par 65 % des professionnels, les mêmes qui ne semblent pas motivés à poursuivre une éventuelle réflexion. Effet de groupe, résistance personnelle qui se communique, le travail autour de la sexualité soulève de l'émotion. Au fil du temps, je verrai toutefois le nombre de demandes de conseil sur des situations et sur des prises en charge augmenter, provenant de l'ensemble des circonscriptions. Un message est vraisemblablement passé. Prendre le temps d'évaluer est une façon d'être réactif avec justesse. Les problèmes liés à la sexualité ne doivent pas être passés sous silence.

Cas clinique 42

Solène, 12 ans, est confiée à une assistante familiale depuis ses 8 ans pour violences familiales et carences éducatives. Huit jours après l'arrivée de Solène, elle constatait qu'elle avait des jeux bizarres connotés sexuellement, d'où un signalement ; l'examen génital à la cellule maltraitance fut considéré comme anormal. Il n'y eut pas de suite judiciaire. Antoine, son frère, est confié chez la même assistante familiale, qui trouve que le frère et la sœur « se font beaucoup de câlins ». Deux ans plus tard, la fillette, alors âgée de 10 ans, dit qu'Antoine s'est couché sur elle et a voulu l'embrasser. À 11 ans, Solène vient un jour se réfugier près de l'assistante familiale et montre qu'elle saigne entre les jambes. En l'absence de son frère, elle dit qu'Antoine lui a fait mal. L'examen gynécologique permettra de déceler un corps étranger intravaginal.

---

6. Cette situation est issue du terrain et a été signalée en urgence par le responsable de circonscription au procureur de la République. Cette affaire fut classée sans suite après douze mois ; neuf mois après les faits, on me demanda de prendre en charge le jeune en raison du signalement ; entre-temps, son éducateur référent du foyer précisait l'avoir vu se « toucher le sexe très occasionnellement » sans aucun autre élément inquiétant. La prise en charge permit de constater un développement psychosexuel harmonieux et dura quelques mois. Elle fut reprise à la demande du jeune vers ses 18 ans : il n'avait alors aucun problème sexuel particulier, si ce n'est des interrogations sur « son désir d'aller plus loin avec sa copine ».

> Elle m'est adressée un an plus tard pour masturbation compulsive, totale absence de pudeur, aucune retenue avec les garçons. Elle vient d'être intégrée en IME. Rapidement, je procéderai à un nouveau signalement du fait de propos inquiétants de Solène en consultations concernant son frère, qu'elle nomme. Il n'y aura pas de suites données. Je demanderai à rencontrer le frère. Il me sera rétorqué qu'il est tout près d'être majeur et je ne le verrai donc jamais.

Solène est déficiente intellectuelle et sa parole pèse peu. Son frère ne l'est pas. En fonction de ce qu'il sera possible de travailler en consultation avec elle, je ne pourrai m'empêcher de penser à la part d'abus sexuels incestueux très probables, de ceux qui peuvent aggraver une déficience, voire la favoriser.

C'est pourquoi j'ose dire que les chiffres annoncés dans les enquêtes françaises pourraient largement sous-estimer le nombre des victimes de violences sexuelles. Les enquêtes de l'OMS signalent que 20 % des femmes et 5 à 10 % des hommes seraient victimes, contre en France, selon une enquête de l'Institut national d'études démographiques (INED), 9 % des femmes et 3 % des hommes[7]. Cela viendrait de mon point de vue confirmer le retard français en matière de formation professionnelle sur la sexualité, condition essentielle pour permettre aux professionnels de s'autoriser à parler de sexualité et favoriser ainsi les révélations, et ce pour toutes les personnes, handicapées ou non. Mais outre les réticences individuelles, ne faut-il pas s'interroger sur les théorisations autour du développement la sexualité, qui pourraient favoriser une meilleure approche de ces questions ?

---

7. L'INED, en 2008, faisait état de l'analyse d'un sondage sur les rapports forcés et leurs tentatives : 9 % des femmes et 3 % des hommes déclaraient avoir subi de tels actes avant 18 ans.

Chapitre 6

Les difficultés de théorisation en France sur le développement de la sexualité

L'URGENCE DE SITUATIONS sur le terrain et la nécessité de comprendre les violences sexuelles des mineurs demande de se pencher sur les théories et réflexions autour du développement de la sexualité. Une mise en perspective à travers un regard historique sur ces violences permet, dans un premier temps, un éclairage pertinent et signifiant. Ensuite, l'état des lieux sur les théories du développement de la sexualité, congruentes et indispensables malgré leur peu de vulgarisation, permet d'aller vers des réponses innovantes face à des situations sociales et sexuelles préoccupantes.

Une considération récente des violences sexuelles des mineurs

Au Moyen Âge, comme à l'époque moderne, les affaires de mœurs qui concernent des enfants font l'objet de scandale, mais sont rarement citées dans les archives judiciaires. Au cours du XIXᵉ siècle, et avec la loi du 28 avril 1832, apparaît, dans le Code pénal, la sanction de toute relation sexuelle entre enfants et adultes (Caron, 1999). L'enfance qui incarne l'avenir devient par la suite un souci majeur de la IIIᵉ République et l'année 1898 est marquée par le vote d'une loi sur les répressions des violences commises envers les enfants tandis qu'à la même époque, la presse découvre le thème des agressions sexuelles sur les enfants. Mais jusqu'à la moitié du XXᵉ siècle, ce seront surtout les faits de viols et/ou meurtres d'enfants qui seront commentés : la quotidienne réalité des abus sexuels dont sont victimes des enfants est oubliée ou niée. Ils sont encore considérés comme des êtres sans parole même si, peu à peu, on observe une modification de la sensibilité à leur égard. Le mot « pédophilie[1] » apparaît à la fin du XIXᵉ siècle et désigne des violences sexuelles sur les garçons dans les écoles de garçons. Mais la question de la responsabilité ou de la culpabilité de l'enfant dans ce type de violences est fréquemment évoquée, comme argument visant à atténuer la responsabilité de l'adulte « violateur » selon la terminologie de l'époque. D'un point de vue juridique, les mots manquent alors pour qualifier ces actes et le secret prédomine afin de ne pas remettre en cause l'honneur et l'autorité adultes (Caron, 1999).

Pourtant, dans ce contexte, Freud développe en 1895 la théorie de la séduction et du traumatisme (Freud, 1896 et pour une synthèse, voir l'approche de Gabel, 2002).

> « Il s'agit de scènes réelles ou fantasmatiques où le sujet enfant subit passivement de la part d'un autre, adulte, des avances ou des manœuvres sexuelles. Passivement, signifiant que l'enfant subit la scène sans qu'elle puisse évoquer chez lui de réponse, sans qu'elle fasse écho à des représentations sexuelles. Schématiquement, cette théorie suppose que le traumatisme se produit en deux temps, séparés par la puberté. Le premier

---

1. Aujourd'hui, cette terminologie n'a pas de place reconnue dans le vocabulaire juridique, elle correspond d'un point psychiatrique à une attirance excessive pour les jeunes, filles ou garçons, en couvrant le champ des relations sexuelles entre adulte et enfant envisagées comme des perversions. La sphère médiatique s'en est emparée pour désigner couramment les prévenus d'infractions à caractère sexuel et d'assassinats commis sur des enfants et adolescent-e-s. Je préfère employer l'expression plus objective « auteur majeur d'infraction à caractère sexuel sur mineur ».

temps est celui de la séduction proprement dite : c'est l'événement sexuel du point de vue de l'adulte mais présexuel pour l'enfant. Il n'y a pas de refoulement dans l'inconscient de l'enfant. Mais c'est lors d'une nouvelle scène, sexuelle ou non, après la puberté que ressurgit le souvenir de la scène de séduction antérieure. Ce souvenir provoque un afflux d'excitation et de ce fait est refoulé : ce refoulement était d'après Freud à l'origine des psychonévroses comme l'hystérie, les névroses obsessionnelles ou d'angoisse. » (Gabel, 2002)

Or dès 1897, Freud abandonne cette théorie pertinente qui signifiait bien que l'enfant ne pouvait pas vivre la sexualité telle que concevable pour l'adulte. Ainsi, revenant sur ses idées autour de ce qu'il avait pressenti être de l'ordre du traumatisme sexuel, il élabore sa théorie sur les fantasmes.

« S'il est vrai que les hystériques ramènent leurs symptômes à des traumatismes fictifs, le fait nouveau est bien qu'ils fantasment de telles scènes ; il est donc nécessaire de tenir compte, à côté de la réalité pratique, de la réalité psychique. Bientôt on découvrit que ces fantasmes inconscients servaient à dissimuler l'activité autoérotique dans les premières années de l'enfance, à les embellir et à les porter à un niveau plus élevé. Alors derrière ces fantasmes, apparut dans toute son ampleur la vie sexuelle de l'enfant. » (Freud, 1914, cité par Laplanche et Pontalis, 1990)

Freud rend effectivement compte du développement de la sexualité pendant l'enfance, mais il s'éloigne de la possibilité de l'empreinte d'un traumatisme sexuel. Les évocations ou propos d'un enfant au sujet de faits sexuels seraient l'apanage, d'après lui, des fantasmes de cet enfant, signes du développement de sa sexualité. Dans cette logique, en 1903, Bourneville, dans *Le Progrès médical*, parle des fausses accusations d'abus sexuel dont sont victimes les adultes de la part d'enfants (Ambroise-Rendu, 2005) : la réalité des abus sexuels de l'enfant est ainsi niée avec la caution des approches scientifiques.

Des années plus tard, Sandor Ferenczi, élève de Freud, revient autrement sur la théorie de la séduction et du traumatisme, « en raison d'échecs ou de résultats thérapeutiques incomplets avec ses patients adultes » (Gabel, 2002).

« Le fait de ne pas approfondir suffisamment l'origine extérieure comporte un danger, celui d'avoir recours à des explications hâtives en invoquant la prédisposition et la constitution. L'analyste doit renoncer à ses erreurs d'interprétation pour constituer une relation avec son patient permettant d'établir le contraste entre le présent et un passé insupportable et traumatogène. » (Ferenzci [1932], 2004, cité par Gabel, 2002)

Ferenczi confirme « l'importance du traumatisme et en particulier du traumatisme sexuel comme facteur pathogène » et s'appuie sur son expérience clinique :

> « Même des enfants appartenant à des familles honorables et de traditions puritaines sont, plus souvent qu'on oserait le penser, des victimes de violences et de viols. Ce sont soit les parents eux-mêmes qui cherchent un substitut à leur insatisfaction, de cette façon pathologique, soit des personnes de confiance, membres de la même famille (oncle, tante, grands-parents), soit les précepteurs ou les personnels domestiques qui abusent de l'innocence ou de l'ignorance des enfants. *L'objection, à savoir qu'il s'agissait des fantasmes d'un enfant lui-même, c'est-à-dire de mensonges hystériques, perd malheureusement de sa force, par suite du nombre considérable de patients, en analyse, qui avouent eux-mêmes des voies de fait sur des enfants* (c'est moi qui mets en italique). » (Ferenzci [1932], 2004, cité par Gabel, 2002)

Ferenczi exprime ainsi toute la réalité des violences sexuelles commises par des adultes sur des enfants. Mais sa théorie qui vise à expliquer l'introjection de l'agresseur sur l'agressé[2] et ainsi la condamnation au silence pour l'enfant victime, n'est pas entendue ni comprise, et rejetée. Dans cette première partie du XXe siècle et parallèlement à ces théorisations,

> « Les caractéristiques de la médiatisation du viol d'enfant et de l'inceste restent globalement les mêmes. On peut même dire que la question perd en visibilité ; placée sous le triple signe de l'euphémisme, de la morale et de l'absence de la figure de la victime, elle ne suscite ni réflexions ni commentaires publics. [...] Durant la première moitié du XXe siècle, les relations sexuelles avec des enfants sont forcément, au regard de la loi, des abus. Si une attention croissante est portée à ces affaires en même temps qu'à d'autres crimes sexuels, c'est d'abord parce que la société s'en trouve offensée. [...] Cette approche exclusivement moralisante explique assez largement la réaction des décennies ultérieures. » (Ambroise-Rendu, 2005)

En effet, après 1960, on assiste à une rupture culturelle et certains n'hésitent pas à vivre et à exprimer clairement leurs désirs envers des enfants.

> « C'est bien en faisant éclater un carcan moral qu'ils jugent étouffant que Gide et Montherlant, bravant à la fois la loi et les convenances, vivent leurs

---

2. Voir partie 1, chapitre 3, « Les conséquences psychologiques, sexuelles, sociales et politiques ».

désirs. Puis, dans les années 1970, loin des demi-mots du premier et du silence du second, de nouveaux pédophiles revendiquent pour leur part clairement leurs goûts et leurs actes. » (Ambroise-Rendu, 2005)

Ils se réapproprient l'idée de Freud sur les désirs sexuels précoces des enfants et les considèrent comme des êtres autonomes, conscients et brimés par des lois qui leur dénient toute autonomie sexuelle. Par exemple, Gabriel Matzneff (1974) défend la pédophilie au nom de l'amour qu'éprouvent les enfants. Il publie *Les Moins de seize ans*, où il explique :

> « Ce n'est pas parce qu'un malade mental étrangle de temps à autre un petit garçon que ces mêmes bourgeois sont autorisés à faire porter le chapeau à tous les pédérastes et à priver leurs enfants de la joie d'être initiés au plaisir, seule éducation sexuelle qui ne soit pas un mensonge et une foutaise. » (Matzneff, 1974, cité par Ambroise-Rendu, 2005)

La pédophilie alors est défendue avec passion avec des débats mais aussi lors des inculpations visant les publications qui se font les avocates de la pédophilie. D'une certaine manière, l'enfant « existe » mais ni sa capacité à vivre une sexualité ni même à savoir dire oui ou non n'est évoquée. On ne parle pas d'abus sexuel.

Les années 80 vont marquer un tournant décisif dans l'appréhension des violences sexuelles des mineurs. En France, le viol est redéfini en 1980. En 1983, aux États-Unis, Roland Summit, en s'appuyant sur les travaux de Ferenczi, décrit le syndrome d'adaptation des enfants victimes d'abus sexuels, qui explique comment l'enfant ne peut révéler ce qu'il subit. La réflexion s'amorce sur les violences sexuelles dans le cadre des rapports hommes-femmes. Peu à peu, des victimes devenues majeures se mettent à parler et l'on peut noter le rôle des médias pour relayer leur parole et leur permettre de faire entendre leur souffrance et leur incapacité à construire une vie adulte heureuse en raison des abus sexuels subis dans l'enfance ou l'adolescence. Des ouvrages grand public comme *Le Viol du silence* (Thomas, 1986) et des émissions comme *Bas les masques* en 1995 sur l'enfance maltraitée permettent de dénoncer les abus sexuels. Les recherches scientifiques qui se multiplient dans le monde pour expliquer les mécanismes des psychotraumatismes impulsent les recherches en France et la création d'un premier centre de victimologie à Paris. En 1997, l'enfance maltraitée est reconnue comme grande cause nationale et une conférence internationale sur la maltraitance des enfants se tient à Stockholm, qui permet, entre autres, d'objectiver l'ampleur du fléau des violences sexuelles des mineurs. En 1998 est votée la loi du 17 juin relative à la prévention et à la répression des infractions sexuelles ainsi qu'à la protection des mineurs. L'enfant est alors au cœur des préoccupations. C'est dans ce contexte que ma réflexion s'engagea en 1997 dans le cadre de ma mission de médecin, confronté aux violences sexuelles des mineurs, dans un premier temps pour les victimes, et dans un second temps pour les auteurs à partir de 2004.

Depuis la fin du XIXe siècle, on peut se réjouir des nombreuses avancées théoriques et sociales pour donner à l'enfant et à l'adolescent toute la place qu'ils méritent, puisque l'espoir de la construction des sociétés repose pour une grande part sur la jeunesse. Dans cette perspective, il faut aborder les théories du développement de la sexualité.

LES DIFFÉRENTES THÉORIES DU DÉVELOPPEMENT DE LA SEXUALITÉ : UNE IDÉE INSOLITE EN FRANCE

Freud et après

Au fil du temps, en tant que médecin sexologue, j'ai dû faire le constat surprenant et déconcertant que les différentes théories sur le développement de la sexualité ne sont pas envisagées en France et je n'en avais moi-même pas entendu parler avant mes premières formations en sexologie. Pendant des siècles, la puberté, période de changements visibles et radicaux, marque le début du développement de la sexualité. L'approche psychanalytique, au début du XXe siècle, va modifier cette conception et définir des stades de sexualisation, oral, anal, phallique et génital, qui en sont, en autres, l'expression. L'être humain est alors est reconnu comme sexuel dès son enfance, animé d'une pulsion libidinale, force intérieure innée, qui établit un lien de continuité et de causalité entre ces différents stades pour construire la sexualité (Freud, 1905).

Au fil du XXe siècle, les connaissances sur la psychologie de l'enfant vont être d'un apport essentiel pour affiner les réflexions sur le développement de la sexualité. Les scientifiques Jean Piaget, Donald Winnicott, Françoise Dolto, pour n'en citer que quelques-uns, ont participé à la reconnaissance de l'enfant comme « personne en devenir », dotée de capacités singulières propres à chaque étape de son développement global (Piaget, 1968 ; Winnicott, [1965] 1988 ; Dolto 1985, 1988). Mais dans le même temps, « l'importance accordée à l'enfance en matière de développement de la sexualité ne convainc plus tout le monde » (Tremblay, 1998). Ainsi en 1968, Jean Piaget, dans une approche cognitive du développement de la sexualité, dans laquelle il précise l'importance des jeux d'imitation (Piaget, 1968), définit un lien de continuité mais pas de causalité entre les stades de sexualisation : ce que l'on a fait à 2 ans permet de faire ce que l'on fait à 4 et ce que l'on fait à 8 ans ce que l'on fera à 12. Mais ce que l'on n'a pas fait à 2 ans par rapport au développement de la sexualité n'empêchera pas d'avoir tel ou tel comportement ou attitude sexuels à 30 ou 50 ans : le lien inconscient est ainsi remis en question. Et pour aller plus loin, si l'on suit Lawrence Kohlberg, l'activité cognitive participe de façon significative à la « sélection et organisation active des perceptions, des compréhensions, des connaissances, permettant l'acquisition d'une identité sexuelle, par cinq mécanismes d'intégration d'attitudes sexuelles » (Kohlberg, 1971). Il insiste sur l'importance des rôles sexuels dans le développement de la sexualité et sur les jeux d'imitation. À partir de là, la notion d'identité sexuelle est au cœur des réflexions ; elle est « l'ensemble des perceptions, fantaisies, sentiments traduisant la conséquence d'appartenir au sexe féminin ou sexe masculin » autrement dit, elle permet de « savoir et sentir qui l'on est rationnellement, émotivement et corporellement pour aller vers les autres, constituant ainsi la première et la plus fondamentale des assises qui assurent à l'homme et à la femme une intégration tant individuelle que sociale » (Money et Ehrhardt 1972).

Pour William Simon et John Gagnon, dans les années 70 et selon une approche dite sociale du développement de la sexualité, la découverte du corps sexué et de la différence des sexes sont les enjeux du développement de la sexualité avant l'adolescence, mais l'enfant, par les capacités propres à son âge, n'est pas un être sexuel au sens où on l'entend pour l'adulte. Par exemple, l'enfant découvre par la masturbation des sensations agréables produites par la stimulation de ses zones génitales. Reconnues comme érogènes par l'adulte, elles ne peuvent être identifiées comme telles par l'enfant du fait même de son « état d'enfant », même si des sensations agréables justifient « l'envie d'y revenir ». Le développement cognitif explique que la petite fille ou le petit garçon aiment plaire et se plaire ; s'habiller avec de jolis habits colorés et agréables, faire de beaux sourires ou s'amuser à bien se coiffer, bref se sentir agréable à regarder par son entourage ne sont pas de l'ordre de préoccupations sexuelles adultes, à décliner sur le mode du désir sexuel ou du désir de séduction connoté sexuellement. Ainsi l'enfant chemine dans ses découvertes de l'enfance, avant de parvenir à l'adolescence où, peu à peu, sa capacité d'être sexuel s'inscrira dans de véritables scénarii sexuels investis de valeurs érotiques.

> « Les comportements extérieurs présumés sexuels de l'enfant ne sont pas concomitants de comportements intérieurs sexuels. Ils s'expliquent par des phénomènes de curiosité, de maîtrise de la réalité et ne doivent pas être

associés aux préoccupations érotiques des adultes. » (Simon et Gagnon, 1970)

L'enfant apprendrait ainsi un rôle genré et non sexuel et ces auteurs réfutent l'hypothèse freudienne d'une libido omniprésente dès la naissance, attribut biologique universel et figé :

> « Il y aurait tellement de différences dans les manifestations sexuelles comportementales dès l'origine, qu'il est impossible d'expliquer la sexualité humaine par une seule force libidinale. La sexualité humaine est différente selon les âges, les sexes, les cultures, les groupes sociaux. » (Simon et Gagnon, 1970).

À titre d'illustration, prenons la question d'un petit garçon de 4 ans qui entre dans la salle de bains et voit sa mère sortir de la douche[3]. Il lui demande, après l'avoir regardée : « Dis Maman, est-ce que le Père Noël va t'apporter un zizi pour Noël ? » Évidemment, elle peut rire. Elle peut s'empresser de prendre une serviette pour cacher sa nudité, l'air gêné ; elle peut le gronder d'entrer dans la salle de bains ; elle peut se demander s'il n'est pas déjà un peu voyeur ; elle peut aussi, flattée, se dire : « mon fils m'aime » et être ainsi rassurée de sa réaction œdipienne. Si l'expérience sexuelle de cette mère avec le père de cet enfant n'est guère épanouissante, elle peut ainsi être réconfortée, en guise de compensation, de son lien avec son fils qui, lui, ne la déçoit pas. Et faire de lui son « petit roi » durant son enfance et/ou son adolescence. Les réflexions de William Simon et John Gagnon peuvent permettre à cette mère de ne pas se sentir désemparée et inquiète face à une telle question, ni de l'interpréter de façon erronée. Cet enfant n'est pas un voyeur ni un futur voyeur, il n'est pas en train de la séduire. C'est un enfant qui observe, s'installe dans son genre, découvre la différence des sexes sans vraiment d'inquiétude pour son « zizi » à lui. Un regard apaisé sur la situation évite toute ambiguïté dans la relation mère-fils. Il en est de même pour l'enfant qui a dit à sa mère nue dans la salle de bains[4] : « Tu es belle, Maman. » Il n'est pas là non plus futur voyeur pervers ou potentiel amoureux de sa mère mais manifeste une certaine sensibilité au monde qui l'entoure. À noter que cette mère est confortée dans cette hypothèse lorsque l'enfant quelques jours plus tard, dit à sa tante, élégamment habillée pour une fête : « Qu'est ce que tu es belle ! » Et il en est de même pour cette petite de 5 ans qui dit à son père : « Je

---

3. Anecdote personnelle.
4. Anecdote personnelle.

t'aime Papa, tu es mon amour » mais qui ajoute avec malice : « Mais je préfère Maman. » L'enfant qui évolue sereinement rassemble les pièces d'un puzzle pour un jour, devenu grand, vivre une sexualité apaisante.

L'apport des neurosciences

Au cours du XXe siècle, les découvertes sur les modifications et remaniements du cortex humain à l'adolescence participent de la compréhension du développement de la sexualité et expliquent les changements brutaux du comportement à cette période de la vie, de la colère à l'explosion de joie, que tout parent confronté à son adolescent expérimente. La régulation des comportements sociaux – devenir responsable, acquérir un sens moral, apprendre l'empathie – apparaît en fin d'adolescence dès que le cortex orbitofrontal a terminé son remodelage (Herculano-Houzel et Lent, 2002 ; Herculano-Houzel, 2006). Une autre partie du cerveau participe par son changement à la genèse des sensations de plaisir. Dans cette dernière perspective, les hormones sexuelles qui rendent le cerveau réceptif aux stimuli sexuels, jouent un rôle fondamental.

C'est donc tout un bouleversement du cerveau qui déclenche chez un adolescent de profonds changements affectifs, psychologiques et sociaux, et l'apparition du désir sexuel. Ces découvertes scientifiques confortent l'image d'un temps de toutes les curiosités et découvertes, temps d'une autre façon d'aimer, temps d'un « attachement sexuel » (Cyrulnik, 2002). Les activités sexuelles se modulent alors sous l'effet de processus, biologiques, psychologiques et sociaux.

Un champ méconnu

Toutes les théories développées autour de la sexualité[5] sont essentielles pour comprendre les violences sexuelles des mineurs et tenter d'y remédier. Or les pédiatres, pédopsychiatres, puéricultrices et psychologues que j'interroge depuis des années ne les connaissent pas, ou très peu, et la plupart des enseignements portant sur l'enfant et l'adolescent n'abordent le développement de la sexualité qu'à partir de la vision de Sigmund Freud. Alors qu'il n'hésitait pas à dire, au début du XXe siècle, que « la sexualité est sûrement la composante qui permet le plus le développement de la personnalité humaine » (Freud, 1905), Freud laissait

---

5. Voir à ce sujet Brecher, 1971, pour les premiers courants avant les années 60 et un exposé exhaustif, autour de Havelock Ellis, Sigmund Freud, Elisabeth Blackwell, Alfred Kinsey, Lee Schaeffer, Helena Wright, John Money, William Masters et Virginia Johnson.

aussi le champ libre à des questionnements et des évolutions possibles à partir de ses théorisations. Il eut le mérite de créer une dynamique de recherche sur la sexualité humaine et, même « s'il ne s'intéressa jamais directement à l'éducation ni à l'information sexuelles, les *Trois Essais sur la théorie de la sexualité* ont permis l'expression d'opinions novatrices » (Brenot [1996] 2007, p. 10).

À la même époque, Havelock Ellis, médecin et psychologue britannique, participe à sa manière à cette dynamique de recherche sur la sexualité par une abondante littérature dont un traité de dix tomes, *Études de psychologie sexuelle*, écrit entre 1898 et 1925, qui comportait 200 pages sur l'éducation à la sexualité. Il apporte de multiples éclairages sur la sexualité infantile, la normalité, les mythes sexuels, l'instruction aux jeunes enfants, le relais nécessaire de l'éducation sexuelle par la mère puis par l'école. Il termine par cinq longs témoignages qui font comprendre le rôle primordial d'une éducation sexuelle pour l'épanouissement ultérieur. À l'origine de son œuvre, on trouve ses travaux d'ethnologie sexuelle (description comparée des attitudes à l'égard de la sexualité dans les différentes civilisations) qu'il a menés dans le cadre de ses nombreux voyages. Même s'il est resté inconnu en France pendant la plus grande partie du XXe siècle sauf des premiers sexologues, Havelock Ellis est considéré aujourd'hui comme le fondateur de la sexologie en tant qu'étude scientifique de la sexualité, d'un point de vue psychobiologique et psychosociologique.

Les conséquences pratiques

Cette méconnaissance théorique n'a pas contribué à favoriser une approche préventive des violences sexuelles en France. Au début du XXe siècle, en 1901, lors d'une conférence à l'École des hautes études sociales, le docteur Pierre Régnier dénonce « l'état d'ignorance et de démoralisation profonde dans lequel sont confinés les écoliers et la manière regrettable dont ils sont tenus à l'écart de toute connaissance objective » sur la sexualité (cité par Brenot [1996] 2007, p. 11). Plus tard, en 1945, Pierre Chambre fonde L'École des parents, ferment de l'éducation sexuelle en France. En 1947 est créé un comité ministériel composé d'enseignants, de parents et de médecins pour réfléchir, dans les établissements d'instruction publique, à l'introduction de l'éducation sexuelle qui prendra forme peu à peu au sein de l'Éducation nationale. En 1973, Joseph Fontanet, ministre de l'Éducation nationale, édite une première circulaire sur l'information et l'éducation sexuelles, qui restent toutefois facultatives. Elle sera complétée par la loi Veil du 18 février 1976 qui instaure quatre heures d'information en classe de 3e. La loi du

4 juillet 2001 intègre aux connaissances biologiques sur la sexualité une réflexion sur les dimensions psychologique, affective, sociale, culturelle et éthique permettant d'aborder la relation sexuée au partenaire. Mais l'ensemble reste peu suivi d'effets[6].

> « On prend conscience que la mise en place d'une éducation de la sexualité ne s'est progressivement faite qu'en réaction aux grands moments d'inquiétude qu'ont été la popularisation de la contraception, la légalisation de l'avortement ou le début de l'épidémie du sida. Comme une réponse à une menace sociale et non comme une nécessité éducative. » (Brenot [1996] 2007, p. 17)

En 2007, le directeur général de l'administration pénitentiaire, lors de l'ouverture du Congrès international francophone de l'agression sexuelle (CIFAS), souligne le retard français pour prendre en charge les auteurs de violences sexuelles. Pour lutter contre ce retard, il est désormais indispensable de reconnaître que la pensée intellectuelle française, au sujet du développement de la sexualité humaine, dans sa globalité et plus particulièrement son développement, est restée repliée sur elle-même sans tenir compte des apports anglo-saxons. L'enfance ne peut tout expliquer de nos comportements sexuels et en rester à la théorie freudienne a le plus souvent entraîné des interprétations réductrices sur les problèmes sexuels. Par exemple, l'éjaculation rapide ou l'anorgasmie refléteraient inexorablement des conflits profonds sous-jacents liés à l'enfance, et au lien à la mère ou au père, alors que le développement de la sexualité à l'adolescence et la réponse sexuelle sont essentiels pour comprendre ces difficultés.

Cette idéologie dominante s'est exprimée dans mon quotidien professionnel. En 2004, au conseil général de la Marne, la directrice des affaires médicosociales vient de valider mon travail pour l'étendre désormais à toutes les circonscriptions : désormais, les professionnels médicosociaux du département peuvent m'adresser les personnes, et particulièrement les mineurs troublés dans leur développement sexuel, qui connaissent des difficultés sexuelles. Manifestement, elle a pris cette décision toute seule et à l'encontre d'autres professionnels, comme j'en aurai en effet le témoignage. Dans les jours qui suivent, je présente mon travail en présence de cette directrice et de son adjoint, éducateur et psychanalyste de formation initiale. Il me téléphone dès le lendemain et au travers d'un conciliabule quelque peu abscons, je comprends « qu'éduquer le

---

6. Voir partie 1, chapitre 3 pour plus de précisions sur l'éducation à la sexualité au sein de l'Éducation nationale.

domaine de la sexualité revient aux psychanalystes et à eux seuls qui connaissent le fond de la personne humaine ». À noter que le Président du conseil général de la Marne, qui a pourtant toujours par la suite encouragé ce travail autour de la sexualité, n'apprendra mon existence qu'en octobre 2007, alors que je venais de présenter mon travail avec une magistrate pour enfants, vice-présidente à l'époque du tribunal de grande instance de Châlons-en-Champagne, au congrès du CIFAS 2007.

En encore. En 2006, alors que je présente mon travail de médecin sexologue au sein d'une unité de pédopsychiatrie et dans une perspective d'éducation à la sexualité, la conversation en vient au rôle des parents dans ce domaine. Une psychologue affirme alors que « les parents n'ont rien à voir avec cette question car ce serait incestueux si l'on se réfère à la problématique œdipienne ». Il s'agit d'une allégation lapidaire, bien souvent entendue sur le terrain. Et si elle n'est que le reflet d'une certitude acquise au détour d'un cours à l'université, la force de cette pensée dominante en circulation reste troublante. Si le sexologue sait faire appel au psychanalyste, pour un patient donné, selon le type de problème qu'il présente, l'inverse est loin d'être vrai actuellement en France, même si je rencontre de plus en plus souvent des pédopsychiatres et des psychologues intéressés par d'autres approches théoriques, autorisant notamment une prise en charge différente des violences sexuelles et de leur prévention.

Ainsi, les pionniers de la sexologie en France[7] ont permis l'ouverture à d'autres théories du développement de la sexualité, pour comprendre et prévenir les violences sexuelles malgré la difficulté de cette mission. Mais l'on sait combien, en sciences humaines et sociales, il importe de reconnaître l'incertitude liée à l'étude de la personne et la finitude des moyens à notre disposition, sans pour cela être paralysé par l'ampleur de la tâche (Russel, 1945).

THÉORIE DE L'ATTACHEMENT ET DÉVELOPPEMENT DE LA SEXUALITÉ

À partir de ces apports théoriques et l'observation de jeunes présentant un développement sexuel très perturbé, marqués dans leur enfance et adolescence par des carences affectives, j'ai pu m'interroger sur la notion d'attachement et son lien avec le développement de la sexualité. Freud reconnaît à l'enfant la nécessité d'être entouré de ses parents pour grandir.

---

7. Je reviendrai sur ces précurseurs dans la troisième partie, « L'apport de la sexologie ».

Étape fondamentale qui a pu toutefois être modulée par les changements sociétaux et par les connaissances acquises au fil du XXe siècle sur le développement dans l'enfance, façon de ne pas rejeter ni condamner les enfants « sans » parents. La théorie de l'attachement, développée en 1944 par John Bowlby, psychanalyste, puis par Marie Ainsworth, pose que l'enfant dès sa naissance a besoin d'établir un lien stable, fiable, prévisible et sécurisant avec un adulte. Accessible et à l'écoute de ses besoins et ses inquiétudes, le parent doit se faire apaisant. Il constitue une « figure d'attachement », entre réassurance et sécurité ; protecteur, il apprend à l'enfant, dans toute sa curiosité naissante, à explorer le monde environnant, donnant de l'affection et posant des limites. Ainsi, l'enfant est dépendant de l'apport de ces figures d'attachement, enveloppement rassurant et sécure, par exemple lorsque, avec sensibilité, les mères traitent leur enfant en accord avec ses besoins (Ainsworth *et al.*, 1978). Les études longitudinales américaines et allemandes ont révélé la capacité prédictive de l'attachement dit sécure dans les relations avec les pairs, dans une forme d'aisance sociale, dans une capacité à la résilience et à l'empathie (Sroufe *et al.*, 1990 ; Grossmann et Grossmann, 1991). « Être aimé et se sentir digne d'être aimé pour s'aimer » (Cyrulnik, 2002) et en conséquence, apprendre à aimer.

À l'inverse, un attachement insécure a des répercussions néfastes sur les capacités d'autorégulation émotionnelle de l'enfant. Il peut développer des troubles de la personnalité et de l'apprentissage, qui l'empêcheront dans le développement de son autonomie, dans ses relations aux autres, dans son insertion sociale et donc dans ses capacités à être heureux. Il risque de ne pas supporter la moindre séparation, de nouer des relations superficielles avec les autres par peur de les perdre, de ne pas supporter les moments de joies ou de tendresse qui lui seraient données, d'avoir des réactions agressives lorsqu'on lui pose des limites.

Le lien entre théorie de l'attachement et développement de la sexualité

On peut considérer la sexualité comme le témoignage de la capacité à créer un lien à l'autre qui engage la personne dans sa globalité, sa tête qui pense, son cœur qui exprime des émotions et son corps capable, à partir de l'adolescence, de ressentir du plaisir sexuel. Créer ce lien dépend de l'assurance, de la confiance en soi, de l'estime de soi pour se penser apte à aller vers l'autre, de se donner à l'autre, de recevoir de l'autre librement. Ce peut être avec plus ou moins d'amour : disons que cela doit être avec la conviction d'une rencontre entre deux êtres humains qui se désirent et méritent le respect dans leurs différences ; que cette relation soit envisagée ou pas dans un engagement plus ou moins profond et/ou durable. L'attachement sécure de l'enfance, qui fonde l'idée d'être une personne, est fondateur de cette capacité qui s'acquiert en cours d'adolescence. Pour apprendre à « s'attacher sexuellement » (Cyrulnik, 2002), il faut être persuadé de pouvoir soi-même nouer des liens avec les autres, conviction acquise par l'attachement.

La particularité de la sexualité est qu'elle implique la personne dans son entièreté même si elle ne peut pas toujours se vivre à deux, comme c'est souvent le cas à l'adolescence par manque d'autonomie, ou à l'âge adulte pour des raisons de rupture amoureuse. Même sans partage avec l'autre, envisager cette capacité sexuelle, construite peu à peu et facilitée par un attachement sécure durant l'enfance, permet d'avancer dans l'idée du respect de soi et de l'autre. Si l'on reprend l'exemple du petit garçon qui demande à sa mère si le Père Noël va lui apporter un « zizi », l'attachement sécure comporte aussi le dialogue que l'adulte est capable d'instaurer pour éduquer un enfant y compris sur la dimension incontournable de la sexualité qui se construit déjà sans être la sexualité. La mère peut le faire sortir de la salle de bain en colère ou gênée parce qu'il est entré sans frapper. Pourtant, il a seulement 4 ans et il n'est pas encore en mesure d'apprendre les codes de bonne conduite qu'il faudra lui transmettre progressivement. Aussi sa mère risque plus tard d'être en difficulté de dialogue à l'occasion d'autres questions en lien avec la sexualité que soulèvera au fil du temps cet enfant, puis cet adolescent. Toutefois, il sentira vite qu'il n'est pas autorisé à aborder les aspects du corps sous peine de déclencher malaise ou irritation des adultes. Il risque de ne plus parler de ces questions même si son attachement est sécure. C'est pourquoi les adultes qui ont la responsabilité de favoriser l'attachement sécure des enfants doivent aussi avoir à l'esprit la construction de la sexualité en devenir de cet enfant. La petite jeune fille de 12 ans osera parler, à son père ou sa mère ou à une autre figure d'attachement, de celui qu'elle a vu s'exhiber ou se masturber, si l'ouverture au dialogue est possible. Elle pourra exprimer ce qui l'étonne, la rend heureuse, la dérange ou la dégoûte dans la vie et dans ce qui a trait à la sexualité, quand on sait, en même temps, qu'un enfant ne se représente pas forcément certains comportements comme sexuels, à la différence des adultes que nous sommes devenus.

Affirmer la force de l'attachement permet de croire qu'une effraction dans le développement de la sexualité n'aura pas inéluctablement de conséquences dévastatrices et que le dévoilement des violences sexuelles, notamment extrafamiliales, sera facilité. D'autant plus qu'au fil du temps, les travaux se sont multipliés pour affirmer que l'attachement est un concept carrefour qui concerne aussi l'adolescence (Botbol *et al.*, 2000).

Le lien entre attachement insécure et troubles du développement de la sexualité

Les jeunes mal, peu ou pas aimés pendant l'enfance et/ou l'adolescence peuvent éprouver des difficultés à aimer, à se trouver digne d'être aimé en raison d'une insécurité affective qui les empêche de s'aimer eux-mêmes. Mon travail de médecin dans une institution publique, en charge de mineurs en grandes difficultés, consécutives à des maltraitances sexuelles et/ou non sexuelles, appuie cette assertion de façon manifeste. Ainsi de nombreux jeunes partent rapidement à « la pêche à l'amour », pour combler les carences affectives passées et présentes, avec un risque non négligeable de violences sexuelles. D'une part, parce que leur développement sexuel est en cours et donc inachevé, ces jeunes ne sont pas en mesure d'affronter différents aspects de la relation à l'autre : se mettre à la place de l'autre dans les relations interpersonnelles et avancer dans son jugement moral sont des acquisitions progressives de l'adolescence. D'autre part, en raison de leur vulnérabilité consécutive à un attachement insécure, ils s'exposent à des troubles de conduites psychologiques et sexuelles (Bowlby, 1988 ; Greenberg et Speltz, 1988 ; Lyons-Ruth et Alpern, 1993 ; Reiss *et al.*, 1995 ; Sroufe, 1997 ; Greenberg, 1999). Si l'éclatement des familles peut nuire à l'attachement, plus que la séparation, c'est la manière dont elle se réalise qu'il faut considérer. Il est aussi des couples qui « durent » mais se déchirent dans la violence, avec l'alcool comme facteur aggravant (voir Bertrand, cas clinique 13) ; des couples qui durent mais manifestent à l'enfant un désintérêt affectif, par ignorance, idéologie libertaire ou souffrances personnelles (voir Étienne, cas clinique 17).

Entre 2002 et 2009, parmi 436 mineurs que j'ai pris en charge, j'ai constaté que 216 étaient victimes de violences sexuelles, qui présentaient pour 70 % d'entre eux des troubles du développement sexuel. La majorité des cas présentait des signes d'attachement insécures, antérieures même aux violences sexuelles. Les 59 mineurs auteurs présentaient tous de tels signes. Enfin, 161 mineurs pris en charge pour troubles du développement sexuel sans être ni victimes ni auteurs étaient tous dans ce cas. Et les études confortent mon expérience (Awad, Saunders et Levene, 1984 ; Friedrich et Luecke, 1988 ; Gray *et al.*, 1997 ; Vizard, Monck et Misch, 1997 ; Hall, Mathews et Pearce, 1998, 2002 ; Gagnon, Tremblay et Bégin, 2005).

L'attachement insécure, étiologie la plus fréquente dans mon travail, renforce la complexité des situations de violences sexuelles et il apparaît alors indispensable de l'évoquer sans répit, notamment parce qu'une fois confiés à des établissements éducatifs, les jeunes, victimes ou auteurs, constituent un groupe plus touché par des troubles du développement sexuel, notamment en raison de la convergence de facteurs de risque multiples (Ryan, 1991, 1998 ; Thompson, Authier et Ruma, 1994 ; Pithers et Gray, 1998).

Sécurisation de l'attachement pour les mineurs présentant des troubles du développement sexuel

On sait les conséquences sociales, affectives et psychologiques des violences sexuelles et des maltraitances en général, sans oublier les ruptures dues aux placements à l'ASE[8]. L'attachement est mis à mal : c'est pourquoi il revient aux professionnels en charge de la protection de l'enfance de sécuriser au mieux les mineurs afin de tenter de pallier les malheurs subis, notamment en considérant à chaque fois la place des parents et en usant, contre toute injonction institutionnelle, d'empathie. Évidemment, face à des réactions émotionnelles excessives sous des formes de rejet violent, marques de peurs et de carences de toute manifestation d'affection et de tendresse, la prudence est de mise dans l'attention portée à ces jeunes en grande souffrance. Toutefois, pour motiver un jeune à venir en consultation, une attitude chaleureuse de ma part est bien la moindre de choses.

J'ai commencé, à partir des années 2000, à beaucoup parler de la théorie de l'attachement au sein de mon travail et mes lectures ont été essentielles dans cette démarche (Berger, 1997a, 2003 ; Groupe de recherche Quart Monde Université 1999 ; Eliacheff, 2001 ; Cyrulnik, 2002 ; Groupe de recherche action-formation Quart Monde Partenaire, 2002 ; Gabel *et al.*, 2005). Et je me suis vite rendu compte que cette notion semblait méconnue de nombreux professionnels de l'enfance. Aujourd'hui, je mesure mieux l'étonnement quand, dans mes exposés, je faisais le lien entre attachement et développement de la sexualité puisqu'il s'agissait de deux notions qui restaient mystérieuses, voire incomprises.

> « À la différence d'autres pays, en France la théorie de l'attachement est encore insuffisamment prise en compte dans notre manière de penser les besoins d'un enfant. Il ne faut pas cacher que cette théorie est très dérangeante. Elle souligne qu'un enfant n'est pas résilient en soi mais ne le devient que s'il a pu bénéficier d'une figure d'attachement de bonne qualité pendant au moins les neuf premiers mois de sa vie ; qu'à cet âge précoce, la qualité de l'adulte qui s'occupe de lui compte plus que le fait que ce soit son parent biologique ; qu'il est prioritaire qu'un enfant petit bénéficie de la

---

8. Voir partie 1, chapitre 3, « Les causes psychologiques, sexuelles, sociales et politiques ».

présence d'un adulte sécurisant, à tel point que les services sociaux anglais doivent comme premier objectif "s'assurer que les enfants se sont attachés à un adulte capable de leur offrir des soins efficaces et la sécurité tout au long de leur enfance". De plus, des travaux précis soulignent que lorsqu'un enfant a noué une relation sécure avec une famille d'accueil, la rupture de ces liens entraîne des dégâts psychiques considérables, l'enfant n'ayant plus aucune confiance dans les liens ultérieurs qu'on pourra lui proposer. Nous avons pris ainsi un tel retard que la prise en compte de la théorie de l'attachement paraît révolutionnaire alors qu'elle ne représenterait qu'une mise à niveau. » (Berger, 2005, p. 1).

Les professionnels de la Marne avaient le droit d'être en retard, bien que dès 1979, l'ouvrage de René Zazzo, *L'Attachement*, réunissant John Bowlby, Serge Lebovici, Harry Harlow, René Spitz, Daniel Widlöcher, entre autres, montrait que cette notion faisait déjà débat. Les services de l'ASE doivent, comme le conseille Maurice Berger, s'inspirer des services sociaux anglo-saxons, qui préconisent de trouver des familles d'accueil très sécurisantes pour accueillir les enfants en situation d'attachement insécure (Berger, 2005). Force est de constater que dans nos services sociaux, les professionnels de terrain en sont pour la plupart convaincus mais qu'il n'en est pas toujours de même des responsables en charge de ces services, moins directement concernés.

> ### Cas clinique 43
> **Line** a 15 ans et demi. Elle vit en famille d'accueil depuis ses 6 ans, placée après des révélations d'inceste. Tombée amoureuse du fils de l'assistante familiale, elle est enceinte. Ces deux jeunes choisissent de faire une IVG après une profonde et difficile réflexion. Celle-ci a lieu à 13 semaines d'aménorrhée (le délai maximal en France pour l'IVG est de 14 semaines). Le jour même, l'éducatrice référente de Line m'appelle, très inquiète : ses responsables de l'ASE veulent, dans la semaine, changer Line de lieu d'accueil du fait de cette grossesse survenue avec le fils de l'assistante familiale de 17 ans. Il me faudra parler à ses responsables du risque de « faire exploser » cette jeune fille si on la déplace aussi vite. À noter que l'on m'avait adressé Line pour que j'intervienne sur la question de l'IVG ; mon travail a évidemment consisté à accompagner ces deux jeunes dans leur réflexion sur cette grossesse, leur couple, leur vie affective et sexuelle et non à leur donner le conseil de « faire » une IVG. Line ira étudier dans une autre ville à la rentrée suivante ; par la suite, les deux jeunes gens feront le choix de se séparer.

En milieu professionnel, il existe une confusion entre affects et sexualité, ce qui peut expliquer, entre autres causes, toute réticence affective. Line n'a pas reçu d'éducation à la sexualité ni au collège ni à l'ASE. En

France, les éducateurs et les professionnels en charge de jeunes ne se sentent pas légitimes pour accompagner le développement de la sexualité et quelques affaires scandaleuses de violences sexuelles commises par des professionnels renforcent les peurs. Or la théorie de l'attachement vient, de mon point de vue, autoriser cet accompagnement par les parents et les adultes en charge de veiller à un enfant. En effet, elle permet de se distancier de l'idée d'une « sexualisation »[9] des interactions précoces avec les enfants, pensée consensuelle mais à revisiter. L'attachement n'est pas sexuel. En milieu professionnel, cette approche ouvre la porte sur un élément essentiel à travailler dans les formations : la responsabilité à donner un attachement sécure aux enfants et adolescents carencés, protégés de l'idée de transfert ou contre-transfert à connotation sexuelle. Se conçoit alors la légitimité, pour ces professionnels en charge de la protection de l'enfance, d'accompagner le développement de la sexualité au travers de l'éducation, à condition pour certains d'être formés à cette mission et pour les autres d'y être sensibilisés[10]. Il en est de même pour les parents. La théorie de l'attachement n'entretient pas de confusion entre tendresse et sexualité, loin de la peur de l'inceste. Ce regard désexualisé est d'autant plus intéressant qu'il permet à l'adulte d'apparaître comme mature, sexuellement parlant, et donc capable d'aimer un autre adulte avec la responsabilité qui s'impose. Il s'agit, entre responsabilité et autonomie, que l'adulte signifie à l'enfant qu'il n'a pas à prendre en charge ses parents, sur aucun plan que ce soit. C'est pourquoi la sécurisation de l'attachement comporte certainement la nécessité, pour un enfant ou un adolescent, de sentir que les adultes, comme ses parents notamment, sont heureux dans leur vie affective et sexuelle. Dans mes consultations, des adultes venus pour des difficultés sexuelles et de couple, se plaignent bien souvent au début de leur thérapie des comportements insupportables de leurs enfants et les pensent à l'origine de leurs difficultés. Lorsque leurs empêchements sexuels s'estompent avec une vie de couple plus harmonieuse, nombreux sont ces parents à faire le constat que leurs enfants se calment. Évidemment, jamais les adultes ne devront mettre en récit leur vie sexuelle mais savoir peu à peu signifier à leurs enfants, avec les mots et attitudes qui conviennent

---

9. « Il y a du sexuel dans toute relation interhumaine mais ce sexuel doit être dominé chez l'adulte sans que son existence soit pour autant niée : par exemple, la tendresse est liée au sexuel dans la mesure où elle en est une forme sublimée, remaniée par la psyché confrontée à la loi fondatrice de l'interdit de l'inceste. Non seulement cette tendresse ne mérite aucune sanction, mais elle est nécessaire, indispensable au développement psychoaffectif de l'enfant. » (Duverger, 2008).
10. Voir partie 3.

à leur maturation psychique, que les adultes ont une vie d'adulte pour aimer et se témoigner une capacité sexuelle. Intimité et confiance sont nécessaires à la construction de soi. Lorsque l'adulte ne vit pas en couple, il est important de rassurer l'enfant sur ses choix personnels ou sur les événements subis (rupture ou deuil). Les parents doivent avoir reçu de l'éducation à la sexualité pour témoigner cette maturité sexuelle.

Il existe en France des entraves pour appréhender les théories du développement de la sexualité et la notion d'attachement. Elles sont responsables, parmi la population et les professionnels, de la difficulté du dialogue sur la sexualité et de son développement. Et les enfants en sont les premières victimes. Pourtant, la théorie de l'attachement est compatible avec les théories cognitives et sociales, pour lesquelles le développement de la sexualité ne dépend pas seulement des parents biologiques, mais de tout un monde environnant, dont les adultes (parents ou non) en charge de faire grandir l'enfant. Ensemble, ces théories permettent l'idée même d'un accompagnement par les parents, encore une fois sans peur de l'inceste, quand, d'ailleurs, la plupart savent spontanément ne pas sexualiser les interactions précoces avec leur enfant. Cela concerne aussi les professionnels. Le regard intellectuel, en sexualisant les relations affectives, fait que les parents, tout comme les professionnels en charge des enfants, ne sont pas reconnus comme personne ressources pour accompagner ce développement.

PARTIE 3

L'APPORT DE LA SEXOLOGIE

ACCOMPAGNER le développement de la sexualité : je n'ai certes pas intégré le conseil général de la Marne pour répondre à cette mission mais, face aux nécessités, il m'a fallu me former. Et par la suite, s'affirmer comme sexologue dans une institution publique ne s'est pas toujours fait aisément. N'y avait-il pas menace et danger, en parlant de sexualité dans la sphère publique, d'y mêler des questions privées ? N'y avait-il pas risque et gageure à orienter le regard politique sur ce phénomène de violence quand on sait les possibles dérives dites sécuritaires ? N'y avait-il pas appréhension et crainte d'émousser, par l'accompagnement éducatif du développement de la sexualité, la magie de l'inconnu ou de l'intimité ? N'était-ce pas prétentieux de vouloir travailler sans moyens à cet objectif mais, malgré tout, dans une approche scientifique ?

Cette mission, accompagner le développement de la sexualité, va s'imposer au fil du temps parce que les professionnels sont démunis. Tous ont le souci du mieux-être des jeunes dont ils s'occupent, même si parfois leurs actions semblent vaines et illusoires, tant la violence subie est intense, générale et profonde ; violences sexuelles subies ou autre maltraitance avec troubles de l'attachement extrêmes qui peuvent amener des adolescents à finir dans la rue ; violences sexuelles en ricochet dans lesquelles s'enferrent de jeunes auteurs avec la seule ligne de mire carcérale. Face à ces grandes souffrances, les professionnels, sans formation préalable dans le domaine de la sexualité, ont besoin d'être accompagnés et de penser que de nouvelles dérives peuvent être évitées. Je les comprends d'autant mieux que j'ai été moi-même, pendant un temps, spectatrice impuissante sur le terrain. C'est pourquoi ils vont s'intéresser, rapidement pour certains, à cet accompagnement du développement de la sexualité que je présente comme profondément lié à notre humanité. Les premières années, je parle d'accompagnement en sexologie, ce qui suscite peu de crainte puisque personne n'en connaît vraiment ni le sens ni le contenu. Présentée sous ses aspects scientifiques, l'approche rassure tout le monde, y compris la direction du conseil général. Les professionnels en charge des jeunes les plus en difficulté vont très vite s'apercevoir, ce qui va les aider dans leur pratique, que l'accompagnement que je préconise repose sur le sujet dans sa complexité, c'est-à-dire sur la personne dans sa personnalité sexuelle. Il n'y a pas de sexualité sans l'idée de se trouver digne d'être aimé et de s'aimer et ainsi d'apprendre à aimer. Ce qui signifie se penser en tant que personne, et en être convaincu.

Dans de tels contextes, l'élaboration d'une méthode thérapeutique singulière s'est avérée incontournable et précieuse. Toutefois, un travail sur la sexualité dans une institution publique n'aurait jamais été possible sans le soutien des professionnels eux-mêmes, convaincus de cette démarche. Les premières années, les jeunes ont été suivis grâce à leur engagement et à leur disponibilité. Face à des adolescents en rupture, qui ne seraient jamais venus d'eux-mêmes me voir, les éducateurs ont été des relais, voire des piliers de ce travail. Dans la même période, pour rassurer et encourager ceux qui étaient moins engagés ou plus sceptiques, j'ai rendu compte sans relâche de cas cliniques qui remontaient du terrain. Et peu à peu, l'information s'est diffusée, les prises en charge sexologiques apaisaient les jeunes, sur le plan global et sexuel. Mais soyons clair, il n'y a là ni effet miraculeux ni charisme particulier, tout est le fruit d'un travail pesé et rigoureux autour de la compréhension du développement de la sexualité, loin des peurs, des idées reçues, des idéologies ou des conservatismes. La direction du conseil général et les professionnels se sont alors sentis motivés par cette démarche qui pouvait les aider, non pas à guérir de toutes les souffrances, mais peut-être à amener une respiration dans des vies à un moment brisées.

L'apport de la sexologie pour accompagner ce développement s'est articulé autour de deux axes : prendre en charge des jeunes en thérapie et former des personnels en éducation à la sexualité.

> « Une attention nouvelle se porte aujourd'hui en direction des adolescents, futurs parents, mais aussi agresseurs potentiels, en examinant avec eux leurs positions à l'égard des rôles sexuels, de la différenciation filles-garçons, de l'expression de leurs sentiments, de leur consommation d'alcool, de drogues... tout en mettant plus systématiquement en place un accompagnement thérapeutique pour l'adolescent lui-même victime ou auteur. » (Gabel, 2002, p. 9-10)

De tels écrits, au-delà de mes doutes et mes difficultés, vont valider ce qui est en train de devenir un dispositif institutionnel... sans l'être encore officiellement. Même si je n'ai jamais été empêchée dans ma démarche sur le développement de la sexualité, ma directrice, qui a validé mon travail, n'a pas consulté le directeur des services du conseil général. Quelles étaient donc la légitimité et la visibilité de ce travail ? Les conseils généraux sont loin des universités et n'ont pas vocation de recherche ; d'innovation, oui, mais comment innover sans chercher ? Je risquais un isolement intellectuel qui pouvait m'être préjudiciable. Heureusement, le professeur Pierre Plante, urologue directeur du diplôme interuniversitaire de sexologie de Toulouse Paul Sabatier, Maryvonne Desbarats, chargée de l'enseignement sur la violence sexuelle pour ce même diplôme de Toulouse et le docteur Mireille Bonierbale, psychiatre sexologue directrice de l'enseignement à Marseille et vice-présidente de l'Association inter-hospitalo-universitaire de sexologie sont les premiers à m'accorder leur confiance dès 2005 et Claudine Moïse, lors du CIFAS en 2007. Ainsi, soutenue et encouragée, je pourrai soutenir plus aisément l'idée de « l'aventure du travail sur les violences sexuelles » auprès des professionnels prêts à se former en éducation à la sexualité ; je pourrai aussi les sensibiliser plus sereinement à être attentifs au développement harmonieux de la sexualité et à dépister d'éventuels troubles. Le dispositif cellule départementale d'accompagnement du développement de la sexualité (CDADS) que je projette de créer n'est alors plus une utopie. En 2008, il est inscrit au schéma départemental de l'enfance voté par l'assemblée départementale du conseil général de la Marne.

Chapitre 7

La prise en charge sexologique

LA PRISE EN CHARGE SEXOLOGIQUE a été élaborée pour un conseil général, celui de la Marne, mais également pour d'autres partenaires, parmi lesquels la PJJ. Cette institution a joué un rôle central dans la conception de ce travail, très intéressée qu'elle était par la démarche thérapeutique à l'égard des mineurs auteurs d'infractions à caractère sexuel. Très réactive, elle a ainsi donné un élan décisif à mon travail en 2005.

LES FONDEMENTS THÉORIQUES : LA SANTÉ SEXUELLE ET L'ÉDUCATION À LA SEXUALITÉ

La santé sexuelle

En France, dès le milieu des années 70, s'inspirant des travaux anglo-saxons et parallèlement à la psychanalyse, des « pionniers » – Georges Abraham, Mireille Bonierbale (Bonierbale, 2007), Marc Ganem, Robert et Claire Gellman, Willy Pasini et Gérard Valles –, créent une nouvelle dynamique de recherche sur la sexualité. Ils donnent à la sexologie toute sa validité et sa légitimité scientifiques et impulsent le concept de santé sexuelle, défini par l'OMS en 1972 et 1974.

Le concept de santé sexuelle (Abraham et Pasini, 1974), précurseur et novateur pour l'époque, se définit comme :

- la capacité de jouir et de contrôler le comportement sexuel et reproductif en accord avec l'éthique personnelle et sociale ;
- la délivrance de la peur, de la honte, la culpabilité, les fausses croyances et les autres facteurs psychologiques pouvant inhiber la réponse sexuelle et interférer sur les relations sexuelles ;
- l'absence de troubles, de dysfonctions organiques, de maladies ou d'insuffisance interférant avec la fonction sexuelle et reproductive.

À partir de là et dans les années 2000, cette notion va se préciser et s'affiner :

> « La santé sexuelle est, en matière de sexualité, un état de bien-être physique, émotionnel, mental et social. Elle ne trouve plus à se définir uniquement par l'absence de maladie, de dysfonction ou d'infirmité. La santé sexuelle repose sur une approche de la sexualité et des relations sexuelles qui soit positive et respectueuse, constituée de plaisir, d'expériences sexuelles saines de toutes contraintes, discriminations et violences. Afin d'atteindre et de maintenir la santé sexuelle, les droits sexuels de toutes les personnes doivent être respectés et protégés et assurés. » (Coglitore et Giami, 2004)

J'ai raconté comment, pour ma part, j'ai fortuitement découvert ce concept dans un bulletin de l'OMS lu à Mayotte en 1993, alors que j'avais suivi, dans les années 80, des cours à la faculté de médecine, avec notamment un module optionnel sur la sexualité. Cette notion, inconnue au début des années 2000 des professionnels que je côtoie dans mon travail, me paraît justifier à elle seule les recherches sur les violences sexuelles des mineurs et leur prise en charge dans une institution publique. En effet, elle autorise, dans une démarche complexe, une approche intégrative de la sexualité humaine dans ses aspects biologiques, psychologiques, affectifs, sociaux et moraux. Elle conduit aux théories cognitives et sociales[1] du développement de la sexualité et à sa dimension éducative.

---

1. Voir partie 2, chapitre 3.

L'éducation à la sexualité

Depuis les années 50, de nombreux auteurs en France ont courageusement participé à la reconnaissance de l'éducation à la sexualité pour les jeunes. Philippe Brenot, psychiatre sexologue et directeur de l'enseignement universitaire de sexologie de Paris V, définit l'éducation à la sexualité dans sa complétude et comme l'accompagnement de l'enfant, de l'adolescent ou de l'adulte jeune, vers l'épanouissement personnel, tant physique, affectif que psychologique (Brenot, [1996] 2007). Si les programmes d'éducation à la sexualité du Québec, ou d'autres pays comme la Belgique ou la Suède, ont été les premiers à considérer cette approche intégrative de la sexualité dans une perspective psychosociale, la France a pris du retard en la matière. Je veux souligner ici le mérite de certains professeurs d'université comme Francis Pontonnier ou Pierre Plante qui, en tant qu'urologues, ont eu le mérite de s'intéresser aux apports québécois. Ils ont ainsi créé un enseignement de sexologie à l'université Paul Sabatier à Toulouse, centré sur l'éducation à la sexualité avec Réjean Tremblay, Québécois d'origine et directeur d'enseignement du diplôme interuniversitaire, enseignement que j'ai suivi en 1999. Il va m'ouvrir de nouvelles perspectives face aux constats que je fais sur le terrain ; je me sens alors encouragée à associer réflexions théoriques et expériences pratiques pour tenter de trouver des solutions aux violences sexuelles des mineurs.

L'éducation à la sexualité est un élément fondamental de la prise en charge sexologique conçue dans un cadre institutionnel. En effet, l'éducation consiste à écouter, soutenir, informer, témoigner, orienter : il s'agit de principes généraux essentiels à mettre en œuvre pour tout adolescent dans l'accompagnement du développement de sa sexualité. Mais face à des jeunes qui manifestent des troubles dans leur développement sexuel, il est particulièrement fondamental, dans la démarche de soins, de prendre en compte cet aspect éducatif, fondé sur l'écoute et la parole.

Une majorité de jeunes qui présentent des troubles du développement sexuel de type actes allo-agressifs sexuels font usage d'un langage violent sous forme d'adresses injurieuses, connotées sexuellement. Les prises de parole sont, dans la relation à l'autre, et bien au-delà des informations à transmettre, les signes des places à signifier, des rôles à jouer, des émotions, désirs et besoins à exprimer. Les violences verbales peuvent être symptômes de souffrance, filtres des carences affectives et/ou des violences sexuelles subies. Parce qu'elles sont chargées d'émotion et d'agressivité[2], elles déstabilisent les professionnels qui se sentent atteints dans leur identité en tant qu'individus et non plus dans leur statut en tant que professionnels. Touchant les personnes, les violences verbales entravent alors toute relation possible autour de l'objet du mal-être, de ses causes, de ses manifestations et de ses effets. Impuissance et découragement sont souvent de mise. Il m'est alors apparu clairement qu'il fallait partir de la parole de ces jeunes, paroles violentes mais paroles d'émotion et de souffrance, qui pouvaient être déplacées et transformées par l'échange et l'écoute. D'autant que les éducateurs m'expliquent, ce qui me sera confirmé plus tard par des magistrats, que « certains jeunes ne veulent plus aller en thérapie car on ne leur parle pas ». En effet, la plupart des thérapeutes attendent que les jeunes s'expriment d'eux-mêmes pour ouvrir un possible dialogue. C'était d'ailleurs le cas d'Élodie (cas clinique 2), de Vanessa (cas clinique 4), de Cédric (cas clinique 7), de Marine (cas clinique 28), de Bertrand (cas clinique 13), etc. Pourquoi, lors d'une prise en charge conçue dans un but thérapeutique, ne pas amorcer les prises de parole avec ces jeunes ? Pourquoi ne pas aborder ce qui les intéresse et les concerne en tant qu'enfant ou adolescent, ce qui leur permet de se considérer comme une personne ? Ainsi, dans ces situations de souffrance, l'éducation à la sexualité fait partie intégrante de la démarche thérapeutique inscrite dans le langage et dans le développement de la sexualité.

Ma démarche, tout d'abord expérimentale, va rapidement révéler des effets étonnants.

> **Bertrand** (cas clinique 13) a commis trois agressions sexuelles. Une plainte pour viol vient d'être déposée à son encontre. Comment lui parler, alors qu'il fait preuve d'une grande violence verbale à travers propos injurieux et obscènes ? « Il clame, me dit son éducatrice, son innocence dans cette affaire avec une agressivité telle qu'on ne peut l'entendre. » Je salue au passage son travail, elle qui, courageusement, alors qu'elle « n'en peut plus de la violence de ce jeune » lui dit, suite à mes conseils pour l'amener en consultation : « Je pense qu'il est nécessaire pour toi d'aller voir un médecin qui va te parler de tes préoccupations de ta vie de jeune homme. » Mes recommandations sont simples, ne pas trop en dire pour laisser libre cours, par la suite, à la parole. Le spectre de l'incarcération qui se profile à ce moment de son histoire favorise de toute manière sa venue.

---

2. L'agressivité est une transgression du territoire de l'autre, à la fois d'un point de vue physique (rapprochement, toucher) mais aussi d'un point de vue symbolique. Étymologiquement (du radical latin « *aggressor* »), le terme signifie « attaquer », mais aussi « marcher vers », comme si l'agressivité était une forme de rapprochement vers l'autre dans une demande d'attention indirecte.

> Lorsque je le reçois la première fois, l'entretien ne se présente pas très bien : « Je n'en ai rien à foutre de venir ici ; toutes les filles ne sont que des salopes... » Évidemment, on pourrait argumenter que la consultation n'est pas tenable, mais je sais qu'il me faut rebondir sur de telles paroles, en m'appuyant sur des éléments d'éducation à la sexualité, pour amorcer le travail de thérapie : « Tu sembles être très déçu par les filles ; ce n'est pas simple pour beaucoup de garçons de s'entendre avec elles. Comme cela n'est pas simple pour les hommes vis-à-vis des femmes. Mais il y a plein de choses à apprendre à ce sujet. » Il me répond : « Tout ça c'est de la connerie, je m'en fous ». Je renchéris : « Je connais ton histoire, je sais ce qui se passe actuellement ; à mon avis, si j'ai bien compris, tu as besoin de réfléchir pour savoir comment on apprend à faire l'amour. Là, tu es un jeune comme bien des jeunes : c'est pour cela que l'on va se voir assez régulièrement pour travailler sur ça. » Et j'ajoute : « Tu la connaissais, cette fille de 18 ans, tu étais amoureux d'elle ? » Je vois qu'il est étonné par cette question, peut-être pris au dépourvu, d'ailleurs. Il répond : « Ben oui. » Je réponds : « Tu peux avoir des sentiments sous ton air d'agressivité ; donc raison de plus pour apprendre sur tout ça. » Je lui dessine le bonhomme au tableau doté de son corps, de sa tête et de son cœur et j'explique ce que signifie chaque « partie » définissant ainsi la personne. Et je conclus : « Nous allons réfléchir à la vie de cette personne ainsi faite, qui vit avec les autres et n'a pas le choix puisqu'on vit dans un monde et pas sur une île déserte. Les autres sont des personnes, comme toi, tu es une personne, comme moi-même, d'ailleurs, j'en suis une. » Et je dis à ce jeune que nous nous reverrons dans une semaine pour continuer. Montre en main, la consultation n'a pas duré plus de six minutes ; c'est largement assez pour un jeune comme Bertrand. Et c'est assez pour me faire une idée de sa violence... et me dire que ce sera compliqué... Une semaine plus tard, il a bien voulu venir. Je lui demande ce qu'il a retenu de la première consultation ; sans dire un mot, il prend un feutre sur le bureau et dessine le bonhomme. Je sais à présent qu'il est possible de travailler avec lui. Et il faudra absolument avancer pour éviter qu'il ne devienne « un monstre ».

Sans l'idée que la sexualité est une dimension humaine qui doit s'apprendre, se travailler, donc s'éduquer, un tel dialogue n'est pas envisageable. Dès lors que l'on veut effectuer un travail sérieux en éducation sexuelle, on mobilise différents niveaux d'analyse, entre déterminismes et contrôles sociaux, difficultés psychologiques et part d'inconscient. Le développement de la personne, entre empêchement et encouragement, s'actualise à travers les interactions de soi à soi (dialogue intériorisé), de soi à l'autre (dialogue relationnel), de soi au monde social (dialogue formel). Dans les contextes de violences comme celles que manifeste Bertrand, tenter d'ouvrir ce dialogue trimodal sur cette sexualité à bâtir est-il concevable ? Oui, si l'on pense que tout jeune doit se construire dans tous les domaines de la vie et dans celui-là même, oui si l'on s'appuie, entre autres, sur une démarche éducative qui, à elle seule, permet de penser que ce n'est pas « infaisable ». Un jeune comme Bertrand n'a rien appris de ce que peut être la sexualité humaine : il a été scolarisé jusqu'à ses 13 ans et sa famille ne lui a pas apporté d'éléments de réflexion, si ce n'est de la violence. Il faut donc tenter, toujours avec l'idée d'un échec possible... qui motive pour ne jamais lâcher. Concevoir l'éducation à la sexualité comme indispensable pour les jeunes évite de désespérer et, de ce fait, favorise la prise en charge thérapeutique des situations de grande violence.

À la base de l'éducation à la sexualité conceptualisée au conseil général de la Marne, j'ai repris les objectifs primaires d'une démarche éducative sur la sexualité telle que je l'ai acquise dès ma première formation en 1997. Élaborée dans les années 70 par Maj-Briht Bergström, Sol Gordon, Jean-Marc Samson, Louise Gaudreau, Réjean Tremblay (Bergström, 1970 ; Gordon, 1971 ; Samson 1974, 1982 ; Gaudreau, 1986 ; Tremblay, 1993, 1998 pour citer les principaux travaux) qui ont eu le mérite d'intégrer les travaux essentiels de Robert Merton, Wesley Becker et Lawrence Kohlberg à leur réflexion (Merton, 1930 ; Becker 1964 ; Kohlberg, 1971), l'éducation à la sexualité a les objectifs suivants :

- Encourager le processus de réflexion sur la sexualité d'un adolescent en tenant compte de son niveau de développement du jugement moral.
- Motiver au dialogue sur la sexualité par une attitude chaleureuse et ouverte de la part du professionnel en mesure d'aborder la sexualité dans sa globalité, afin de l'encourager à réfléchir et adapter ses conduites sexuelles. Cette démarche présuppose une attitude chaleureuse et ouverte d'un professionnel capable d'aborder la sexualité dans sa globalité.
- Lutter contre l'anomie en matière de sexualité pour que ce jeune intègre les moyens à sa disposition pour apprendre à vivre la sexualité et pour être en capacité de faire des choix dans la responsabilité, le respect de l'autre et de soi, l'autonomie et le plaisir.

Ces objectifs primaires sont fondamentaux pour viser ceux dits secondaires : acquisitions d'attitudes positives face à la sexualité, respect de l'autre, réciprocité (l'expérience sexuelle est celle de deux personnes qui s'y engagent) et rééquilibrage des rôles sexuels (égalité homme-femmes, filles-garçons permettant de discuter des difficultés, problèmes et conflits de la vie sexuelle). Philippe Brenot ([1996] 2007) a ainsi résumé les objectifs de l'éducation à la sexualité :

- Permettre une bonne connaissance et compréhension de la sexualité.

- Permettre l'accès à une autonomie des conduites personnelles.
- Permettre l'accès à un jugement et à une éthique personnels.
- Permettre l'épanouissement des relations interpersonnelles.
- Permettre l'épanouissement personnel et affectif.

Je voudrais simplement mais clairement ajouter le terme « sexuelle-s » à celui de « personnel-les » puisqu'il s'agit bien de déterminer les objectifs concernant la vie sexuelle, qui engage la personne dans son entièreté. L'éducation à la sexualité est souvent réduite à l'éducation et à « l'affectivité ». Le mot sexuel fait encore peur et Philippe Brenot a peut-être raison de rester prudent. En matière d'éducation à la sexualité, il faut sans doute jouer de prudence pour ne pas choquer, au risque de freiner les avancées. Mais, au-delà de la valeur encore taboue du mot « sexuel », il faut le penser et le faire admettre comme nécessaire pour rendre compte d'une sexualité dans sa globalité et son épanouissement possible. Il doit évoquer corps, sentiments et réflexion, où tête, cœur et corps composent ensemble, l'un avec les autres, l'un pour les autres.

Il en va d'une mission à part entière du service public, accompagnée qu'elle se doit d'un regard adéquat et adapté des décideurs politiques. Il serait alors de leur devoir de considérer comme indispensable l'éducation au développement de la sexualité dans une approche globale de la sexualité. Ce serait là avoir le souci de l'enfant et de l'adolescent dans le respect de ce qu'ils sont. Il s'agirait de limiter les excès, du rejet catégorique d'accompagner le développement psychosexuel à, de l'autre côté, des effractions sexuelles commises au nom d'une liberté qui n'est pas pensée pour les mineurs. Cette prise de conscience reste limitée dans notre société et c'est là un réel danger. À titre d'illustration personnelle et rétrospectivement, je ne suis pas fière, à la fin des années 80, d'être allée dans les collèges munie d'un pénis en plastique pour apprendre aux élèves de 5e et de 4e à utiliser des préservatifs, sans autres consignes pour apporter des éléments du développement de la personnalité sexuelle. Aujourd'hui confrontée en consultation à des adultes de moins de 35 ans (non victimes de violences sexuelles) qui disent ne voir que les dangers de la sexualité et la craindre, je m'interroge sur les messages passés. Comme je m'interroge chaque semaine en centre de planification devant les échecs de la contraception, pourtant accessible gratuitement dans ces centres pour les mineurs ou les jeunes adultes en situation sociale difficile : l'échec est lié le plus souvent à l'absence de démarches de protection, malgré les informations reçues au collège ou au lycée. Il en est de même pour le nombre des infections sexuellement transmissibles qui ne baisse pas, malgré les messages sur l'utilité du préservatif. N'y a-t-il pas un déphasage entre ce que les jeunes peuvent entendre et comprendre de la sexualité et les volontés d'adultes en incapacité de leur parler justement de sexualité ?

LA PRISE EN CHARGE THÉRAPEUTIQUE

À partir des données de la littérature, des constatations issues du terrain, de ma formation en sexologie et de mon expérience de médecin, j'ai pu élaborer des thérapies sexuelles ciblées. Il s'agit de principes généraux dans des situations de troubles du développement sexuel, et de contenus plus spécifiques pour les victimes ou pour les auteurs de violences sexuelles.

La thérapie sexuelle, aspects généraux

Dès 2001, ma démarche concerne des jeunes victimes de violences sexuelles puis des jeunes non victimes mais qui présentent un attachement très insécure. Tous souffrent de troubles du développement sexuel. À la demande des professionnels de terrain, intéressés par les résultats du travail thérapeutique, j'adapte cette prise en charge, à partir de 2004, pour des jeunes auteurs victimes aussi de violences sexuelles dans leur passé et par la suite pour des mineurs auteurs non victimes. Fin 2009, 436 mineurs ont été pris en charge (216 victimes, 59 auteurs, 161 autres). Parmi les 195 adultes pris en charge dans la même période, 60 % ont moins de 25 ans et 20 % moins de 30 ans. Il s'agit principalement de victimes de violences sexuelles dans leur enfance et/ou leur adolescence.

La thérapie sexuelle a pour objectif de permettre le soin du ou des troubles, par une réflexion librement consentie de la part du jeune concerné, dans ce domaine du développement de la sexualité, selon les trois types de contrôle social, intériorisé, relationnel et formel. La thérapie sexuelle s'inspire des thérapies dites cognitivocomportementales dont les fondements sont :

- les théories cognitives, qui mettent en avant le lien entre pensées et émotions, les représentations de soi comme sujet, la force des effets de « distorsion cognitive » ;
- les théories de l'apprentissage social, qui mettent en avant le développement des compétences et adaptations sociales ;
- l'éducation à la sexualité.

Il s'agit d'une thérapie active et directe avec échanges, recherches d'information et de reformulations sur le développement de la sexualité ;

elle s'appuie sur les capacités de communication, de réflexion, de planification et d'autoperception du sujet.

Dans cette perspective, il s'agit de travailler :
- à encourager le processus de réflexion d'un jeune sur sa sexualité en tenant compte de son niveau de développement du jugement moral (Kohlberg, 1971 ; Samson 1974) ;
- grâce à l'attitude chaleureuse et ouverte d'un professionnel capable d'aborder la sexualité dans sa globalité, le motiver au dialogue sur la sexualité (Becker, 1964) afin de l'encourager à adapter ses conduites sexuelles ;
- lutter contre l'anomie[3] en matière de sexualité pour la vivre et être en capacité de faire des choix dans la responsabilité, le respect de l'autre et de soi, l'autonomie et le plaisir (Merton, 1930) ;
- rétablir l'espoir de construire dans le domaine de la sexualité.

Le dialogue interactif entre le jeune et le sexologue se fonde sur l'établissement d'une alliance thérapeutique où se mêlent chaleur, empathie, professionnalisme et authenticité. L'intervention se doit d'être pédagogique dans la mesure où les explications sont compréhensibles et accessibles. L'acceptation du jeune se manifeste de bien des manières. Lors des premières consultations, le dialogue n'est parfois pas de mise pour celui qui vient uniquement parce que son éducateur lui a expliqué, peut-être dans une rapide présentation, l'intérêt d'une telle démarche. La thérapie commencera alors, sans réel dialogue interactif ; toutefois, rapidement, le thérapeute doit percevoir, par un regard, une attitude ou un mot, un intérêt de la part du patient, ce qui augure de l'établissement de l'alliance thérapeutique dans une confiance mutuelle. Il ne s'agit pas en tant que telle d'une relation de collaboration. Dans les thérapies cognitivocomportementales d'adultes, le thérapeute aide son patient à atteindre les buts réalistes que lui-même s'est fixés, à partir de la reconnaissance possible du symptôme. Ici, les jeunes patients ne sont pas en mesure de concevoir les troubles du développement sexuel, ni d'en parler, parce qu'ils touchent une dimension de leur personne en cours de construction et d'appropriation. Pour les adolescents, voire les préadolescents, la reconnaissance du trouble est pour moi secondaire dans un premier temps ; en revanche, elle entrera dans les critères d'évaluation de la thérapie.

Ainsi, les interventions portent davantage sur les capacités cognitives et comportementalistes que directives. Je veux toutefois souligner qu'il

---

3. Inadéquation entre les buts et les moyens.

ne s'agit pas d'une démarche éducative, mais d'un réel processus thérapeutique pour deux raisons : d'une part, les patients présentent un ou des troubles du développement sexuel, diagnostiqués dans le cadre des violences sexuelles ou de troubles sévères de l'attachement ; ces troubles qui génèrent de la souffrance nécessitent du soin car information et/ou conseil en matière de sexualité seraient insuffisants et/ou inadaptés dans ce contexte. D'autre part, l'existence même d'un trouble du développement de la sexualité implique que le médecin ou le psychologue qualifié en sexologie et qui s'autorise une prise en charge, soit expérimenté et apte à appréhender l'enfant ou l'adolescent dans sa globalité dans une démarche de soins ; il s'agit de garantir le respect du développement sexuel par une prise en charge sexologique adaptée à la personnalité et à l'histoire du patient. C'est pourquoi il est indispensable de se conformer aux préconisations en matière d'éthique dans l'exercice de la sexologie[4] (Lehmann, 2005), pour ne pas entraîner d'effraction psychique avec le risque de violence et/ou de violence sexuelle iatrogène(s) de la part du thérapeute.

Ce point renforce l'importance d'exercer le travail sexologique en partenariat. Les jeunes sont le plus souvent suivis par d'autres professionnels : pédopsychiatres, psychologues, magistrats, éducateurs de la PJJ, professionnels des maisons d'enfants, des foyers, des IME, etc. Il est incontournable de travailler avec ces autres acteurs dans l'intérêt des jeunes. La thérapie sexuelle vient d'ailleurs en complément des autres prises en charge et, si possible, les parents doivent être informés, voire associés dans certains cas.

L'art et la création occupent une place fondamentale dans ce programme thérapeutique. Il ne s'agit pas d'art-thérapie, puisque je n'ai pas de formation dans ce domaine. J'utilise les productions artistiques comme support de prise de parole et d'évocation possibles, comme d'ailleurs le préconisait Claude Balier (Balier, 1988). Je joue avec la musique avant tout (du rap à l'opéra, de Jacques Brel à Amel Bent), mais j'utilise aussi la poésie, la littérature, la peinture ou la photographie. Évidemment, il faut savoir assez souvent débuter, en guise d'accroche, par des écrits relativement violents dans leur expression, comme le rap en est féru, pour arriver un jour, exemple vécu, à faire écouter et lire des chansons de Jacques Brel et évoquer le couple. Il y a toujours un chemin sensible parcouru pour quitter agressivité et souffrance et accéder à la beauté de la création. Je pense à cette préadolescente de 11 ans, victime dans son

---

4. Cela va aussi dans le sens du respect de la charte éthique en éducation à la sexualité signée à l'université Paul Sabatier à Toulouse (Tremblay, 1998).

passé et en grande souffrance sexuelle, qui m'apporte « La p'etite Laura » de Linda Lemay tandis qu'elle écoute, attentive, la chanson que je lui propose, « La croisade des enfants » d'Higelin. Plus tard, à 17 ans, après des interruptions dans son suivi, elle viendra avec « Toi et moi » de Kenza Farah et « Tu es la seule » de Johnny Hallyday, tandis qu'elle me reparle de « La croisade des enfants », qu'elle n'a pas oubliée. Je commente chaque texte apporté, pour aiguiser la curiosité, pour parler du monde, pour faire sentir le lien entre beauté, vie et espoir, malgré les souffrances passées et les aléas du présent. Accéder au rêve et affûter l'imaginaire quand tout semble noir et plombé, permet de reprendre souffle et de croire en des lendemains possibles. Pour l'enfant et l'adolescent bien sûr, mais pour le professionnel aussi, qui face à des blocages, peut espérer quelque transformation dans un effet maïeutique. De Mozart à Paul Éluard en passant par Jacques Higelin ou Kenza Farah, il y a toujours quelque bienfait partagé, surtout quand on parle d'amour blessé mais transcendé par la création.

Le temps de prise en charge comprend en moyenne une douzaine de consultations. Si les troubles s'amenuisent, la prise en charge est interrompue mais j'ai pris l'habitude de la reprendre par la suite, dix-huit à vingt-quatre mois plus tard environ, pour évaluer le développement psychosexuel, voire consolider le résultat.

Pour terminer sur ce point des généralités autour de la thérapie, il faut encore évoquer les difficultés identitaires et d'identification qui marquent souvent l'adolescence, avec le risque d'impasse, comme le disait Claude Balier puisque « identité et identification sont alors pratiquement un seul et même mouvement » (Balier, 1988, p. 26, citant Kestemberg). La thérapie sexuelle cherche aussi à travailler sur ces difficultés et à aider un jeune à se mettre à distance des figures parentales par l'encouragement à l'autonomie psychique, pour se définir comme personne à part entière et en construction. Nombre d'adolescents présentent une composante dépressive, masquée derrière des troubles du comportement, « cette dépression traduisant un évitement avec refus d'une réalité décevante et repli sur des positions fantasmatiques infantiles qui traduisent le maintien des investissements des imagos archaïques » (Jeammet, 1985). Même sans adopter un regard psychanalytique, il est essentiel de percevoir cette dimension dépressive, le plus souvent réactionnelle, qui cède d'autant mieux que l'on apprend à un adolescent à comprendre en quoi il est intéressant pour lui de grandir, ce qui lui permet de se tenir « à distance » de la tentation, supposée protectrice, de la régression. Cette approche est particulièrement nécessaire pour des jeunes confrontés aux placements de l'ASE ou en grande difficulté relationnelle avec leurs parents. Montrer l'importance et l'intérêt de grandir passe aussi par l'idée d'amour et d'épanouissement de sa personnalité sexuelle. Le thérapeute est dans une obligation d'investissement, il sait proposer des supports adaptés et respectueux du développement sexuel pour permettre à l'adolescent qu'il suit « d'être au monde » et de sentir l'intérêt de son propre épanouissement. C'est ainsi que ce jeune peut « s'aider » lui-même à dépasser ses troubles psychiques, conséquences dans la majorité des cas de conflits affectifs avec ses parents et ses proches.

C'est la raison pour laquelle cette thérapie peut « rapprocher » psychanalystes et non psychanalystes dans un regard différent mais complémentaire, pour envisager le traitement des comportements sexuels violents, même si l'approche du développement de la sexualité est différente. Claude Balier disait :

> « Notre objectif de psychanalyste est de donner à un sujet les meilleures chances d'un fonctionnement mental plus satisfaisant avec l'utilisation de ses propres capacités. » (Balier, 1988, p. 218)

Le travail sexologique a bien le même objectif. La thérapie sexuelle peut se situer pour adapter la personne à la vie en comprenant ce qu'elle est, ce qu'elle peut devenir malgré les souffrances ou les erreurs dans le cas des agresseurs ; la thérapie analytique peut se situer pour apporter des éclairages sur le sens à donner aux événements.

La thérapie sexuelle, le programme thérapeutique

Avant la première visite, l'histoire personnelle du jeune doit être connue du thérapeute, mais en aucun cas reprise avec lui. Ainsi, une coopération étroite entre le sexologue et les référents médicopsychosociaux est indispensable pour saisir toute la complexité de la situation ou pour inciter et convaincre l'adolescent à venir en consultation. Le référent accompagne le jeune patient à la première consultation et peut y assister si le jeune est d'accord ; ce qui s'avère globalement très favorable : l'engagement du professionnel dans la démarche sexologique peut favoriser celui de l'adolescent. Au fil des semaines, la prise en charge peut être aussi ajustée selon l'évaluation clinique consécutive à chaque visite.

Premier temps, les repères humains

Ce temps concerne les acquisitions de repères sur la personne, petite, moyenne ou grande, dotée d'un corps (l'apparence), d'une tête (le cerveau permettant de travailler, de penser...) et d'un cœur (les affects avec la joie, la colère, la tristesse, etc.). Je me présente en tant que médecin travaillant avec les personnes et je dessine au tableau « la personne », utilisée également, comme je l'ai dit auparavant, dans la présentation des séances d'éducation à la sexualité, pour entrer rapidement dans le vif du sujet :

Pour des jeunes plus âgés habitués des thérapeutes, je dis que je connais leur histoire mais que c'est pour réfléchir au présent que les professionnels ou leur famille ont souhaité cette rencontre. C'est une étape importante de la thérapie puisque l'expérience montre que nombre d'enfants traumatisés ou présentant un trouble se considèrent comme une « grande personne ». Avec ces enfants (petites personnes) et ces adolescents (moyennes personnes), je mène d'abord un travail de reconnaissance, d'identification de la personne humaine en fonction de son âge, de son sexe, de sa tête, de son cœur et de son corps, personne engagée dans un processus évolutif. J'explique alors ce que signifie grandir (et prendre le temps de grandir), processus qui implique la personne humaine dans sa globalité, en tant que fille ou garçon, c'est-à-dire comme personne sexuée. L'enfant construit ainsi son identité de genre basée sur la découverte de soi et de la différence des sexes. Les cinq sens sont cités pour aider l'enfant ou l'adolescent à les percevoir comme indispensables, associés à l'imaginaire et au repérage des affects : ils permettent de se découvrir, de se sentir bien dans son corps et d'entrer en communication avec autrui. Ce temps de repérage sur la personne est primordial et incontournable même si un jeune évoque de lui-même son trouble sexuel, ce qui est rare ; il permet de cerner un jeune individu personnellement et socialement, de lui faire envisager sa construction en tant que sujet, d'aller au-delà de tout figement intérieur... pour ainsi ne pas perdre espoir ou renouer avec l'espoir.

Je définis alors les multiples éléments nécessaires et possibles à chacun pour grandir, pour se percevoir en tant que personne en devenir, et pour apprendre à s'aimer. Une fois la personne définie, j'insiste sur la distinction entre « petite, moyenne et grande personne », ce qui se fait « instantanément » grâce à l'apparence corporelle – fille ou garçon, jeune fille ou jeune homme, femme ou homme. Cela permet de caractériser les personnes présentes en consultation, l'enfant ou l'adolescent, les parents ou le référent de l'ASE et le thérapeute. Une ligne est tracée pour montrer les trois périodes de la vie – l'enfance, l'adolescence et l'âge adulte – en lien avec les petites, moyennes et grandes personnes. Vient ensuite l'idée, adaptée bien sûr selon l'âge de l'enfant, que nous ne sommes pas qu'un corps puisque nous pouvons dessiner, apprendre, écrire et penser. Le jeune patient évoque souvent le cerveau (la tête sur mon dessin). Enfin, je demande ce qui manque à cette personne et, pour faire référence aux émotions, je mime la joie, la colère, la tristesse. J'ajoute le cœur sur le dessin.

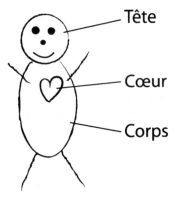

Le thérapeute explique ensuite au jeune que dès que nous arrivons au monde, nous sommes déjà une personne mais qu'il faut grandir pour arriver à l'âge qui est le nôtre ; grandir dans le corps[5] mais aussi dans sa tête et son cœur. Cette démonstration s'appuie sur des exemples de la vie courante. Le thérapeute explique que son travail est de veiller à ce que les personnes petites, moyennes ou grandes soient bien dans leur tête, leur cœur et leur corps pour vivre bien avec les autres personnes car, dès la naissance, on ne vit pas tout seul, et les personnes ont besoin pour grandir

---

5. Selon l'âge de l'enfant le thérapeute peut passer par des images.

d'autres personnes devenues grandes. Je parle souvent des animaux qui sont plus capables de se débrouiller que les humains mais qui ont aussi besoin de plus grands qu'eux. Un cahier, qu'ils feront leur, est donné aux enfants plus jeunes ; ils y colleront des images ou dessineront pour illustrer ce qui est expliqué en consultation. Les notions indispensables à comprendre pour grandir sont notamment travaillées : manger, boire, dormir, s'amuser, travailler, faire du sport, prendre soin de son corps. Évidemment, le jeune patient peut participer activement ou non, poser des questions ou non, faire part de ses émotions, de ses attentes. Chaque situation est singulière et doit être adaptée à l'âge et à une compréhension possible.

Ainsi, il s'agit résolument de donner la possibilité au jeune de se repérer dans son développement global et plus particulièrement sexuel mais aussi, tâche indispensable, de montrer les bénéfices qu'il y a à grandir. C'est là aussi une façon indirecte de constater, pour le thérapeute, qu'un jeune ou un enfant soit refuse de grandir, soit se perçoit comme plus âgé qu'il n'est. Ce qui est d'ailleurs bien souvent le cas des jeunes victimes de violences sexuelles, malheureusement sexualisées précocement. Cette première étape est un temps d'évaluation et d'adaptation pour le thérapeute selon chaque personnalité rencontrée, adaptation fondamentale, et j'ose insister, pour susciter la confiance et la curiosité d'un jeune qui a déjà rencontré de nombreux professionnels du secteur médicosocial. À partir de la préadolescence, il convient de présenter l'idée de personne non seulement sexuée, mais aussi sexuelle. En effet, la puberté arrive, engendre des transformations corporelles qui vont s'apparenter à l'apparence des adultes sans l'être encore puisque tête et cœur vont aussi devoir se modifier. D'où cette période de transition que constitue l'adolescence. Il s'agit de signifier l'acceptation de se voir changer dans sa personne, globale et d'en être content et satisfait, même si souvent on se sent en désaccord avec ce corps (qui est nôtre) qui n'est pas toujours comme l'on souhaiterait.

Deuxième temps, les repères relationnels

Ces liens, qui reposent sur le rapport aux autres, impliquent la tête et le cœur. Il s'agit de l'affection, manifestée par les parents et autres personnes adultes en charge de l'enfant, et de l'amitié, choisie avec des pairs. Comme quasiment tous les jeunes pris en charge qui connaissent de graves troubles de l'attachement et des carences affectives, cette étape a pour but de répertorier les personnes ressources qui pourraient aider à grandir et à renforcer l'estime de soi. Façon de développer sa capacité à aimer et à se considérer digne d'être aimé. Elle impose, pour le thérapeute, une empathie indispensable face aux souffrances accumulées et la conviction que ces deux liens affectifs, hors de tout figement trop souvent présupposé, sont sujets à de possibles évolutions, mouvements et changements, notamment face aux événements de la vie tels que les placements.

À partir de la préadolescence et de l'adolescence, je présente un troisième lien aux autres, l'aventure de la sexualité, issue de la capacité sexuelle qui s'acquiert progressivement en grandissant. Ainsi l'enfant, né sexué, acquiert au cours de son enfance, et particulièrement de son adolescence, le potentiel pour devenir « sexuel ». La fille devient jeune fille, le garçon, jeune homme et chacun est peu à peu capable de vivre la sexualité, en acceptant de se voir changer physiquement. Cette capacité qui existe pour chacun et qui s'inscrit dans une autonomie affective vis-à-vis des parents et de la famille, permet aussi de choisir d'entrer en relation avec un ou une autre pour nouer un tête à tête, un cœur à cœur et un corps à corps. Les jeunes confiés à l'ASE, du fait de leur placement, semblent plus autonomes en apparence, ce qui ne signifie pas pour autant qu'ils doivent agir sans repères et comme ils l'entendent. J'utilise les termes « aventure », « aventurier-ère », illustrés à partir de personnages historiques et contemporains, imaginaires ou réels, des explorateurs aux artistes, des conquérants aux héros de bandes dessinées. Vivre alors en relation avec l'autre est digne de ces grandes aventures où l'on est devenu « grand », où l'on se lance dans la découverte de l'autre, différent de soi, que l'on veut rendre heureux, avec qui l'on se sent heureux. Évidemment, il faut avoir grandi pour s'engager dans l'aventure dès lors qu'on le souhaite, dans le respect de soi et de l'autre. La relation avec l'autre est une aventure, faite de surprises, d'étonnements, de joies, de risques, de rebondissements, d'anticipations, de précautions, de déconvenues ou de dangers. Apprendre à faire des choix, avancer ou reculer, se tromper, « tomber », être déçu, y croire de toute son âme, reprendre courage, faire des efforts, compter sur soi et sur les autres est l'aventure même. Toutefois, grandir dans le domaine de la sexualité ne s'arrête peut-être pas à 18 ans, mais évolue avec la personne que l'on sera à 30, 50 ou 90 ans. Ainsi, le thérapeute peut introduire, à ce point de la prise en charge, la notion de responsabilité ; responsabilité par rapport à soi et aux autres, mais aussi par rapport à la loi. Au final il s'agira d'apprendre à vivre avec les autres et avec soi-même comme un capitaine de bateau navigue sur une mer calme (un passé rassurant et un attachement sécure) ou agitée voire tempétueuse (avoir été victime, avoir été auteur de violences sexuelles, avoir un attachement insécure).

Évidemment, avec les enfants, ces trois types de liens sont abordés avec lisibilité et en fonction de leur histoire personnelle ; le mot « sexualité »,

qui n'a pas de force d'évocation ni de représentation chez l'enfant, le plus souvent n'est pas prononcé. À un enfant confié à l'ASE, je peux évoquer les liens qui unissent entre eux des adultes de son entourage, comme par exemple son assistante familiale avec son conjoint ou ses parents ; c'est une manière de lui suggérer sa construction d'adulte à venir, avec ou pas des choix amoureux. Les enfants entrent facilement en conversion, ils aiment alors parler de leurs parents, de leur assistant-e familial-e, mais aussi de leurs amours enfantines, ils émettent leurs goûts et leurs points de vue. La parole, ponctuée alors de sourires et d'humour, donne à voir avec une certaine quiétude la vie des grandes personnes en général, alors que certaines ont pu leur imposer leurs difficultés, voire leurs souffrances. Il est essentiel que ces enfants puissent se penser dans leur singularité d'aujourd'hui et de demain – dans ce qu'ils deviendront un jour – à leur façon. En apprenant peu à peu à partir en mer.

Ces deux premiers temps peuvent permettre à certains jeunes – mais c'est rarement le cas – d'évoquer eux-mêmes leurs troubles du développement sexuel. Dans ce cas, je réponds à leurs questions et préoccupations de manière concise ; je soumets l'idée d'apprendre sur la sexualité pour être en mesure d'avoir un comportement adapté à l'âge, à une situation... et nous poursuivons la démarche thérapeutique. Il est de la responsabilité du thérapeute, et j'insiste, de ne pas faire d'effraction par des explications éloignées des préoccupations d'un enfant ou d'un adolescent.

Eddy (cas clinique 8) est ce jeune de 12 ans avec une déficience intellectuelle dite légère, est adressé pour des gestes allo-agressifs connotés sexuellement ; dès la première consultation, après la présentation de la personne, il déclare, tout en traçant ces lettres au tableau : « Je veux savoir ce que ça

> veut dire PD et gouine. » Manifestement, il a perçu les sujets qu'il pourrait aborder dans ce lieu de consultation et c'est donc très intéressant. Je ne considère pas judicieux de partir d'emblée sur des explications au sujet de l'orientation sexuelle. Après lui avoir demandé à quelle occasion il a entendu ce mot (d'autres jeunes l'appellent ainsi dans son lieu de vie ou à l'IME), je réponds : « Ici, tu apprendras ce que cela veut dire. Mais il va falloir attendre un peu ; nous allons commencer par ce que tu dois d'abord savoir pour comprendre ces deux mots ; tu pourras alors réfléchir à ce que tu pourras dire aux autres ; il nous faut un peu de temps mais tu vas vite savoir. »

L'objectif principal de ces deux premiers temps de la prise en charge est que l'enfant ou l'adolescent, encouragé par son entourage[6] se sente capable d'aller de l'avant. Lorsque l'enfant ou l'adolescent vient en consultation, visiblement content, qu'il apporte des supports (chansons, dessins, images, etc.) pour témoigner de sa réflexion, je sais que l'indispensable alliance thérapeutique est alors signée.

Ces deux premiers temps peuvent prendre de quatre à huit consultations, souvent davantage pour des jeunes présentant des difficultés intellectuelles. J'utilise alors des outils adaptés tels que des dessins ou des images qui permettent d'évaluer les repères du jeune, sa perception de lui-même, des autres et de sa propre histoire de vie.

Troisième temps, l'éducation du développement sexuel

Adaptées à la problématique de l'enfant ou de l'adolescent, des notions générales d'éducation à la sexualité sont données quel que soit l'âge, mais en fonction de l'évaluation globale de la personnalité, élaborée dans les deux premiers temps de la thérapie. Ces notions visent à renforcer la conviction pour le jeune qu'il peut se considérer comme une personne, en capacité de construire. Tomber amoureux dans l'enfance ou l'adolescence, vivre les différences entre filles et garçons sont des thèmes simples et concrets qui vont permettre, entre le sexologue et le jeune, un dialogue autour du développement sexuel. Dans ce travail thérapeutique, j'utilise un programme d'éducation à la sexualité avec des thèmes que j'adapte à l'âge : le soin de soi, la beauté, le vêtement, le maquillage, le regard des autres, les différences entre les filles et les garçons... Pour les plus jeunes, j'aborde le respect du corps dans la vie quotidienne à l'aide de situations ludiques, comme la pratique de la trottinette, du vélo ou de la corde à sauter, etc. Le soin de soi amène à la perception de son corps génital, reconnu comme partie intégrante de la personne et à ce titre

---

6. Dans le chapitre 2 de cette partie, je montrerai comme le dispositif du conseil général permet cet accompagnement.

aussi digne de respect pour grandir. Des supports de travail sont encore indispensables, images, musiques, histoires sont les principaux utilisés.

Progressivement, je présente la question des rôles sexuels avec ce que les deux sexes sont capables de faire, pareillement ou différemment ; je n'oublie pas les capacités attribuées trop facilement aux filles et aux garçons (respectivement faire la cuisine et faire du foot). À partir de la préadolescence, j'aborde les premières transformations du corps, en lien avec l'apparition de signes pubertaires ; je m'appuie sur les connaissances du jeune ou sur ses interrogations. Puis j'évoque, toujours en fonction de chacun, les premières éjaculations pour les garçons et les règles pour les filles, en éclairant chaque sexe en miroir des transformations de l'autre. Cela permet de développer la notion de procréation, mais aussi de « devenir sexuel » pour les garçons, qui se traduit par l'apparition du plaisir sexuel. J'explique que ce plaisir sexuel se découvre d'abord pour soi-même, analyse qui va alléger le sentiment de culpabilité parfois ressenti. Chez les filles, les règles sont dédramatisées et je soutiens qu'elles ne doivent pas être vécues dans la souffrance ; j'ajoute qu'elles participent de l'idée du corps féminin qui s'épanouit pour devenir aussi sexuel, c'est-à-dire capable de procurer du plaisir pour soi et un jour avec l'autre dans la rencontre amoureuse lorsqu'on sera plus grande et comme il en est de même pour les garçons. Il peut être important de s'entretenir de la « normalité », préoccupation souvent importante à cet âge où l'on se compare aux autres. Je m'appuie alors sur la question de choix : grandir, devenir autonome, c'est penser, et nous sommes tous différents dans notre façon de penser et donc de faire des choix. Il est difficile de douter, de nuancer, de trancher entre le bon, le moins bon, le peut-être bon et le pas bon du tout et de se rendre compte que l'on n'est pas capable de répondre par oui, par non ou blanc ou noir. Pour un adolescent, être « normal » ce n'est pas forcément être comme tout le monde, c'est avant tout être rassuré sur ce qu'il choisit et sur ce qu'il fait. D'où l'importance de l'échange durant les consultations, échange qui ne signifie pas questionnement (on serait loin de toute empathie) d'un jeune sur lui-même, mais évocations de la vie adolescente en général. C'est d'autant plus vrai que les adolescents supportent difficilement toute question personnelle !

L'aventure de la sexualité

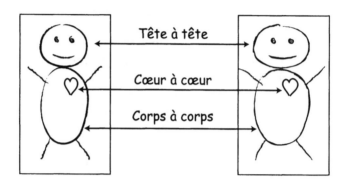

Au fil de la prise en charge, cet échange débouche sur bien d'autres interrogations : pourquoi les parents ou l'assistante familiale n'arrivent pas à parler de toutes ces questions, pourquoi le couple de ses propres parents n'a pas fonctionné, pourquoi les parents se disputent, pourquoi les parents n'arrivent pas à donner de l'affection, d'où le placement, etc. ? Puis, au fur et à mesure de la prise en charge, avec les adolescents et souvent les préadolescents, j'aborde des thèmes liés plus directement à la question amoureuse et sexuelle : le langage du corps, la rencontre amoureuse, la séduction, le désir amoureux et le désir sexuel, la déception, le chagrin d'amour, la première fois, l'homosexualité ou l'hétérosexualité, la normalité, la fidélité, la responsabilité, dans le consentement et le respect des lois, les idées erronées sur la sexualité, etc. Je vais plus loin avec les plus âgés et évoque le couple et le désir sexuel, le couple et la physiologie de la réponse sexuelle, ou encore les conduites addictives.

Ce troisième temps permet la prise de conscience des frontières émotionnelles, physiques et sexuelles. La verbalisation par le jeune de ses connaissances, de ses repères, de ses croyances sur la sexualité, stimulée par l'échange, est notée sans être stigmatisée. Ainsi, peu à peu, le trouble du développement de la sexualité qui a motivé la prise en charge peut devenir réalité pour ce jeune.

Quatrième temps, le trouble sexuel

Ce temps découle des trois premiers et permet une évaluation concrète du travail du thérapeute. En effet, un jeune qui a cerné le sens de la démarche sexologique va de lui-même, et plus ou moins directement, exprimer son trouble sexuel, dont jusqu'alors l'évocation par son entourage le dérangeait. À ce stade, son trouble peut être abordé par le thérapeute car le dialogue est rendu possible dans une confiance acquise sans stigmatisation. Il s'agit ici du moment où le trouble est perçu, où il prend « forme ou consistance » pour l'enfant ou l'adolescent qui a compris qui il est, ce qu'il devient, et à quoi il peut prétendre dans sa sexualité, en fonction de son âge et de sa personnalité. Dans la consultation de sexologie et à cette étape, le trouble sexuel s'actualise par le dialogue et à travers l'évocation d'une séquence de sentiments, de pensées et d'actions qui pose problème pour le jeune même et/ou pour l'autre et/ou les autres. Ainsi le jeune patient entend que le trouble laisse craindre des mises en danger de lui-même ou des autres et qu'il est nécessaire d'acquérir des moyens de s'en protéger.

C'est le temps de l'acquisition des moyens, à travers compétences de communications et habilités sociales, pour amender, maîtriser ou supprimer le trouble. À cette fin, je m'appuie sur le programme d'éducation à la sexualité pour aborder différentes situations, envisager, de la part de l'adolescent, sa propre construction et mettre à distance ses fortes émotions. Les compétences sociales se travaillent par les techniques d'entraînement (dites de « *modeling* ») et par les jeux de rôle.

> Dans l'évaluation des comportements de **Cécile** (cas clinique 18), âgée de 14 ans, je vais mettre en évidence des paroles violentes connotées sexuellement, accompagnées de menaces physiques sur une autre jeune fille qui « a cherché à lui prendre son copain ». Je jouerai une scène brève où je mime Cécile exposée aux propos d'un copain de son amoureux, qui veut la séduire. Je propose différentes attitudes pour la jeune fille et pour les deux garçons, demande ce qui lui convient et commente avec elle les situations. Ainsi, au terme de l'exercice, il s'agit de revisiter l'attitude initiale vis-à-vis de son amoureux, de l'autre jeune fille et d'elle-même. Elle est amenée à transformer son émotion après compréhension d'une telle réaction : pourquoi était-elle touchée, en quoi était-elle atteinte, comment considérer l'autre ? Ce jeu de rôle est très efficace pour comprendre l'idée de réciprocité dans les relations à autrui : « Je pense cela mais est-ce que l'autre pense la même chose ou autre chose, comme il en a le droit ? » Ici, Cécile va se rendre compte qu'elle ne se laisserait pas séduire par un autre puisqu'elle aime son amoureux ; son amoureux n'est-il pas, lui aussi, en mesure de ne pas se laisser séduire par l'autre fille ? S'il se laisse séduire, cela peut signifier que sa relation avec elle est moins « merveilleuse » qu'elle le pensait. Cécile apprend ainsi qu'une relation se noue entre deux personnes qui pensent différemment, ressentent différemment...

Pour les plus jeunes, l'apprentissage du respect de la personne dans sa tête, son cœur et son corps, à l'aide des situations concrètes décrites dans le troisième temps, permet une reconnaissance du geste inadapté à l'égard du corps génital de l'autre et encourage à ne pas le reproduire.

J'utilise les apports cognitifs pour lutter contre la catégorisation auto- et hétéroproduite (processus d'étiquetage) qui entraîne, dans un figement des représentations, une réflexion et un traitement impossibles du trouble lui-même. Valorisation et reconnaissance servent l'image de soi et permettent de donner à vivre avec ses pairs en adéquation avec ses désirs amoureux et/ou sexuels ; d'envisager l'idée de plaisir sexuel, construit au fil de l'adolescence en tant que ressource intime, personnelle ou partagée avec l'autre, choisie et reconnue dans la différence. Renforcer l'estime de soi passe toujours par l'écoute de l'autre dans ses désirs et besoins, et ce travail, valable bien au-delà de la situation de violences sexuelles d'ailleurs, renforce l'autonomie affective et la sécurisation personnelle. Pour résumer, j'utilise l'image du capitaine du bateau qui ne pourra jamais tout maîtriser (la mer et la météo, autrement dit la famille et les parents) mais qui a le droit, pour se rendre heureux, de découvrir le monde, à condition d'avoir quelques connaissances maritimes ; partir aussi avec un équipage pour être plus sûr de son aventure...

Lorsque le trouble est clairement exprimé, une dynamique thérapeutique est d'ores et déjà engagée, celle-là même qui témoigne que l'enfant ou l'adolescent est loin d'être figé dans sa tête, son cœur et son corps. Le processus de développement, incontournable à cet âge, motive le jeune à poursuivre son engagement en thérapie et offre tout espoir de transformation.

La thérapie sexuelle, l'évaluation

J'utilise une grille d'évaluation empirique, que j'ai moi-même élaborée et qui comporte 15 critères. Elle est utilisée au terme d'une prise en charge ou en évaluation intermédiaire. Les professionnels médicosociaux référents des jeunes sont sollicités dans l'évaluation des critères 11 à 15. Un minimum de 12 critères, incluant obligatoirement les critères 6 à 15, est requis pour qu'une prise en charge soit considérée comme bénéfique à un jeune. Elle contribue à la décision d'arrêt temporaire ou définitif de la thérapie. Pour les enfants et les préadolescents, j'adapte l'utilisation de certains de ces critères (1 à 6, 8, 10 à 12) en fonction de l'âge et du développement psychosexuel : le mot même de sexualité n'est pas utilisé avec les enfants ; ainsi, l'item 8 est évalué à partir de l'idée d'amitié et/ou d'amour.

Tableau 7.1. Évaluation des prises en charge thérapeutiques

	Critères/Criteria	Items : oui/non - yes/no
1	Intérêt pour la prise en charge.	Assiduité aux rendez-vous.
2	Participation aux consultations.	Apport d'outils (musique, dessins...).
3	Attitude en consultation.	Poser des questions.
4	Comportement en consultation.	Adapté.
5	Soin de sa personne.	Apparence soignée.
6	Respect de soi, de l'autre.	Idée que toute personne a une tête, un cœur et un corps pouvant vivre une sexualité.
7	Acquisitions d'attitudes positives/sexualité.	Reconnaissance de la vie sexuelle comme moyen d'épanouissement de l'être humain.
8	Réciprocité dans la sexualité.	Idée que la sexualité consiste à nouer un tête à tête, cœur à cœur et corps à corps sans contraindre par le geste ou la parole.
9	Respect des différences.	Représentation de la sexualité des handicapés, personnes âgées.
10	Rééquilibrage des rôles sexuels.	Conscience des différences entre filles et garçons concernant la tête, le cœur, le corps.
11	Signes sexuels motivant la prise en charge.	Amélioration/disparition.
12	Comportement global.	Diminution/disparition d'agressivité, instabilité, dépression, conduites suicidaires...
13	Adhésion au projet de vie.	Participation aux décisions de vie (accompagnement social, projets éducatifs...).
14	Conduites addictives.	Suppression-diminution/Prise en charge adaptée.
15	Rupture scolaire.	Réintégration scolaire dans la durée.

Les victimes de violences sexuelles

Les mineurs pris en charge dans le cadre du conseil général ou de la PJJ sont des jeunes aux situations complexes et douloureuses : carences affectives, maltraitances diverses et abus sexuels survenus, pour la plupart, en milieu familial par des parents ou d'autres membres de la famille. Les conséquences des violences sexuelles s'ajoutent à des états de détresse générale ou en sont à l'origine. Quelques victimes ne présentaient pas de troubles de l'attachement préalables à l'abus, mais ont pu être l'objet de rejet de la part de leur entourage lorsqu'elles ont présenté des troubles sexuels après l'abus.

Entre 2002 et 2006, premières années de fonctionnement de la CDADS, les jeunes pris en charge arrivent, pour la grande majorité, à distance de la révélation de l'épisode de violences sexuelles ; ils sont *a priori* protégés du risque de nouveaux abus sexuels, similaires aux abus initiaux. Tous ont donc bénéficié de prises en charge classiques de type débriefing psychologique, traitements psychiatriques et/ou psychologiques, approche systémique, thérapie psychanalytique, accompagnement spécifique en cas de procédure judiciaire (administrateur *ad hoc*, avocat). La procédure judiciaire est terminée (procès avec ou sans condamnation de l'auteur) ou toujours en cours. À cette période, l'orientation vers une thérapie sexuelle repose sur l'apparition de troubles du développement de la sexualité, à distance d'abus sexuels. Après 2006, je serai de plus en plus souvent sollicitée pour des victimes présentant des troubles sexuels dépistés rapidement après l'abus sexuel. Du fait du fonctionnement du réseau d'observation et d'alerte sur la sexualité organisé dans le cadre de la CDADS, les professionnels dépistent précocement ces problèmes et, devant les bénéfices constatés antérieurement, les jeunes sont pris en charge plus précocement. D'où un rajeunissement de la population prise en charge avec des suivis de très jeunes enfants, dès 3 ans avec l'acquisition de la parole.

Ma méthode de travail a, de ce fait, évolué, avec le souci constant de toujours être en adéquation avec la notion de développement sexuel chez des mineurs. Il s'agit de petites ou moyennes personnes victimes de violences sexuelles, aux conséquences évidentes et souvent désastreuses sur ce développement ; la thérapie ne doit présenter aucun risque d'effraction supplémentaire, intellectuelle cette fois. Le travail sexologique tient compte des données scientifiques sur les psychotraumatismes[7] et

---

7. Voir partie 1, chapitre 3, « Le poids du traumatisme ».

des recommandations de la Fédération française de psychiatrie (2003) concernant la prise en charge des victimes de violences sexuelles.

Enfin, la thérapie sexuelle destinée aux jeunes victimes adultes a la particularité d'apporter un soutien pour engager une procédure judiciaire, quand le délai de prescription le permet. Avec l'expérience, je constate que cette démarche est d'autant plus facile à envisager que la victime a l'espoir d'une construction de sa vie et de son développement sexuel. Le programme thérapeutique encourage donc la victime à porter plainte pour lutter contre la récidive des infractions à caractère sexuel dans la société ; il apporte un soutien lors de la procédure en cours : mieux cerner sa propre construction sexuelle rend plus apte à exprimer sa souffrance au cours de la procédure ou du jugement, mais aussi à légitimer son silence en tant que victime vis-à-vis d'un agresseur, notamment dans le cas d'inceste ; il revisite le regard *a posteriori* sur la procédure ou sur le jugement.

La méthode de travail avec les victimes repose sur les quatre temps précédemment décrits avec des particularités.

Premier et deuxième temps

La majorité des situations sont des abus intrafamiliaux avec des conséquences affectives évidentes. Les deux premiers temps de la thérapie sont souvent intriqués et permettent de cerner ce que ressent un jeune à l'égard de sa famille et de lui-même. J'insiste sur l'importance des repérages sur la personne et sur les liens aux autres dans une progression adaptée. Démarche nécessaire pour faire un réel travail d'élaboration psychique autour de la violence sexuelle commise par un ou des proches. Pour continuer à grandir, le jeune doit cerner ce que signifie la violence sexuelle. Autour du dessin de la personne, si elle est semblable, la présentation se réfère toujours à l'état de victime, directement, si l'enfant ou l'adolescent s'exprime immédiatement sur le sujet – ce qui n'est pas le plus fréquent – ou indirectement.

> Très vite, après que j'ai fait le dessin de la personne au tableau et que j'ai parlé des petites et des grandes personnes, **Lilou** et **Myriam** (cas clinique 6) se mettent à dire : « Papa, y mettait son zizi dans la bouche avec du lait qui vient du zizi. » La souffrance est tellement envahissante qu'il faut rapidement l'exprimer. J'enchaîne : « Papa faisait ça, il ne devait pas ; vous êtes des petites personnes et votre papa faisait des choses pas possibles pour les petites personnes : d'ailleurs je crois que vous l'avez dit à la maîtresse tellement cela vous embêtait. C'est ça ? » Ensemble et en grimaçant de dégoût, elles disent « oui ». J'ajoute : « C'est pour cela que Papa et Maman sont allés en prison et vous chez Tata, car les grandes personnes doivent

> savoir qu'il y a des choses qu'elles ne doivent pas faire avec leur corps au corps des petites personnes pour qu'elles puissent bien grandir avec leur corps, leur cœur et leur tête. C'est pour ça que vous l'avez dit à la maîtresse : votre cœur, votre corps, votre tête n'aimaient pas ça. » Les explications sont données avec le dessin. Une fois ces paroles sur le passé dites, je vais ensuite définir ce que sont la petite personne et ses besoins pour grandir : manger, boire, dormir, se laver, jouer, aller à l'école, etc.
>
> Dans les consultations qui suivront, ces petites filles, que je reçois séparément, après la première fois, rediront chacune les mêmes paroles à propos de leur père. À chaque fois, je redonne les explications sur les personnes en m'aidant de livres d'enfants ludiques adaptés à leur âge et à leur situation (livres où les mots « Papa » et « maman » ne figurent pas à toutes les pages !). Après six consultations, elles ne font plus allusion aux abus et sont curieuses d'entendre parler des petites personnes ; l'assistante familiale constate qu'elles en parlent beaucoup moins souvent à la maison. Seuls des gestes de masturbation persistent mais je me rends compte que l'assistante familiale n'ose pas leur laver la vulve de peur de les toucher... et qu'elles sont évidemment irritées comme elle le constate elle-même. Je lui explique que leur attitude n'est pas exclusivement liée à de la masturbation et j'axe mes propos sur l'importance de l'hygiène à cet âge chez des filles qui ne peuvent encore s'essuyer correctement après avoir uriné ; elle ne doit pas craindre de les laver avec un morceau de coton ou un gant changé chaque jour : cela n'a rien de sexuel. Je reprends en consultation avec les petites filles les notions générales sur l'hygiène du corps, en entier, pour être en bonne santé dans sa personne globale. Les gestes de masturbation disparaissent rapidement par la suite.

La référence à l'état de victime est indirecte dans la plupart des cas. Il est impératif de dire à l'enfant ou à l'adolescent « qu'il vient pour être bien dans sa tête, son cœur et son corps et qu'il ne l'a peut-être pas toujours été ». C'est une façon d'exprimer le fait que je connais son histoire. Je fais ainsi allusion à la souffrance mais sans m'y appesantir dans un premier temps puisque le but de la consultation de sexologie est de susciter l'espoir. Le regard que je porte sur lui n'est pas seulement celui vis-à-vis d'une victime, mais également celui à l'égard d'un enfant rempli de promesses, même si l'inconcevable s'est abattu sur lui. Chez les plus grands, l'expérience montre qu'ils ne veulent plus entendre parler du passé, comme cela m'est expliqué dès la présentation par le référent social, médical ou psychologique. C'est pourquoi, dès la première consultation, afin de lui donner envie de revenir, le thérapeute doit signifier au jeune que ces temps de rencontre sont destinés à travailler sur le présent et non à revenir sur le passé. Élément fondamental quand on sait que, face aux psychotraumatismes des violences sexuelles, « la vie a pu s'arrêter », effet de résistance et de protection qui s'accompagne d'une dépression, très fréquente pour les victimes mais masquée par des attitudes agressives avec leur entourage. Il faudra donc du temps pour nommer ce que l'on appelle « violence sexuelle ».

À noter que depuis 2007, les jeunes sont adressés avec moins de délai ou du moins avant l'apparition de troubles graves du développement de la sexualité, ce qui me permet de nommer les violences subies plus facilement parce que le temps n'a pas encore enkysté les situations.

Quand la confiance s'est instaurée et qu'un jeune commence à s'impliquer dans les consultations, je présente les liens relationnels, d'affection et d'amitié, qui permettent de se repérer soi-même dans ce domaine, d'en cerner ses propres représentations et d'en déterminer les attentes. Évidemment, il faudra parler de ces liens avec un père, une mère ou une famille qui se sont révélés incestueux ; la démarche est donc progressive pour ne pas empêcher la projection dans le présent par un retour au passé traumatique. J'explique que l'on ne vit pas tout seul et que les enfants ont besoin d'autres personnes devenues grandes pour se débrouiller et grandir.

À l'enfant ou l'adolescent, je demande alors quelles sont les personnes qui, à leur avis, les ont fait grandir. Certains ne parlent pas de leur(s) parent(s) mais beaucoup les citent bien qu'ils soient les auteurs des violences sexuelles et je peux apprécier la nature de ce lien. Un enfant doit pouvoir dire qu'il aime son père ou sa mère et qu'il a le souvenir de bons moments avec eux, même s'il s'agit des auteurs de violences sexuelles. On lutte ainsi contre des autocatégorisations et assignations négatives de la part de l'enfant, qui se sent différent ; processus d'autant plus marqué qu'il peut souffrir d'une situation de placement et que l'apparition de troubles du développement de la sexualité accroît sa stigmatisation et son insécurisation affective. Il est nécessaire de mettre l'accent sur les liens d'affection vécus par un enfant, qui a besoin de se sentir comme les autres, c'est-à-dire ayant été aimé de sa propre famille. Il doit sentir que ce lien lui est aussi reconnu comme fondateur de sa personne.

Mais il est tout aussi essentiel que cet enfant ou cet adolescent conçoive les liens qui unissent les adultes que je présente sous le mot d'« aventure » défini dans une acception générale ; les liens de l'aventure sexuelle concernent des grandes personnes entre elles. Cela va permettre à l'enfant ou à l'adolescent de saisir peu à peu l'inadéquation de certains actes parentaux, et ce que l'on appelle à terme la violence sexuelle. Il s'agit de percevoir que le lien d'affection a été supplanté par du désir sexuel et que l'implication corporelle était au-delà d'une expression de tendresse. J'explique que les grandes personnes doivent savoir ce qui est fondamental pour les petites et moyennes personnes pour grandir, et qu'elles sont « responsables », mot que j'analyse avec le jeune patient, pour expliciter plus clairement et directement la notion de « violence sexuelle ». Les adultes responsables donnent de l'affection et prennent soin du corps, de la tête et du cœur des enfants pour qu'ils soient en bonne santé ; ils doivent exprimer tendresse et bienveillance pour leur apprendre à manger, à jouer, à lire, à aimer, etc. Ils apprennent aussi le soin du corps et l'hygiène, ce qui ne signifie pas toucher le corps génital ou montrer son corps génital de grande personne à une petite personne dans une intention sexuelle. Cet enfant ou cet adolescent, pris dans une représentation pervertie du sexuel, puisqu'il s'est inscrit dans un processus unilatéral, orchestré par un adulte déviant mais aimé de lui, doit être en mesure de cerner le dysfonctionnement de cet adulte, alors irresponsable au sens où je l'ai expliqué. Ces personnes, grandes dans leur taille, n'ont pas appris ou n'ont pas voulu apprendre ce qu'il faut à l'enfant et elles ont manifesté des gestes interdits notamment à l'égard du corps des petites personnes, et ainsi à leur tête et à leur cœur ; c'est ce que l'on appelle les violences sexuelles. Or les enfants et même les adolescents ne sont pas prêts à vivre ces gestes-là et ne peuvent se protéger de ces abus commis par des adultes ou des plus grands qu'eux. Ils ne comprennent pas, ne peuvent pas parler de ce qu'ils ne « possèdent » pas et ne peuvent pas bien vivre. Bien des jeunes se culpabilisent de s'être tus sans avoir été capables de se défendre ou de se protéger. Leur faire accepter leur statut d'enfant permet de déplacer les responsabilités. À partir de la préadolescence, ou du moins dès que je peux aborder l'idée de devenir sexuel sans faire d'effraction, je parle de la « vraie et de la fausse sexualité », celle choisie par deux personnes consentantes contre celle imposée souvent à une plus jeune et/ou qui n'est pas capable de pouvoir dire « je veux ou je ne veux pas » du fait de son âge. Lorsqu'un jeune présente un trouble du développement sexuel sans réelle conscience des abus antérieurement subis parce qu'ils sont lointains et déniés et/ou que l'affaire a été classée, faute de preuves malgré parfois de fortes présomptions et un climat incestueux, cette démarche thérapeutique participe au processus d'élaboration psychique et de conscientisation autour des violences sexuelles, particulièrement si l'adolescent se met en danger sexuel.

Parallèlement, il m'importe de montrer que la reproduction, peur implicite, n'est pas inéluctable et qu'elle peut être déjouée par un travail autour de sa propre responsabilité et ses relations aux autres, ce qui n'a peut-être pas été le cas pour des agresseurs adultes, eux-mêmes victimes dans leur enfance. Je fais des comparaisons, notamment pour les plus jeunes. Je m'appuie sur la conduite automobile ; un enfant peut être blessé lors d'un accident commis par un adulte en état d'ivresse par exemple. Il peut être soigné pendant de nombreux mois ou années, avec d'éventuelles séquelles. Un jour, il aura 18 ans et quand je demande : « À ton avis, ce jeune aura-t-il envie d'apprendre à conduire une voiture ? », certains disent oui, d'autres non « car il a toujours le souvenir de l'accident », d'autres enfin ne savent pas ; plus rarement est avancé que « ce sera pour faire comme on lui a fait à lui ». La réponse induit indirectement la représentation que se fait le jeune patient de son avenir. « Quel est l'intérêt d'apprendre à conduire ? » et les réponses sont claires : pour être autonome et pour se rendre heureux. La plupart ont conscience que l'enfant victime de l'accident a lui aussi, et malgré tout, envie d'être autonome et heureux en conduisant une voiture ; il saura alors, conséquence de l'événement perturbant qu'il a vécu, respecter certaines règles de conduite, et il sera donc d'autant plus responsable. Nous ferons ensemble le rapprochement avec les abus sexuels vécus. Évidemment, les abus sexuels répétés dans le temps, comme ceux subis par une majorité de jeunes que je suis, ne sont pas du même ordre qu'un accident survenu sur la voie publique, avec soins et médicalisation immédiats. Je ne sous-estime bien entendu pas les séquelles des psychotraumatismes propres aux violences sexuelles, mais j'affirme alors qu'il y a toujours un espoir de reconstruction individuelle hors de tout déterminisme psychologique ou familial, puisque l'enfant existe aussi, au-delà de ses propres parents, dans sa singularité.

Ces deux temps de la thérapie favorisent la verbalisation autour des éléments traumatiques, tel le rappel incessant du corps de l'adulte et de ses réactions sexuelles. Le sexologue explique à l'enfant que la consultation est un espace de parole pour laisser venir les souvenirs ; il les replace dans leur contexte et les ramène aux notions de grande et petite personne. L'apaisement peut se faire par la mise à distance des réminiscences autour du corps, sachant que le lieu de consultation délivre de tout tabou. La petite fille de 3 ans, qui se voit stigmatisée par son attitude masturbatoire en public, peut dire « Le zizi de papa avait du lait qui sortait et c'était pas bon. » Il en est de même pour une enfant de 7 ans qui se masturbait fréquemment : « Quand je me touche là en bas, ça fait des chatouilles comme Papi faisait. » Des explications simples sur la sensibilité normale et agréable du corps génital ont pu l'apaiser. Il est en effet indispensable que cette enfant comprenne que c'était uniquement les circonstances dans lesquelles elle a découvert ces sensations agréables qui n'étaient pas adaptées ; d'ailleurs, elle n'appréciait pas « ces chatouilles bizarres ». L'enfant peut ainsi se réapproprier son corps tout en se distanciant de son corps génital. Le dialogue sur le soin du corps (hygiène, beauté, santé) rassure l'enfant en comprenant qu'il est aussi des touchers non érotisés. Il rassure l'enfant sur les adultes en charge de le protéger et sur sa capacité à se protéger lui-même. Enfin, il atténue l'expression érotisée trop précoce tout en favorisant la reconnaissance du corps comme nécessaire et digne d'intérêt pour grandir en tant que petite personne.

> ### Cas clinique 44
> **Éric**, 15 ans, a été abusé par son père et il a, par la suite, abusé ses sœurs, elles-mêmes abusées par leur père, avec la mère témoin silencieux. Il me demande, durant la quatrième consultation, alors que j'évoque ses liens aux autres : « Est-ce que je ferai comme mon père ? » Je lui demande : « Te souviens-tu de moments heureux avec tes parents ? » « Oui », dit-il. Je réponds : « C'est pourquoi tu as pu grandir avant les problèmes. Par la suite, ton père et ta mère ont fait "n'importe quoi" comme tu me le dis et je suis bien d'accord avec toi ; pourquoi, je ne sais pas te dire mais certainement qu'ils n'ont pas pu apprendre les choses essentielles pour élever des enfants ; malheureusement dans notre société, toutes les grandes personnes ne savent pas, avant de devenir parents, qu'elles doivent elles-mêmes savoir vivre dignement avec leur corps, leur tête et leur cœur, pour s'aimer entre grandes personnes, et que les petites personnes doivent être respectées dans leur corps et aimées seulement avec le cœur et la tête. Toi, tu viens en consultation pour apprendre cela petit à petit et tu pourras être capitaine de ton bateau pour voguer dignement. Vu que tu réfléchis beaucoup, je ne doute pas de tes capacités pour construire cela. On n'a pas la baguette magique pour réécrire le passé mais on peut construire mieux que ceux qui nous ont précédés, surtout quand on apprend ». Éric me révèle alors que son père a laissé entendre qu'il a lui-même subi des abus sexuels dans sa jeunesse. Par la suite, Éric, qui était chétif et mal dans sa peau a une poussée de croissance ; il devient un jeune homme pour son entourage qui avait du mal à se le représenter de la sorte.

La responsabilité de l'adulte est ainsi clairement évoquée. Certains enfants rebondissent vite en parlant de leurs parents ; d'autres plus tardivement selon le temps psychique nécessaire pour saisir l'idée de développement sexuel et de violence ; mais, d'une manière ou d'une autre, tous doivent intimement et sincèrement assimiler qu'ils ne sont en rien responsables de ce qui leur est arrivé. Au fil de la prise en charge, les mots pour qualifier l'auteur sont à peser et mesurer en fonction de l'évaluation des repères et des acquisitions des jeunes patients.

> **Élodie** (cas clinique 2) sait exprimer la notion de perversion : « C'était pour me faire mal que chaque week-end, il venait dans ma chambre ; même quand je lui disais qu'il me faisait mal, il se moquait de ce que je disais. On m'a dit que c'était un pervers. » Il est impératif que je rebondisse sur ses paroles : « Il s'agit d'un adulte incapable de vivre une relation avec quelqu'un qui est d'accord, il abuse des enfants parce qu'il n'a pas besoin de leur accord. Une

> enfant ou une jeune adolescente n'est pas en capacité de lui dire oui ou non sur ce sujet. Il s'agissait de "fausse sexualité" ; c'est effectivement ce qu'il faut nommer perversion. »

À l'inverse, il ne sert à rien, de mon point de vue de prononcer le mot « pervers » à un jeune qui n'a pas de repères sur la construction de la sexualité ; employé par des professionnels médicosociaux, il connote négativement un père ou une mère qu'il continue d'aimer. Les mots « malveillant », « carencé » résonnent moins péjorativement. L'élaboration psychique du jeune sur le développement sexuel lui permettra, en son temps, d'envisager la notion de perversité. Cela explique pourquoi je tiens à revoir les jeunes régulièrement avec des interruptions de douze à dix-huit mois, particulièrement pour les situations les plus lourdes. L'autonomie affective est indispensable pour éviter les risques de repartir dans les bras d'un parent pervers dès la majorité atteinte, c'est-à-dire au moment de l'émancipation de la tutelle sociale.

Troisième temps

Dans ce contexte de violences sexuelles, ce temps vise, pour l'enfant et/ou l'adolescent, à se considérer comme une personne reconnue dans sa capacité à devenir sexuelle à l'aide d'éléments adaptés à son âge et qui favorisent un développement harmonieux. Avoir été abusée à 7 ans n'est pas incompatible avec le fait d'être amoureuse à 9 ans, sauf si l'on cherche à « aimer » comme le faisait son beau-père incestueux, ce qui peut réactiver des comportements de masturbation compulsive. Ainsi, une fillette de 9 ans qui écrit des mots érotisés à un garçon de son âge à la vue de toute la classe a besoin d'acquérir des repères sur elle-même mais aussi d'être rassurée sur son désir d'aimer. Il faut alors mobiliser toutes les capacités cognitives de cette enfant pour rétablir des relations saines avec les autres, lui signifier les repères amoureux de son âge, les valeurs de l'intimité et de la pudeur. Cela peut suffire à l'apaiser comme en témoignent, dans ce cas, l'arrêt de la masturbation et la disparition des attitudes hypersexualisées pour son âge et embarrassantes pour les autres.

Ce troisième temps de la thérapie offre aussi la possibilité aux adolescentes qui se mettent en danger sexuel de cerner, pour se protéger, leurs attentes par rapport à la sexualité. Toutefois, la thérapie doit s'adapter aux spécificités des situations. Par exemple, l'évaluation sexologique d'une jeune fille qui est présentée par les professionnels comme ayant une sexualité instable, voire se prostituant, permet de constater qu'il ne s'agit que d'attitudes provocatrices sans sexualité « réelle », mais révélatrices d'angoisses et d'évitement. Il est important, et j'insiste encore, de ne pas faire d'effraction dans de tels contextes, de rassurer sans cesse et de laisser entrevoir avec finesse et subtilité, en regard du passé, les moyens disponibles pour épanouir sa personnalité sexuelle à son rythme personnel. Ce temps d'évocation sur la construction de la personnalité sexuelle est central pour limiter l'une des conséquences dévastatrices à long terme des abus sexuels, à savoir le processus d'emprise de l'auteur (Ferenczi, [1932] 2004 ; Summit, 1983 ; Perronne et Nannini, 1995). Se penser capable peu à peu de vivre comme les autres, se vivre comme responsable de ce point de vue va aider à lutter contre les effets des violences sexuelles.

Ainsi, chez les jeunes victimes adressées pour trouble du développement sexuel, ce troisième temps a dans la majorité des cas permis, sans se focaliser sur le symptôme (le trouble sexuel), de constater progressivement une atténuation et une disparition des attitudes inadaptées. Le quatrième temps que je vais développer n'a pas été nécessaire dans un nombre conséquent de situations, comme celles d'Antoine (cas clinique 5), de Lydie (cas clinique 3), et d'Élodie (cas clinique 2). L'espoir restaure une estime de soi, allège l'angoisse et permet d'envisager une construction personnelle ; le trouble alors s'amende voire disparaît, particulièrement chez les plus jeunes. Pour d'autres victimes plus âgées, ce troisième temps a pu permettre d'exprimer les craintes face à la sexualité, ou les difficultés même à la vivre : ne pas arriver à être amoureux, ne pas oser se lancer dans l'aventure ou s'y lancer trop vite, et, chez les grands adolescents ou les jeunes adultes, ne pas éprouver de désir ou de plaisir sexuel.

Quatrième temps

Chez des jeunes enfants, comme pour un garçon de 11 ans abusé qui abuse de ses pairs, si le troisième temps n'a pas corrigé les troubles, ce qui est loin d'être la situation la plus fréquente, il faut revenir sur les éléments déclenchants sans stigmatiser, en sachant évoquer le passé des abus : amener de nouveaux éléments de compréhension autour de l'emprise de l'auteur, faire le lien avec le travail effectué autour de « la vraie sexualité »... pour parvenir, par l'apaisement, à la disparition du trouble. Il peut être nécessaire de revenir sur les sensations ressenties dans le corps, du fait d'un état amoureux qui perturbe « agréablement » et fait tomber les barrières de la pudeur, du respect de l'intimité.

Les généralités du troisième temps autorisent maintenant les plus âgés à parler de leurs propres difficultés, souvent multifactorielles (troubles de l'attachement, placement, etc.) et pour certaines en lien direct avec l'abus sexuel. Si une jeune fille peut dire à présent : « J'ai peur d'être amoureuse et pourtant j'aimerais bien être comme mes copines qui osent », des petits jeux de rôle qui l'impliquent, où elle donnerait des conseils à une amie qui serait dans la même situation, sont d'un apport facile et sécurisant. Développer de telles compétences, dans une juste distance avec ses émotions par un effet de rationalisation (Ellis, 1967) permet de développer l'autonomie affective. Il est toujours rassurant de se voir trouver des solutions, pour être indulgent envers soi-même quand on est en permanence dans une image négative de soi, comme pouvait l'être cette jeune fille, présentée comme « effrontée ». Pour d'autres qui partent vite « à l'aventure », les attitudes de soumission et de passivité, propices à se laisser entraîner, sont à repérer pour en limiter les risques ; il est alors primordial de savoir expliquer finement la force de l'emprise d'un agresseur, aux empreintes dramatiques et indélébiles qui surgissent plus tard lorsque se vit le désir de sexualité.

Ce quatrième temps peut donc concerner des victimes plus âgées qui vivent déjà leur sexualité ; elles vont pouvoir exprimer leurs difficultés alors qu'elles sont dans l'espoir de vivre mieux et autrement. Les mises en danger peuvent masquer la peur de ne pas réussir sa relation à l'autre, ce qui pousse à se précipiter « à l'aventure » pour se rassurer sur sa capacité à être aimé. Le temps de découverte de l'autre peut être ainsi très réduit et accroître les risques d'échec. Ces mises en danger peuvent aussi cacher un manque, voire une absence de sensations, ce qui entraîne une multiplication de partenaires sexuels. Pour des jeunes femmes mais aussi des jeunes hommes victimes qui ont le sentiment d'aller de déception en déception dans leur vie sexuelle, repérer des insatisfactions répétées ou des facilités de soumission à l'autre, liées à l'emprise exercée par l'auteur des abus du passé, permet sans aucun doute d'avancer. Dans ce contexte, il s'agit de rassurer, d'aider à penser sur ce que l'on devient en tant que jeune fille, jeune homme, pour être en mesure d'appréhender les mécanismes de la réponse sexuelle désirée et librement consentie, sans sous-estimer la réactivation des souvenirs des abus subis, et donc des peurs. C'est le cas de Célia (cas clinique 29). Il est toujours rassurant de montrer que le plaisir sexuel n'est pas toujours spontané ni évident chez la plupart des femmes et que l'imaginaire a sa part à jouer. À cet endroit, des chansons ou poèmes sur la vie sexuelle et amoureuse apportent quelque légèreté à laquelle ces jeunes bien tourmentées aspirent avec raison.

Ce quatrième temps s'est avéré indispensable dans certaines situations très lourdes d'abus sexuels, qu'ils soient précoces ou impliquant les deux parents. Les jeunes présentent alors bien souvent des troubles sexuels sévères, comme Marine (cas clinique 28) ou Vanessa (cas clinique 4) qui se prostitue, s'alcoolise et se drogue. Il s'agit aussi de garçons devenus auteurs ou de filles non classées comme auteurs puisque leurs actes n'ont pas fait l'objet de poursuites judiciaires. Les conséquences du passé traumatique sont désastreuses et s'accompagnent de troubles psychiatriques, états-limites principalement. Face à des suivis psychiatriques devenus impossibles, proposer une prise en charge en thérapie sexuelle est une alternative de dernier recours et secours quand les troubles du développement sexuel induisent dangerosité, rejet et isolement social. Chaque fois que les professionnels (et c'est la majorité des cas), grâce à leur motivation, ont réussi à convaincre un jeune de venir en consultation – et je voudrais les en remercier sincèrement –, j'ai pu parvenir jusqu'à ce temps de la thérapie. Ainsi, un tel travail est le fruit d'une réelle collaboration et je sais combien l'investissement du professionnel est fondamental dans la réussite de la thérapie. Parallèlement à la thérapie sexuelle, un jeune devra être soutenu par ailleurs dans la prise en charge sociale, psychiatrique ou vis-à-vis de ses addictions, d'où le rôle essentiel de tous les référents.

> Lorsque je vois **Marine**, 15 ans (cas clinique 28) pour la première fois, je sais que je vais devoir interrompre mon travail pour quelque temps d'ici trois mois. « J'accepte » toutefois le suivi car son éducatrice est démunie : « Tout va mal et on ne sait plus quoi faire de cette jeune qui se met en danger sexuel permanent, qui abuse sexuellement les autres et s'exprime avec une violence verbale inouïe, connotée sexuellement. »
> *Première consultation.* Marine s'est installée de manière à ne pas me regarder ; son éducatrice est présente puisque c'est elle qui a réussi à l'amener. Elle lui a juste demandé de voir un médecin... pour la dernière fois, car Marine refuse désormais de rencontrer des professionnels. Comme je comprends qu'elle ne me parlera probablement pas, je commence et présente le travail proposé : « Être une personne, avec une tête, un cœur et un corps et vivre avec les autres comme toute personne... avoir grandi et encore grandir en devenant adolescente... changer dans sa peau pour s'autonomiser même si l'on vit en foyer. Je connais ton histoire et je n'en parlerai pas ici... c'est le même chemin pour tout le monde : on va dans un sens dans la vie, celui de l'avant ! D'accord, tout cela c'est du baratin... Mais apprendre des choses sur ce qu'on est en tant que personne pour avancer avec ou sans les autres... c'est ce que tu pourras entendre ici. » Entre-temps, j'ai dessiné la personne au tableau. Et je lui dis que la reverrai dans une semaine. J'ai à peine aperçu son visage.
> *Deuxième consultation.* À nouveau accompagnée de son éducatrice. Marine est très en colère et m'annonce qu'elle est venue pour me dire que je l'avais « prise pour une débile ». Elle s'assoit face à moi, cette fois. Je reprends ce que j'ai expliqué ; à mon étonnement, elle dessine rageusement le bonhomme au tableau. Je lui dis que je parle exactement de la même façon aux adultes qui, eux aussi, ont besoin de savoir ce qu'ils sont dans leur corps, leur tête et leur cœur pour vivre avec les autres ou sans les autres. J'explique qu'elle a su

des choses avant les autres sur ce corps mais ce n'était pas cela qui s'appelle sexualité ; c'est maintenant qu'elle est devenue adolescente et qu'elle pourra faire des choix pour vivre sa sexualité que cette dernière prend toute son importance. Je parle de l'enfant victime d'un accident de la voie publique : apprendre à conduire dans l'autonomie, la responsabilité et pour se faire plaisir et peut-être aussi faire plaisir... et apprendre encore à conduire même si l'on devient vieux ou que l'on est « débile », ce qu'elle n'a pas l'air d'être !

Troisième consultation, une semaine plus tard. Marine veut entrer seule. J'évoque l'adolescence, une période pénible et de chance, que l'on soit fille ou garçon... et ces deux sexes qui ne se supportent pas toujours mais se découvrent puisque, entre filles ou entre garçons, ce n'est pas simple non plus. Marine commente pour la première fois : « Les autres filles sont connes. » Ensemble, nous réfléchissons aux raisons de ces difficultés entre adolescents et particulièrement au corps qui énerve, qui ne plaît pas. Marine « se trouve très moche et nulle » et ne cherche guère à se plaire, d'après ce que je constate vu son aspect négligé. Je rebondis sur cette petite phrase : « Tu penses qu'il faut être belle pour plaire ? Peut-être, mais peut-être pas ; regarde les gens âgés, les petits vieux comme tu dois dire ; parfois, une mémé est sympa à regarder même si elle n'est plus vraiment belle, parce qu'elle sait encore s'habiller avec de la couleur, se mettre du rose aux joues... et peut-être que le boulanger ou la boulangère du quartier aiment bien discuter avec elle parce qu'elle sait être agréable en souriant dans sa robe rouge. C'est la même chose pour cet ado qui est dans un fauteuil roulant et qui se fait des copains ou des copines sans pouvoir courir. » Marine sourit et ajoute que les vieux « ils n'ont pas besoin de faire les beaux, c'est trop tard ». Je renchéris en disant qu'elle n'a pas tort mais que si cela leur permet d'avoir le moral en voyant les autres leur sourire, pourquoi pas ! La discussion se poursuit sans agressivité ni moquerie ; Marine s'implique. J'introduis « le capitaine du bateau » en dessinant le bonhomme sur son bateau.

Dix séances sont menées. À la septième, elle arrive un peu maquillée et dit s'être acheté le tee-shirt qu'elle porte : elle l'a choisi parce qu'il lui a plu. Marine s'est calmée, me dit son éducatrice. Après six mois d'interruption de suivi, lorsque je demande de ses nouvelles, l'éducatrice me dit que « le mieux observé tient » et que se prépare une intégration scolaire. Pour favoriser ce projet, la reprise d'un suivi sexologique est remise à plus tard. Je proteste, car je pense que le retour à la vie sociale est utopique mais comme le suivi est « expérimental », je ne suis pas en position de m'imposer. Entre-temps, Marine n'a pas voulu reprendre de suivi psychiatrique. Elle reste scolarisée trois semaines et explose à nouveau. Il est impossible pour les professionnels sociaux de la pousser à consulter à nouveau en psychiatrie. À ce moment, l'éducatrice me dit que Marine a entendu une petite phrase de la part d'un psychiatre, lors d'une réunion de professionnels à son sujet, deux ans avant le début de mon suivi : « Il n'y a pas grand-chose à faire dans ce type de situation. »

Marine, motivée par son éducatrice qui ne la lâche pas, revient en sexologie régulièrement. Voici le bilan à ses 18 ans : jeune fille fragile bien fragile dans la vie pour s'insérer socialement ; dans la sexualité :

- Elle ne parle plus de sexualité à tort et à travers ; son éducatrice dit se « reposer » quand elle parle avec Marine.
- Elle ne fabule plus sur des histoires de viols anciens ou récents.
- Elle ne présente pas d'éléments de harcèlement sexuel envers des plus jeunes ou des plus âgés, filles ou garçons.
- Elle a une contraception et « n'a pas fait d'enfant », comme elle en parlait.
- Elle peut se maquiller et s'habiller avec soin, l'hygiène est acquise.

Un jour, Marine demande à revenir en consultation alors que je ne l'ai pas revue depuis six mois ; elle a près de 19 ans. Elle est amoureuse et en difficulté dans sa relation pour avoir du plaisir, d'où sa demande de consultation. Elle revient plus régulièrement pendant quelque temps. Spontanément, lors d'un entretien elle revient sur « le temps, vers 12 ans, où elle faisait vraiment des trucs qu'il ne faut jamais faire aux enfants ». Nous retravaillons à sa demande sur cette question des abus sur des enfants. Elle me dit vouloir s'occuper d'enfants, ce que me confirme sa nouvelle éducatrice qui prend le relais du fait de la majorité de Marine.

Peu de temps après, une décision à laquelle je ne suis pas invitée à réfléchir est prise au sein de l'ASE pour lui refuser un stage en crèche, compte tenu de ses antécédents. C'est Marine qui m'informe de cette décision lors d'une consultation, sans agressivité, mais je perçois une grande tristesse. Quelques mois plus tard, son père sort de prison. Sa mère y est encore. Elle veut renouer un dialogue avec lui comme lui aussi semble le souhaiter. Mais les choses se passent mal lors d'une rencontre chez les grands parents paternels. Ils lui reprochent, avec son père, d'avoir révélé à 4 ans son calvaire. Marine explose à nouveau et s'inventera une grossesse... qui me servira à placer l'absolue nécessité d'un suivi psychiatrique, trouvant heureusement un écho chez une psychiatre d'un service d'urgence et un psychiatre libéral. Ensemble, et toujours avec le soutien de sa première éducatrice et de la nouvelle, nous travaillerons également à une reconnaissance en tant qu'adulte handicapé pour que Marine ne finisse pas dans la rue et bénéficie de tout le soutien médicosocial que nécessite sa situation.

On voit dans cette situation l'investissement central du référent. Ces situations justifient à elles seules, de mon point de vue, la nécessité de travailler précocement et dès l'apparition de troubles avec les victimes de violences sexuelles, même avec les très jeunes enfants, comme Lilou et Myriam (cas clinique 6). Actuellement, plusieurs enfants gravement abusés très jeunes sont en cours de suivis. Les prises en charge ont débuté avant l'âge de 5 ans, du fait de troubles graves ; le suivi est interrompu après une dizaine de séances et reprend environ dix-huit mois plus tard pour quelques séances (quatre en moyenne) en fonction du développement de ces enfants et parallèlement aux suivis pédopsychiatriques et psychologiques. Par un apaisement obtenu plus tôt, on vise ainsi à limiter les conséquences dans les retards scolaires et les difficultés d'apprentissage social. Les professionnels ont demandé la prise en charge sexologique précoce d'enfants, au vu des résultats encourageants constatés au décours de la prise en charge d'enfants victimes d'abus très jeunes aussi, mais dont la prise en charge s'est faite plus tardivement, entre 7 et 9 ans.

Depuis 2005, parmi 29 enfants victimes confiés à l'ASE pris en charge dès la préadolescence (moyenne d'âge 11 ans) avec des troubles apparus pourtant depuis l'enfance (abus sexuels sévères précoces intrafamiliaux avec des troubles graves de l'attachement), les premiers résultats sont intéressants. Quinze ont à présent plus de 15 ans et vivent une adolescence « conforme ». Le suivi des 14 autres jeunes est également à ce jour fort encourageant. Évidemment, le travail en réseau est très important avec des professionnels (éducateurs référents, assistants familiaux, voire parents) motivés pour encourager cette prise en charge et intéressés par l'approche développée dans ce conseil général sur le développement sexuel des jeunes. Favoriser la construction de la personnalité sexuelle des jeunes victimes de violences sexuelles devient un défi pour les professionnels qui ont compris que le travail doit être mené avant la sortie de l'ASE à 18 ans. C'est pourquoi, au conseil général de la Marne, le suivi sexologique est désormais recommandé pour toutes les victimes de violences sexuelles avant la préadolescence dès le constat de troubles du développement sexuel. Pour les préadolescents victimes, même en l'absence de signes patents, je préconise une évaluation dans le cadre de l'accompagnement du développement de la sexualité.

Les auteurs de violences sexuelles

La prise en charge proposée pour les auteurs d'infraction à caractère sexuel repose sur les recommandations de la Fédération française de psychiatrie concernant les traitements des auteurs d'agressions sexuelles (2001), sur les travaux de l'Association pour la recherche et le traitement des auteurs d'agressions sexuelles (ARTAAS) et sur les travaux nord-américains qui se réfèrent au modèle de prévention de la récidive (Jacob, McKibben et Proulx, 1993 ; Pithers et Gray, 1996 ; Prentky et Burgess, 2000).

Les conséquences désastreuses des abus sexuels sur les enfants ou les adolescents ont été ma motivation principale pour la mise au point progressive, depuis 2001, de cette thérapie sexuelle pour les auteurs mineurs. Parmi ceux que j'ai suivis, la très grande majorité a abusé des mineurs et très rarement des adultes : 90 % des victimes ont moins de 15 ans et, parmi elles, 60 % ont plus de 10 ans. La moyenne d'âge est de 14 ans, le plus jeune a 11 ans au moment des faits. Par ailleurs, l'auteur connaît la victime dans plus de 90 % des cas. Les victimes sont des filles, dans la majorité des cas pour les auteurs de plus de 15 ans, et des filles ou des garçons, dans des proportions identiques, pour les auteurs de moins de 15 ans. Enfin, 75 % de ces jeunes auteurs ont un parcours marqué par un placement antérieur à l'ASE.

Tous les jeunes sont accompagnés d'un éducateur de la PJJ ou du conseil général qui m'a préalablement informée du dossier et des suites judiciaires données, préjudicielles ou postsentencielles[8]. Dix-huit jeunes sur 59 (soit 31 %) ont déjà été mis en examen pour infraction à caractère sexuel. Le programme thérapeutique repose sur l'évaluation de la situation, complétée au cours de la thérapie, et s'appuie sur les quatre temps déjà évoqués.

PRINCIPAUX ÉLÉMENTS DE L'ÉVALUATION

- *Victimes* : nombre, âge, différence d'âge et lien victime/auteur.
- *Histoire familiale* : abandon parental, troubles de l'attachement, maltraitances, troubles psychiatriques des parents, conduites addictives parentales, violences conjugales...
- *Développement sexuel* : source des connaissances sur la sexualité, précocité, surstimulation, promiscuité, abus sexuels subis, consommation pornographique, prostitution, complexe de l'image corporelle, expériences sexuelles non déviantes.
- *Adaptation sociale au moment du délit* : isolement social, relations affectives et amicales...
- *Infraction* : nature, nombre, préméditation, utilisation de conduites addictives.
- *Niveau de violence utilisée* : coercition, menace verbale ou avec arme, séduction, chantage affectif, contrainte.
- *Motivation du passage à l'acte* : déviance sexuelle, mode de vie de prédation, jugement moral erroné, non-perception de l'impact de ses actes sur la victime, curiosité malsaine, dérapage dans la découverte de la sexualité...
- *Problématique sexuelle* : fantasmes sexuels déviants, intérêts et comportements sexuels déviants.

Synthèse élaborée à partir des travaux de Saunders et Awad (1988), McKibben, Jacob et Proulx (1993) et Haesevoets (2001a).

---

8. C'est-à-dire avant ou après la condamnation.

Cette synthèse m'est précieuse, car les travaux québécois ont le mérite d'évoquer le développement psychosexuel et le vécu sexuel. Si ces travaux se situent dans une approche corrective, comme par exemple supprimer les fantasmes déviants dans une optique de rééducation, je me situe, pour ma part, dans une démarche progressive et positive, entre déplacement, transformation et modulation, qui enclenche le développement psychosexuel. Ainsi, le fantasme sexuel déviant peut être une béquille et offrir un sentiment d'identité (Balier, 1988), il ne faut pas le supprimer mais apprendre à le transformer.

Dans les situations postsentencielles avec une mesure de sursis, de mise à l'épreuve et/ou de suivi sociojudiciaire, je dis au patient, dès le début de la consultation, connaître le motif de sa venue. J'aborde les deux premiers temps du programme en faisant passer deux idées fortes : adapter ses conduites sexuelles s'apprend et apprendre lorsqu'on est jeune, malgré le passé, est plus facile. L'image du capitaine du bateau sera peut-être utile, à condition de l'adapter à la situation ; face à la toute-puissance d'un jeune psychopathe, ou à une déficience intellectuelle forte, elle peut jouer à l'encontre de toute attente bénéfique.

Dans les situations préjudicielles, si un jeune ne s'exprime pas tout de suite sur l'infraction et puisqu'il est présumé innocent tant qu'un jugement n'est pas rendu, j'applique la démarche décrite dans le programme thérapeutique. Cette approche permet de travailler de façon constructive et sans perdre de temps ; il s'agit d'éviter le risque d'une nouvelle infraction à caractère sexuel dans un contexte de suspicion sur la personnalité sexuelle, suspicion qui peut, de fait, favoriser un passage à l'acte. Pour certains, entreprendre le travail est d'autant plus urgent que plusieurs affaires d'infractions à caractère sexuel en cours d'instruction sont engagées. Cette façon de faire, ne pas parler tout de suite de l'infraction, s'est avérée utile pour éviter qu'il me soit reproché de prendre en charge en thérapie sexuelle un jeune que je pourrais considérer comme coupable alors qu'effectivement il est présumé innocent. La prise en charge ne consiste pas à faire dire à un jeune s'il a ou non commis une infraction à caractère sexuel. Il s'agit de réfléchir avec lui pour construire et vivre la sexualité dans le respect d'un contrôle social intériorisé, relationnel et formel. Je considère un jeune placé sous contrôle judiciaire, sûrement pas comme un coupable mais, avant tout comme un être humain présentant un trouble du développement de la sexualité, ce qui suffit à engager une thérapie.

Je rappelle que ce travail repose sur l'approche cognitive et sociale du développement de la sexualité. C'est un point fondamental pour éviter certains écueils.

> « La posture d'accueil de l'agir sexuel violent place les professionnels dans un lien d'inconfort dans la rencontre de l'adolescent auteur, qui implique un mouvement de transformation de l'excitation, en acceptant, d'une certaine manière, d'y prendre part. » (Roman, 2009, p. 43)

Ainsi, la théorie cognitive et sociale du développement de la sexualité permet une prise de distance face à des mineurs présentant des troubles importants de leur développement sexuel quand il faut tenter l'impossible malgré la lourdeur des situations. Motiver les jeunes auteurs, en raison même de leur âge, à construire un savoir, un savoir-faire et un savoir être sur cette dimension humaine qu'est la sexualité constitue un objectif majeur de la mission du professionnel, tâche facilitée par une formation théorique solide. La sexualité de ces jeunes n'est pas figée et l'approche cognitive et sociale permet de ne pas identifier cet adolescent auteur à un adulte dans son « agir sexuel ». En témoigne la grande difficulté de ces jeunes à parler des faits, à les mettre en récit et en émotion, comme s'ils avaient été absents d'eux-mêmes au moment de l'épisode de violence sexuelle. D'où l'importance de travailler à ce développement sexuel gravement perturbé.

La théorie de l'attachement, qui pousse le thérapeute à regarder le contexte de vie des jeunes, facilite également la prise en charge des comportements sexuels violents. En effet, comme je l'ai déjà dit, 100 % de ces adolescents présentent des troubles de l'attachement profonds, même s'ils peuvent passer inaperçus. L'indifférence parentale dans un milieu social aisé peut être aussi préjudiciable que des carences avérées dans un milieu très fruste. En effet, lorsque la parole est impossible, représentations sexuelles et émotions ne peuvent être évoquées. Or la sexualité adulte laissée sans interdit, celle notamment qui circule *via* Internet et des supports pornographiques, ne peut que perturber dans ce cas le développement sexuel d'un jeune.

Grâce à ces deux théories, le professionnel peut faire face avec distance et considérer l'agir de ces jeunes sans dramatisation. La nécessité du soin, centrale et fondamentale, permet de se dégager du risque des fantasmes de séduction et d'une dimension séductrice traumatique, liés à la consultation individuelle avec un mineur (Roman, 2009), ce qui n'empêche pas le professionnel, bien au contraire, de faire preuve d'empathie et d'émotion à l'égard de la victime. Ces théories laissent la possibilité d'inclure en thérapie une démarche éducative du développement sexuel, apport considérable pour avancer et gagner du temps, face au risque de récidive. Penser et agir, évidemment mêlés face à de telles situations, permettent de lutter contre l'impuissance des professionnels et la stigmatisation :

« Accueillir des jeunes "délinquants" relève d'une mission particulièrement difficile, mais accueillir des jeunes auteurs de violences et/ou agressions sexuelles, des jeunes qui ont commis l'inacceptable, l'innommable, relève d'une mission complexe voire improbable. » (Califice, 2009, p. 44)

À ce jour, malgré la complexité des situations, j'ai pu entreprendre la thérapie sexuelle avec tous les jeunes présentés. Le canevas thérapeutique avec ses « outils » tels que décrits, s'est avéré précieux et a motivé à poursuivre dans cette voie de l'ouverture au dialogue (revoir le cas clinique 13, Bertrand). La thérapie sexuelle, telle que mise en place dans le cadre d'une approche cognitivocomportementale, est venue démontrer qu'il en allait de certitudes, au-delà de toute utopie.

Premier et deuxième temps

Pour les préadolescents, en augmentation dans mes consultations, se repérer entre l'enfance et l'adolescence est essentiel pour le développement et j'ai constaté que la plupart de ces jeunes, dans cette période intermédiaire, ont du mal à se situer, se considérant dans leur corps comme des adolescents. Quand j'avance avec eux sur leur place, je peux simultanément évaluer leurs repères affectifs et intellectuels. Ce sont des enfants dans une immaturité certaine qui se vivent dans un corps de jeunes hommes. Dans ce contexte, la prise en charge vise à les rassurer sur ce qu'ils sont et à leur « redonner » leur âge. Parler des besoins affectifs, intellectuels mais aussi corporels « désexualisés », ouvre peu à peu sur cette dimension sexuelle qui se profile par les premiers changements pubertaires. Tout cela vise à renforcer l'estime de soi et le respect de l'autre, plus jeune ou plus grand. Avec un jeune de 11 ans, très fermé, violent et *a priori* insensible à l'idée de souffrance, briser la carapace, trouver ce qui va capter sa curiosité et provoquer un lâcher prise est une nécessité. Se servir des « héros » de leur paysage préadolescent, comme les footballeurs, Titeuf ou Harry Potter, introduire des personnages historiques comme les pirates, aventuriers ou artistes, participe au repérage de soi dans l'univers social, dans la définition des frontières entre virtualité et réalité. Pour ces adolescents et dans toutes les situations, j'ai dû reprendre les repères fondamentaux concernant la personne. Ces jeunes, dans une représentation pauvre d'eux-mêmes et des autres, ont besoin d'éducation à la santé, adaptée à leur personnalité en souffrance.

Je me réjouis que cette éducation soit une préoccupation des services de la PJJ car, en consultation, je constate bien des manques sur la connaissance des besoins élémentaires humains en lien avec le respect de soi et de l'autre. Régulièrement, je reviendrai sur ces notions durant la thérapie en soulignant avec délicatesse ce que je repère dans le soin comme positif ou négatif. Puis j'aborde la question de l'aventure de la sexualité à cet âge, dimension essentielle pour qu'un jeune ait conscience de lui-même et de son corps qui, animé d'excitation sexuelle, se transforme. Chose surprenante, malgré les passages à l'acte sexuel, il ne sait pas toujours identifier ces changements ni la violence commise. D'où la nécessité d'une évaluation progressive des repères du jeune patient, avec le souci constant d'adapter la thérapie à chaque cas, sans constituer d'effraction, même si une conduite sexuelle violente a été avérée.

Les deux premiers temps peuvent être plus longs pour des jeunes qui sont dans la négation des autres, de l'autre et d'eux-mêmes. Une attitude très désinvolte de leur part ne doit pas dispenser de poursuivre la thérapie jusqu'à trouver, généralement au début du troisième temps, ce qui va les faire se déplacer un tant soit peu. Une obligation de soins ou un contrôle judiciaire représentent, parfois hélas, l'occasion à un adolescent d'entendre un rappel à la loi, une parole à laquelle il doit, pour une fois dans sa vie, se conformer. Je ne parle pas tout de suite de cette contrainte mais j'y ai recouru devant un jeune réticent à la thérapie, pratique toutefois loin d'être fréquente de ma part, puisque les adolescents sentent le bienfait de cette démarche et s'investissent vraiment.

Je considère qu'il me revient, de par ma position de professionnelle du soin, de savoir trouver les moyens de motiver un jeune à vouloir apprendre, réfléchir, malgré les obstacles inhérents à sa personnalité et son histoire. Les soins ont pour objectif de protéger des récidives, même si les histoires individuelles, les comportements, les actes commis et les troubles sexuels semblent hors de tout entendement rationnel. Il faut, dans un troisième temps de la prise en charge, et pour affronter les difficultés sans découragement, s'appuyer dans la démarche thérapeutique sur un programme défini d'éducation à la sexualité et de son apprentissage social.

Troisième temps

Le programme d'éducation à la sexualité adapté à l'âge, à l'histoire, à la personnalité d'un jeune est indispensable à cette étape. En fonction du déroulement de la thérapie, j'utilise différents thèmes qui servent à appréhender la capacité de construction de la sexualité du jeune en question. Sujet à part entière, il vit dans un monde où chacun a sa place mais aussi sa responsabilité vis-à-vis de lui-même et des autres. La sexualité est l'affaire de soi-même ; elle peut devenir celle de deux personnes qui y consentent, intégrés à une société avec ses règles. Et j'en viens à l'apprentissage social, avec des techniques de développement des compétences sociales à comprendre pour être en mesure de vivre sa sexualité.

Par ailleurs, le programme va permettre le lien entre pensées, émotions et les idées modelées par le jeune patient sur lui-même et son environnement, contribution à l'élaboration psychique. Cette démarche, dans une adaptation permanente du thérapeute aux situations singulières, donne à voir la perception des conduites inadaptées, en tenant compte toutefois des effets de distorsion cognitive. Avec un jeune que l'on perçoit agressif, méprisant vis-à-vis des filles, le fait d'aborder l'idée de la construction amoureuse peut faire lâcher prise, même si spontanément je n'ai pas plus envie que quiconque qu'il tombe rapidement amoureux en raison des actes commis. Toutefois, en évoquant un homme de 50 ans qui a juré ne plus jamais être amoureux en raison de ses déceptions dans sa « vie d'homme », j'ouvre le dialogue. On peut aborder les questions de désir frustré, de déconvenue, de déception, quels que soient l'âge ou le sexe. Ainsi j'explique : cet homme, convaincu d'être victime du mépris de ses conquêtes amoureuses, ne peut toutefois pas obliger une femme à l'aimer. Mais comme il tombe à nouveau un jour très amoureux, que peut-on lui conseiller ? Et j'invite le jeune à conseiller cet homme, à lui proposer des pistes de réflexion. Sans poser directement des questions, le sexologue ne doit pas avoir peur de parler, pour alimenter une réflexion et créer un échange. Le jeune s'autorisera à intervenir, à condition qu'on lui laisse la place dans un langage accessible et sérieux, façon de lui notifier qu'on le considère bien en tant que personne. Le thérapeute doit être à sa place et l'empathie et la décentration ne signifient pas « être comme » ou « parler comme ». Manifester une certaine légèreté et de l'humour certes, mais sûrement pas « parler jeune » ou « faire jeune ». Rebondir, reformuler, encourager pour avancer ensemble « l'air de rien ».

Parmi les nombreuses attitudes éducatives, celles de ce diagramme jouent un rôle prépondérant. Selon la perception des attitudes de son interlocuteur, un jeune va s'ouvrir ou au contraire se fermer. Le mot « chaleur » signifie intérêt, attention bienveillante de cet interlocuteur qui peut se rapprocher de l'affection, le mot « hostilité » rend compte de manifestations de dégoût, de répulsion ou de rejet. Le mot « restrictivité » témoigne d'attitudes directives, protectrices, surprotectrices ou possessives ; enfin, le mot « permissivité » évoque ouverture, tolérance dans le dialogue.

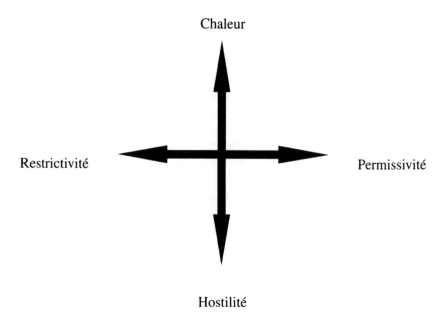

Figure 7.1. Les quatre attitudes éducatives selon Wesley Becker (1964)

Seule l'attitude chaleureuse et ouverte[9] dans le dialogue va dans un sens éducatif positif. Elle témoigne de la volonté du thérapeute à dialoguer pour donner au jeune la possibilité de s'exprimer, de communiquer et l'envie d'apprendre. L'utilisation d'une chanson ou d'un texte (que je peux lire si le jeune ne sait pas lire lui-même), outil précieux, permet un travail indirect de décentration. Tenter, par l'argumentation ou le raisonnement, de convaincre un jeune à modifier son jugement sur les filles serait complètement inefficace selon parfois le développement du jugement moral (Kohlberg, 1971). Il faut sans cesse comprendre les mécanismes de la pensée, sans blesser ni agresser, pour favoriser les prises de parole personnelles et encourager des évolutions.

> **Eddy** (cas clinique 8) est ce préadolescent de 12 ans qui a grandi dans la violence conjugale, voire sexuelle, de ses parents. Il a abusé régulièrement et depuis deux ans sa sœur âgée de 9 ans et il a des comportements violents avec les autres. Dans ce troisième temps, j'utilise la rencontre à l'autre, d'abord dans le cadre de l'amitié. En effet, Eddy est dans une logique

---

9. J'emploie le mot « ouverte » plutôt que « permissive » connotée négativement. Être ouvert dans le dialogue ne signifie nullement que l'on encourage un jeune à faire ce qu'il veut comme il le veut.

« d'idéalisation sexuelle » des rencontres amicales : « Mes copines, elles voudraient bien coucher avec moi. » Il est d'abord nécessaire de l'aider à entrevoir les raisons qui le motivent à choisir telle personne ou telle autre. Lui interdire ses préoccupations sexuelles sans impulser une autre façon de construire sa réflexion ne serait pas constructif. L'encourager à complexifier ses choix, aller au-delà du sexuel pour rencontrer l'autre mais tenir compte de sa personnalité pourra contribuer à changer ses comportements. Eddy doit aussi comprendre que le thérapeute l'envisage comme un préadolescent qui va grandir et développer sa personnalité sexuelle. Je rappelle que dès la première consultation, il me demandait ce que signifiaient « PD » et « gouine » et ne m'aurait pas autorisée à garder le silence à ce sujet ! Le troisième temps de la thérapie m'a permis d'aborder, de manière compréhensible pour lui, la question de l'orientation sexuelle.

Désexualiser le présent source de violences et aborder les inquiétudes éventuelles face à la construction de la sexualité sont des étapes nécessaires pour avancer dans la thérapie. Pour Eddy, il s'agit du fait « qu'il n'a qu'une seule couille » et qu'il a peur de ne pas pouvoir avoir d'enfant. Pour d'autres jeunes auteurs, combien de soupirs et de sourires de soulagement lorsque je raconte qu'un jeune de 14 ans peut dire : « C'est quand même drôlement embêtant de se mettre à bander souvent. » Et que je rajoute : « À la puberté, les garçons ont des érections très facilement... même à des moments où ils ne s'y attendent pas. C'est dû au fait qu'un garçon devient un jeune homme ; les jeunes hommes vont apprendre peu à peu à gérer leurs réactions sexuelles en les conformant aux codes sociaux ou à une relation amoureuse. Ils vont apprendre les notions de désir amoureux et de désir sexuel », notions que j'explique et développe par des exemples.

Le programme permet d'aborder la construction de la sexualité avec l'autre, reconnu en tant que personne différente de soi, qui ressent et pense différemment. Il s'agit d'identifier ses affects et ses sensations intimes en lien avec ses comportements sexuels, mais sans impudeur ni voyeurisme, pour entrer en dialogue et conversation sur la sexualité. Ainsi, peu à peu, point fondamental pour préparer le quatrième temps de la thérapie, la réflexion passe des comportements sexuels dits normaux aux comportements problématiques et violents. « Mais alors untel n'avait pas le droit de me faire telle chose », me disent les jeunes patients qui se mettent alors à décrire des abus sexuels subis avant qu'ils deviennent auteurs ou auteurs présumés. C'est le cas d'Eddy, qui révéla ainsi les abus qu'il avait subis par le fils de son assistante familiale.

Dans mon expérience, les jeunes en postsentenciel ont, pour la plupart, reconnu les faits avant la prise en charge mais je sais, par le référent, qu'une majorité minimise l'acte violent ou estime que la victime était consentante. Durant ce troisième temps de la thérapie, ce qui est devenu à leurs yeux une infraction a été circonscrit par une majorité des jeunes eux-mêmes, en pré- ou postsentenciel, alors qu'ils en avaient jusqu'alors réfuté l'existence. Comme je l'ai dit, par la reconnaissance de leurs affects selon les situations émotionnelles, ils peuvent verbaliser leurs attitudes antérieures sexuellement violentes et donc inadéquates. C'est le fruit du processus d'élaboration psychique, impulsée par la thérapie autour de la violence sexuelle. C'est alors le moment du quatrième temps de la thérapie. À noter que parmi les 47 % (chiffre de 2009 sur la totalité des jeunes pris en charge, contre 33 % en 2006) de jeunes qui ont été victimes de violences sexuelles dans leur passé avant d'être eux-mêmes présumés auteurs, 23 % ont révélé les abus subis lors de ce troisième temps de la thérapie et ont parlé de l'infraction à l'origine de la prise en charge sexologique.

> **Joris** est ce jeune de presque 18 ans (cas clinique 10) qui a commis une infraction à caractère sexuel sur une fillette de 3 ans alors qu'il avait 16 ans et demi. À 3 ans, il a manifestement été témoin du viol de sa mère. Lors de la première séance, Joris souhaite la présence de son assistant familial. Il est totalement sur la défensive et ne s'exprime pas du tout. Par moments, il semble décrocher, ce qui m'oblige à parler lentement et à répéter. Son hygiène est limitée. La prise en charge va s'adapter à son âge et à son histoire. Situer ses repères relationnels me permet de lui dire : « Tu sais déjà, toi, combien les liens affectifs ne sont pas faciles à construire puisque ta mère est décédée, que tu as été confié à l'ASE au vu des problèmes de tes parents. Tu as vécu l'épisode de tes 3 ans. Trois ans, ce n'est pas vieux mais tu étais déjà pleinement une personne qui a été choquée. C'est pour cela que tu as pu t'en souvenir. » Joris ne rétorque rien. Je continue sur les autres liens qui font grandir, comme l'amitié, même si la psychologue m'a dit qu'il semble ne pas avoir eu de copains jusqu'alors. Joris continue à se taire. Je définis l'autre lien, celui de l'aventure de la sexualité : « On découvre cette nouvelle capacité humaine qui se construit peu à peu parce qu'on devient jeune homme pour les garçons, jeune fille pour les filles dans son corps, mais aussi sa tête et son cœur. Tout le monde construit cette capacité pour aimer, être aimé et aussi s'aimer. On va apprendre comment on peut désirer, partager beaucoup avec l'autre que l'on choisit, qui vous choisit. Certes, bon nombre d'adultes n'ont pas appris tout ça avec, par conséquence, des comportements inadéquats entre eux. Ils n'ont pas protégé leurs enfants qui, en tant qu'enfants, ne sont pas en capacité de voir ni de vivre la sexualité. Il est important de comprendre et de respecter la place de chacun en tant qu'adulte, adolescent ou enfant. Tout est compliqué pour un adolescent mais encore plus quand le passé, plus ou moins heureux, n'a ni rassuré ni donné confiance en soi. Mais malgré les comportements des parents, il ne conditionne pas tout et l'adolescence est une période très riche en transformations ; l'adolescent va prendre conscience de tout le potentiel qui l'habite, envisager de nouvelles perspectives de vie, avec particulièrement la construction de sa sexualité. » En fin de consultation, j'ajoute que rien n'est immuable et une expertise psychiatrique, celle que je commente avec Joris, ne fige ni les personnes ni le cours des choses.

J'en suis au quatrième temps de consultation avec Joris et lui annonce que, la prochaine fois, nous continuerons à parler de la construction de cette aventure humaine. Joris n'a toujours pas parlé, je pense toutefois, qu'il écoute ; mais je ne fais pas durer inutilement le temps de consultation. À la cinquième séance, j'ai choisi d'évoquer la séduction. Joris ne semble pas prendre grand soin de lui, alors je me dis que ce thème du programme pourrait l'ouvrir à des faits concrets : comment prendre soin de soi, comment développer son charme ? Tout cela est évidemment loin de ses représentations mais essayons ! À la fin de la séance, je lui demande d'apporter une chanson dont peut-être un jour, il aimerait parler avec d'autres de son âge : j'ai en effet appris, à travers ses rares paroles depuis le début de la prise en charge, que la musique l'intéresse un peu. À la sixième consultation, il a apporté une chanson de rap du groupe Psy 4 de la rime : « Faut que je construise ma vie, que j'sois l'architecte car un m'vais coup de crayon suffit à rendre bancale ma vie. Le passé m'handicape, faut qu'j'rattrape. » Je sais désormais qu'il m'a écouté et je commente la chanson en la reliant au contenu des consultations. Nous poursuivons dans ce troisième temps de la thérapie avec le thème de la découverte. La masturbation sera abordée et pensée en tant que capacité humaine possible pour s'approprier sa propre personnalité sexuelle. Elle se pratique dans le respect de soi et de l'autre puisqu'il s'agit d'un comportement intime. Plus tard, l'assistant familial m'apprendra que ce jeune ne se masturbe plus en public. D'autres thèmes capteront l'intérêt de Joris : les différences filles-garçons, les différences d'orientation sexuelle, la rencontre amoureuse. À la quatorzième consultation, il autorise la présence de son assistante sociale, revenue de congé maternité et qui ne me connaît pas. Je propose de faire un résumé de ce qui a été travaillé dans les consultations : Joris participe activement, répond de façon tout à fait adaptée à mes questions. L'assistante sociale me dira par la suite son étonnement devant ce jeune « qu'elle trouve changé, beaucoup mieux ». Elle me racontera combien pendant les 40 kilomètres du retour, la conversation est allée bon train avec Joris sur sa vie, mais aussi sur les consultations. Il n'est pas revenu sur les propos qu'elle avait tenus un an auparavant sur la masturbation « Pourtant, me confiera-t-elle, j'ai appréhendé ce retour car mes propos d'il y a un an étaient bien éloignés de ce que Joris pouvait désormais dire sur la masturbation. » Joris était donc en mesure d'adapter sa conduite, de tolérer les divergences d'opinions... y compris sur la masturbation. Mais sa verbalisation spontanée au sujet de l'infraction commise sur la petite fille me le laissait déjà entendre et le quatrième temps de la thérapie était à présent possible.

Quatrième temps

Le trouble sexuel est, pour les auteurs mineurs, l'infraction même à caractère sexuel. Ce temps de la prise en charge est celui de l'identification de son agir sexuel déviant. Dans 12 situations, en préjudiciel, les jeunes n'ont pas évoqué pendant le troisième temps d'éventuels faits de violence sexuelle où ils auraient été impliqués. Neuf de ces jeunes avaient, en dehors de la thérapie, des comportements agressifs et les trois autres étaient plutôt inhibés. Toutefois, comme je constatais que leur réflexion sur le développement de la sexualité avait avancé, avec des indicateurs d'évaluation supérieurs à 10 sur 15, et qu'ils saisissaient les éléments pour définir leur acte, je décidai d'entreprendre ce quatrième temps et procédai à la définition d'une infraction à caractère sexuel. À ce stade de la thérapie, dans de tels contextes, pour ouvrir résolument le dialogue à ce sujet, je me suis servi d'exemples. Signe de l'alliance thérapeutique, je ne noterai aucune réaction de colère ou de prostration après avoir défini clairement une infraction et évoqué leur possible implication dans une telle situation. C'était pourtant toujours le cas avant la thérapie, comme cela m'avait été précisé par les référents de ces jeunes. Ils savaient désormais que l'objectif de la thérapie était de les aider à avancer, à ne pas récidiver et à construire dignement leur sexualité.

Bertrand (cas clinique 13) est en centre éducatif fermé lorsque je commence ce quatrième temps, après 21 consultations, temps nécessaire pour qu'il puisse écouter un récit. À présent, malgré quelques progrès, il se montre encore très souvent agressif avec éducateurs et jeunes de son âge. Les consultations sont désormais plus longues – quinze minutes sont possibles – et il ne me manque jamais de respect. Le troisième temps de la thérapie n'est pas terminé pour Bertrand, il sera encore nécessaire d'y revenir en fonction des acquis de cette dernière étape. Je décide d'entrer toutefois dans ce quatrième temps, car une audience doit avoir lieu d'ici quelques semaines et, la fois précédente, Bertrand a fait preuve de désinvolture à l'égard du magistrat. Je choisis de lui raconter le récit de la vie d'une femme adulte, car les jeunes sont souvent intéressés par la vie des adultes et leur sexualité. Voici ce que je lui dis : « Nous avons vu comment peut se vivre la sexualité. Maintenant, il faut parler des situations où des personnes la vivent d'une manière qui n'est pas adaptée. » Je raconte à Bertrand l'histoire suivante, comme j'en vois souvent dans mes consultations. « Il s'agit d'une dame de 47 ans. Elle n'est plus une jeune fille ! Elle a élevé ses enfants, qui ont 15, 17 et 19 ans. Je la vois depuis un certain temps en consultation de contraception. Je trouve qu'elle n'a pas toujours l'air très heureuse. Un jour, je lui dis : "Ça va bien dans votre vie de femme ?" Elle semble étonnée de ma question et me demande ce que je veux dire. Je réponds : "Avec votre mari, dans votre vie de couple, je veux dire les petits câlins du couple ?" Elle me regarde, soupire et avoue : "Cela n'ira jamais." Je la regarde et marque un temps de silence : "C'est pour cela que vous n'avez pas toujours l'air d'être heureuse ?" Elle dit : "Les hommes...", puis se tait. Je reprends : "Vous avez pourtant trois fils qui sont ou qui vont devenir des hommes !" "Cela me fait peur ; comment seront-ils ?" "Pourquoi avez-vous cette crainte ? Vous avez des souvenirs durs avec les hommes, avec un homme ?" Elle baisse la tête et se met à pleurer... Je reprends en venant m'asseoir de l'autre côté du bureau, près d'elle : "Peut-être pouvez-vous me raconter ce qui vous fait pleurer ? Peut-être pouvez-vous penser que vos trois garçons seront des hommes comme vous souhaitez qu'ils soient, dans votre cœur de maman ?" Et cette dame toute simple, qui n'a jamais eu une vie bien facile me raconte qu'à 17 ans, deux copains, apprentis comme elle, l'ont raccompagnée un soir jusque chez ses parents, qui n'étaient pas là. Elle les a invités à entrer. Et un peu plus tard, ils l'ont agressée ensemble sexuellement. Elle n'a jamais osé en parler à ses parents, ni plus tard à celui qui est devenu son mari. Mais elle a toujours eu peur d'avoir des relations sexuelles. Pour elle, la sexualité, cela n'a jamais été pour partager du plaisir. » Bertrand est resté silencieux pendant ce récit. Il garde encore le silence quelques instants ; je reprends la parole... alors que Bertrand n'est, d'habitude, pas avare pour parler et « faire dans l'ironie ». Je demande : « Qu'est-ce que je devais dire à cette dame, à ce moment-là ? » Il me répond : « Tous les hommes ne sont pas des salauds. » « Tu veux dire, des sales gens ? » « Ben oui, c'est pas possible de faire ça à une fille, comme ça. » Je rétorque : « Elle les avait invités à entrer ». Il dit : « Elle les avait pas fait entrer pour ça. » Et moi : « C'est exactement ce qu'elle m'a dit, jamais elle n'aurait pensé qu'ils avaient un tel acte dans leur tête. » Et je reprends le fil de la consultation, qui s'inscrit dans ce quatrième temps de la thérapie. « Dans ces circonstances, une maison vide avec une jeune fille, deux jeunes hommes vont faire n'importe quoi d'eux-mêmes et n'importe quoi avec une victime. Tout à coup, ils semblent avoir oublié plein de choses de la vie avec les autres. Mais peut-être n'ont-ils rien appris ? La violence sexuelle existe ; ce n'est pas la vraie sexualité qui elle, devrait exister pour tout le monde, comme on en a parlé ces derniers temps, tu te souviens ? » Bertrand acquiesce. Je poursuis : « Cette femme n'a jamais éprouvé de plaisir et c'est logique puisqu'elle a été violentée ; mais elle a aussi peur de ce que ses propres fils peuvent devenir. Quelle situation ! » Je définis alors la notion de victime et ses conséquences. Bertrand écoute. Je conclus cette consultation en lui disant qu'il va réfléchir à tout cela comme tout homme, toute femme doit savoir réfléchir à la violence pour mieux la combattre. Et j'aborde ses affaires sexuelles en cours, agressions et viol. Je ne déclenche pas de colère. J'explique que « désormais, il est indispensable de regarder ces affaires et d'en parler : tu as été condamné trois fois et tu nies ta responsabilité, une autre condamnation pourrait suivre à moins que tu ne sois en mesure de parler de cette affaire et de montrer que tu as appris des choses sur la sexualité. » Bertrand va s'engager dans une réflexion, désormais orientée sur les infractions. Il pouvait à présent en entendre parler parce qu'il était en mesure d'authentifier et de repérer ce qui n'était pas adapté dans un comportement sexuel. Le processus d'élaboration psychique fonctionnait, motivant à aller plus loin.

Ce quatrième temps va donc consister à définir la violence sexuelle, à permettre au jeune de repérer et cerner ses comportements et attitudes sexuels violents (l'infraction elle-même). À la suite du troisième temps, le thérapeute l'engage à s'exprimer sur les désirs amoureux et sexuel, sans dissocier le corps, les affects et la tête, et dans le respect de la réciprocité humaine (alors que je ressens ou désire quelque chose, que ressent ou désire l'autre ?) ; à identifier les supports qui ont pu favoriser les passages à l'acte, de la pornographie à toute image violente ou aux addictions ; à saisir le rôle des croyances sur les représentations sexuelles ; à repérer l'impact des conflits relationnels avec ses pairs dans la genèse de ses comportements déviants. Les discussions sur les filles, l'homosexualité ou l'hétérosexualité, les parents et les compétences sociales, à l'origine des conflits relationnels, sont au cœur de toute cette étape. Façon aussi de réaliser ses responsabilités, ses capacités de contrôle, ses manques et ses faiblesses.

Ainsi, avec le thérapeute, le jeune peut reconnaître l'influence des affects négatifs sur des activités sexuelles socialement déviantes, qu'elles soient masturbatoires ou produits de l'imaginaire. Mon expérience auprès des mineurs auteurs m'a permis, par l'observation empirique, de confirmer le rapport d'activité fantasmatique (RAF) décrit par les auteurs nord-américains. Statistiquement, il y aurait une association significative entre les conflits psychoaffectifs et l'emprise de fantaisies et activités masturbatoires déviantes (Lussier, Proulx et McKibben, 2001). Joris se masturbait d'autant plus que ses pairs lui laissaient entendre « qu'il ne saurait jamais se trouver une fille ». Leurs paroles le révoltaient, sans qu'il ose jamais se défendre. Avoir créé un dialogue constructif lors du troisième temps de la thérapie sur les comportements sexuels non violents et sur la place positive de la masturbation, comme du fantasme dans la sexualité, a facilité la compréhension du trouble sexuel. Ainsi, dans son intimité, Joris a été capable de se masturber soit dans une décharge de tension sexuelle et psychique, pour ne pas passer à l'acte, soit dans une recherche de plaisir et d'érotisme allant dans le sens d'une sexualité épanouie. Parler de la place d'un imaginaire envahissant dans la sexualité a permis d'exprimer sa propulsion dans des comportements violents mais surtout de développer un autre imaginaire, plus serein et érotique – avec toutes les réserves éthiques de ce travail avec les mineurs –, où la violence laisse place au partage de plaisir.

Finalement il s'agit de prévenir la récidive, en l'évoquant clairement comme un risque sans en faire une fatalité, de revenir sur les modalités de(s) infraction(s), sa ou leur nature et l'existence d'une préméditation, de développer de l'empathie pour la victime, victime que peut être l'auteur lui-même avec tous les traumatismes et douleurs vécus. Il s'agit encore de développer les thèmes de la dignité et de la réciprocité dans la sexualité, du respect et de la considération et, *a contrario*, de la domination et de l'humiliation, de la coercition et de la menace, de la séduction perverse et de la curiosité malsaine.

7. LA PRISE EN CHARGE SEXOLOGIQUE

La thérapie est complétée pas des mises en situations pour relater les attitudes possibles de protection face aux comportements sexuels déviants.

> **Cas clinique 45**
>
> **Laurent** a 15 ans. Il est mis en examen pour viol d'une de ses sœurs et pour attouchements sur son frère et son autre sœur, tous trois plus jeunes que lui. Il a été maltraité par son père de sa naissance à 6 ans, âge où son père est décédé ; la maltraitance a alors été révélée par sa mère, elle-même violentée. À présent, placé en foyer et en rupture scolaire, il inquiète par l'absence de prise de conscience de ses actes. Il m'est adressé par l'éducatrice de la PJJ. Laurent fait souvent l'objet de l'ironie de ses pairs du fait de sa petite taille. Il est convaincu de ses incapacités sexuelles, ce qui joue un rôle manifeste sur ses comportements sexuels. En effet, au fil de la thérapie, on a mis en évidence comment, au détour de telles moqueries, il fuyait et abusait son frère ou sa sœur dès qu'il se retrouvait seul avec l'un ou l'autre. J'ai alors demandé : « Voilà, imagine que je suis l'un des deux jeunes que tu as dernièrement croisés et je te lance : "Eh, petit nain, tu dois en avoir une petite !" Que fais-tu ? » Ce questionnement direct est à présent possible et me permet de voir que Laurent ne sait pas encore s'adapter tout à fait. Il y a toutefois un progrès ; il bégaie, devient rouge et lâche : « Je vais vous casser la figure. » Casser la figure d'un des jeunes n'est évidemment pas une réponse et, progressivement, il va imaginer des conduites plus apaisées. Quelque temps plus tard, une éducatrice (et Laurent me le racontera) me dit qu'il s'est interposé auprès de trois jeunes qui se moquaient d'un autre au sujet aussi de la taille de son sexe. Je n'ai pas hésité d'ailleurs à adresser Laurent à un collègue urologue masculin pour le rassurer sur la normalité de la taille de son pénis. Il a donc assimilé les réflexions de la thérapie. Au retour dans sa famille, Laurent ne récidivera pas, il tombera même amoureux, ce qui est souvent un très bon indicateur. J'ai pris en charge la fratrie et chacun a continué son chemin.

Pour la personne qui n'arrive pas à être suffisamment agressive, le manque d'agressivité pour contrer les humiliations ou les moqueries qui attaquent et menacent l'identité sexuée se voit souvent retourné contre d'autres, plus faibles ou plus jeunes, pour se réparer et exister (Balier, 1988 ; Desbarats et Bonal, 1994). Il s'agit d'un processus psychologique et social qui joue sur la valorisation de soi par la dévalorisation de l'autre. À ceux qui craindraient que ce travail, inspiré des thérapies cognitivocomportementales, ne façonne une orientation hétérosexuelle (Balier cité par Le Bodic, 2009, p. 295), il est clair que le thérapeute n'est pas là pour faire des choix à la place d'un jeune et qu'il n'y a en aucun cas d'enjeu normatif mais de quiétude existentielle.

> Je souhaiterais revenir ici à **Bertrand** (cas clinique 13). Après deux autres consultations dans le cadre du quatrième temps, il me dira : « Pour les trois premières, j'ai fait des conneries ; mais le viol, non je ne l'ai pas violée, elle voulait qu'on fasse l'amour. » Plus tard, il confiera encore : « C'est la première fois que je faisais l'amour, je savais pas tout pour les meufs mais je ne l'ai pas violée. » Et il saura revenir sur son implication dans les premières agressions sexuelles, dont deux commises sur des garçons. Comme l'audience à la cour d'assises aura lieu deux mois plus tard, je lui dis : « Tu devras t'expliquer, parler de ce que tu sais dire à présent et les magistrats décideront. » Bertrand sera acquitté pour cette affaire de viol. La thérapie se poursuivra dans le cadre des obligations de soins suite aux autres condamnations. Son chemin est à poursuivre, il présente des comportements psychopathiques avec une déficience intellectuelle et l'acquittement dans un tel contexte risque de réactiver ses sentiments de toute-puissance. D'où la vigilance qui s'impose devant sa situation au décours de ce procès et la nécessité de poursuivre la prise en charge thérapeutique.

Dans cette observation, il semble important de noter que le travail sexologique lui a permis d'être en mesure de s'expliquer, de reconnaître certains de ses actes et d'être condamné pour certaines infractions à caractère sexuel, mais aussi d'être reconnu innocent pour la présomption de viol qu'il disait ne pas avoir commis. Ce travail vise effectivement à appuyer le rôle de la justice.

La grille d'évaluation de la thérapie m'est fort utile. Le critère « récidive d'infraction sexuelle » est apprécié avec le jeune et un professionnel référent social et/ou judiciaire. Parfois, il me faut parfaire l'évaluation avec des éléments tels que « le développement de l'empathie pour la victime », « les connaissances sur la sexualité » et « les compétences sociales ». Je réfléchis aujourd'hui encore à l'élaboration d'une grille spécifique pour ces jeunes auteurs, en collaboration avec une autre institution, si c'était possible, et qui travaillerait dans le même sens.

Sur les 11 autres jeunes comme Bertrand que j'ai suivis en préjudiciel et avec lesquels j'ai amorcé le quatrième temps de la thérapie sans qu'ils aient évoqué les faits incriminés, 7 ont été condamnés, 3 ont connu un non-lieu à l'issue de l'instruction. D'après les éducateurs, ces jeunes se sont tous présentés calmement aux audiences avec une capacité de verbalisation des faits remarquable, vu leurs antécédents comportementaux.

Sur les 50 jeunes suivis avant 2009, il y a eu deux récidives ; elles sont le fait de jeunes atteints de déficience intellectuelle dite moyenne ; ces suivis étaient, à mon sens, distendus et irréguliers à cause de l'éloignement géographique et du manque de conviction des référents sociaux. Six autres jeunes auteurs également déficients n'ont pas récidivé.

Je regrette que la PJJ, très présente dans les suivis des auteurs mineurs, n'ait pas été désignée pour l'accompagnement des deux jeunes ayant récidivé. Les prises en charge de jeunes déficients intellectuels suivis pour des troubles du développement sexuel de type comportements sexuels agressifs sur des pairs, non judiciarisés en raison de l'absence de plainte des victimes et donc non considérés comme auteurs, donnent de bons résultats, avec un apaisement notable au décours de la prise en charge. Et de premiers résultats montreraient qu'il en est probablement de même avec de jeunes psychotiques. Certes, le travail sexologique est plus long avec des jeunes handicapés intellectuels qui souffrent de pathologies psychiatriques et il faut toujours s'efforcer d'améliorer le travail sexologique et le critiquer si besoin pour avancer. En ce sens, l'analyse de ma pratique en supervision est fondamentale. Mais je m'autoriserai à redire l'importance de l'implication des professionnels référents dans ces suivis : le travail sexologique ne peut se faire qu'avec eux ! Certes, une absence d'implication et d'investissement peut résulter de nombreux facteurs bien indépendants de la volonté des professionnels mais elle témoigne encore, parfois, de la difficulté à convaincre sur la nécessité de considérer la dimension sexuelle.

Chapitre 8

Une cellule départementale d'accompagnement du développement de la sexualité (CDADS)

Tout mon travail autour des thérapies en sexologie et du développement de la sexualité s'est fait au sein de la CDADS, dispositif désormais efficient pour appréhender les violences sexuelles.

L'ÉLABORATION ET LE FONCTIONNEMENT DU DISPOSITIF AU SEIN D'UNE ADMINISTRATION

En France, les départements sont les collectivités territoriales chargées, à l'échelon départemental, de la prévention dans le domaine de la protection médicosociale des personnes. Si la mission de l'État est de définir une politique globale votée par le Parlement, il revient à chaque conseil général, instance politique du département, d'organiser la mise en place de cette politique au niveau local.

En 1997, dans l'exercice de mon activité de médecin de PMI, et comme je l'ai évoqué en début d'ouvrage, je fais des premiers constats : les professionnels sont confrontés à des situations complexes concernant soit des mineurs victimes de violences sexuelles dans leur passé se mettant en danger sexuel à l'adolescence, soit des jeunes femmes adultes en grande souffrance conjugale ou sexuelle, victimes de telles violences dans leur enfance. En même temps, je constate le désarroi des professionnels devant ces situations en lien avec la sexualité : la dimension sexuelle est, en effet, une dimension humaine chargée d'émotion, considérée comme strictement personnelle ou familiale, sur laquelle les professionnels ne se sentent pas en droit d'intervenir. Pourtant, le silence semble aggraver la détresse. N'est-il pas alors nécessaire de s'interroger sur la sexualité et son développement devant ces violences et leurs conséquences ? J'entreprends de compléter ma formation médicale sur la sexualité. Entre 2002 et 2004, en ma qualité de médecin devenu sexologue, les responsables de certaines circonscriptions me sollicitent et encouragent un travail de terrain, limité à une partie du département, prenant forme dans le cadre des réunions de synthèse avec les professionnels médicosociaux. Il permet de :

- Révéler des difficultés de développement de la sexualité chez des mineurs victimes en aidant les professionnels à évoquer clairement la sexualité dans leurs présentations de situations.
- Lutter contre « l'oubli » des violences sexuelles subies dans le passé lorsque les professionnels sont confrontés à des jeunes victimes avérées dans l'enfance présentant des troubles du développement sexuel à l'adolescence.
- Proposer les premières prises en charge thérapeutiques de ce développement pour les situations le nécessitant : le bagage acquis dans ma nouvelle formation me permet d'élaborer progressivement la thérapie.
- Évaluer les prises en charge effectives.

Dans cette même période, poursuivant mes réflexions, sur l'attachement notamment, il apparaît indispensable de concevoir un dispositif dans l'institution du conseil général et ce pour deux raisons. D'une part, mon travail en thérapie requiert la participation des intervenants socioéducatifs auprès des jeunes (assistants familiaux, éducateurs, assistants sociaux, sages-femmes, puéricultrices, médecins de circonscriptions...) : au vu des premiers résultats, la mise en place des prises en charge thérapeutiques est conditionnée par l'intervention efficace de ces intervenants pour accompagner les jeunes dans cette démarche. D'autre part, il n'est pas satisfaisant intellectuellement de travailler exclusivement en prévention tertiaire, dans une institution publique vouée à la prévention primaire et secondaire de par sa mission de protection médicosociale des personnes.

Il est donc indispensable de réfléchir à l'implication des professionnels dans une démarche de prévention cohérente sur le développement de la sexualité, pour prévenir l'apparition de situations complexes. En ce sens, il semble logique qu'un tel dispositif dédié à la thématique sexologique puisse être instauré au sein des structures administratives d'un conseil général : en effet, pour optimiser son efficience, il doit s'intégrer au travail d'équipe qui caractérise le mode de fonctionnement des différents services d'une direction des affaires médicosociales (circonscriptions médicosociales, PMI, le service de l'ASE, la cellule adoption).

Fin 2004, je présente à la direction de la solidarité départementale, un projet de service : « Proposition d'une cellule départementale d'accompagnement en sexologie (CDAS) ». Ce projet est validé par la directrice, qui me demande de sensibiliser l'ensemble des personnels sur la nécessité de considérer les difficultés du développement de la sexualité chez les jeunes. J'ai expliqué la précipitation de cette validation, puisque la directrice prend cette décision seule avant de quitter son poste. Toujours est-il que je m'en saisis immédiatement, convaincue qu'elle permet de confirmer la nécessité de se préoccuper de la sexualité humaine et de son développement dans un conseil général. La preuve en est faite, puisque j'effectue 430 consultations sexologiques en 2004, 820 en 2006. Les professionnels du conseil général font vivre la cellule qui, malgré son caractère expérimental, semble répondre à leurs attentes jusque-là non évoquées. Les situations de victimes de violences sexuelles sont malheureusement les plus fréquentes, même si les années 2004, 2005 et 2006 sont marquées par la montée en charge des situations d'auteurs mineurs de violences sexuelles, ce que j'étais loin d'envisager en 1997. Le fait d'avoir centré la réflexion sur le développement sexuel et ses troubles me pousse à m'intéresser à ces jeunes auteurs. Et pour ce faire, je serai largement encouragée par un partenaire extérieur qui va se révéler essentiel, j'y reviendrai. Ce début des années 2000 permet de mieux cerner l'ampleur des violences sexuelles, leurs conséquences sur les jeunes suivis dans cette institution publique. Mais se révèle aussi l'insuffisance, voire l'absence, de formation des professionnels pour appréhender les comportements et attitudes sexuels autrement que dans l'émotion. S'impose alors l'évidence de formations en éducation à la sexualité et de sensibilisation renforcée. En 2007 et 2008, la direction me confie la formation sur cent vingt heures de 53 agents du conseil général et des maisons d'enfants subventionnées par le conseil général.

En 2007, je proposerai que ce dispositif devienne la « cellule départementale d'accompagnement du dévcloppement de la sexualité (CDADS) ». En 2008, elle est ainsi inscrite dans le schéma départemental de l'enfance. Les actions de cette cellule sont orientées en priorité vers les mineurs et les jeunes adultes, en portant sur les trois niveaux de prévention primaire, secondaire et tertiaire. Ses objectifs sont les suivants.

OBJECTIFS DE LA CDADS

1. Intégrer le développement de la sexualité dans les actions de prévention menées par les services médicosociaux du conseil général (aide à la parentalité, protection des jeunes enfants et des adolescents, consultations de PMI).
2. Favoriser les actions d'éducation à la sexualité.
3. Prévenir la violence sexuelle.
4. Prendre en charge des jeunes victimes ou auteurs de violences sexuelles.
5. Prendre en charge des jeunes présentant des troubles sévères du développement sexuel en lien avec des troubles de l'attachement.

Le fonctionnement de la CDADS repose sur trois niveaux.

- Le niveau 1 est assuré par l'ensemble des professionnels médicosociaux de la direction de la solidarité départementale. À cette fin, ils ont suivi des journées de sensibilisation sur l'importance de repérer les personnes en situation de difficultés sexuelles potentielles et s'autorisent à évoquer ces difficultés avec les personnels du niveau 2.
- Le niveau 2 est pris en charge par des professionnels dits « relais », formés en éducation à la sexualité sur cent vingt heures. Ils sont 42 personnels, répartis dans les 14 circonscriptions, dont 11 pour le service de PMI. Neuf autres professionnels dépendent des MECS. Leur rôle se situe dans le cadre de la prévention primaire et secondaire puisqu'ils sont en mesure de dispenser informations et conseils sur la sexualité. Ils conseillent les professionnels du niveau 1, évaluent les situations, reçoivent les personnes dans une démarche d'information ou de conseil ou les orientent vers le médecin sexologue.
- Le niveau 3 est constitué par les consultations médicales spécialisées en sexologie pour les situations relevant de prise en charge thérapeutique.

8. Une CDADS

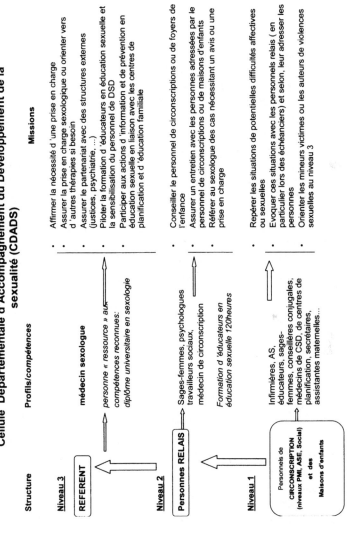

Cellule Départementale d'Accompagnement du Développement de la sexualité (CDADS)

Structure	Profils/compétences	Missions
Niveau 3 REFERENT	**médecin sexologue** *personne « ressource » aux compétences reconnues:* *diplôme universitaire en sexologie*	• Affirmer la nécessité d'une prise en charge • Assurer la prise en charge sexologique ou orienter vers d'autres thérapies si besoin • Assurer le partenariat avec des structures externes (justices, psychiatrie, ...) • Piloter la formation d'éducateurs en éducation sexuelle et la sensibilisation du personnel de DSD • Participer aux actions d'information et de prévention en éducation sexuelle en liaison avec les centres de planification et d'éducation familiale
Niveau 2 Personnes RELAIS	Sages-femmes, psychologues travailleurs sociaux, médecin de circonscription *Formation d'éducateurs en éducation sexuelle 120heures*	• Conseiller le personnel de circonscriptions ou de foyers de l'enfance • Assurer un entretien avec les personnes adressées par le personnel de circonscriptions ou de maisons d'enfants • Référer au sexologue des cas nécessitant un avis ou une prise en charge
Niveau 1 Personnels de CIRCONSCRIPTION (niveaux PMI, ASE, Social) et des Maisons d'enfants	Infirmières, AS, éducateurs, sages-femmes, conseillères conjugales, médecins de CSD, de centres de planification, secrétaires, assistantes maternelles...	• Repérer les situations de potentielles difficultés affectives ou sexuelles • Evoquer ces situations avec les personnels relais (en particulier lors des échéanciers) et selon, leur adresser les personnes • Orienter les mineurs victimes ou les auteurs de violences sexuelles au niveau 3

Peu à peu, les personnels relais gagnent en compétence pour recevoir leurs collègues du niveau 1 et évaluer les situations sans le recours du sexologue, comme c'était le cas avant les formations.

RÈGLES DE FONCTIONNEMENT DE LA CDADS

- Respect du secret médical ou professionnel pour tous les professionnels concernés.
- Respect de la charte éthique en éducation sexuelle utilisée à Toulouse Paul Sabatier (Tremblay, 1998).
- Tous les personnels du niveau 1 doivent avoir bénéficié de séances de sensibilisation régulièrement organisées.
- La prise en charge des victimes et des auteurs de violences sexuelles relève de la consultation de sexologie (niveau 3).
- Pour les prises en charge en thérapie, le professionnel référent d'un jeune doit avoir préalablement présenté la situation au médecin sexologue après en avoir discuté avec le personnel relais, ou le médecin et le responsable de la circonscription dont il dépend. Le médecin sexologue conseille ce référent sur les modalités pour motiver un jeune à venir en consultation.
- Les jeunes doivent être préférentiellement accompagnés par leur référent de l'ASE ou par leurs assistants familiaux (personnels du niveau 1) à la première consultation, voire aux suivantes pour les plus jeunes.
- Les parents des mineurs doivent être informés si possible d'une démarche de thérapie sexuelle ou d'éducation à la sexualité.

LES PARTENAIRES DE LA CDADS

Les MECS

Soixante pour cent des mineurs bénéficiant de prise en charge thérapeutique sont confiés à l'ASE. Parmi eux, plus de la moitié vit en maisons d'enfants. Les professionnels de ces établissements, en lien constant avec les référents de l'ASE du conseil général, se sont rapidement intéressés à ce dispositif, en raison de la convergence des risques d'infractions à caractère sexuel dans ce type d'établissements. Les mineurs accueillis présentent des problématiques lourdes avec des troubles graves de l'attachement. L'observation de jeunes présentant des troubles du développement sexuel est récurrente dans ces collectivités où peuvent cohabiter des jeunes victimes et d'autres adolescents auteurs de violences sexuelles. Lorsqu'une affaire est révélée, le changement de lieu de placement est le plus souvent immédiat pour l'auteur... qui arrive ainsi dans un autre établissement. Les personnels sont donc très impliqués dans l'organisation des prises en charge thérapeutiques. Également, les personnels relais du conseil général sont désormais en mesure de mener des actions d'éducation à la sexualité auprès des jeunes avec des éducateurs de ces établissements. Toutefois, et autre préoccupation affligeante, de tristes affaires où un membre du personnel s'est révélé auteur ont pu marquer certaines maisons d'enfants. De par la vulnérabilité des jeunes qui y vivent, ces lieux peuvent représenter un contexte propice à l'expression de déviance latente ou patente chez des personnels. Ces constats ont donc favorisé l'intérêt pour un travail de réflexion autour de la sexualité dans les établissements.

La PJJ et les magistrats

En 2005, l'infirmière départementale de la PJJ de la Marne vient me rencontrer. Elle a été informée de l'existence de la CDDS par la responsable de l'ASE. À l'issue de notre entretien, elle me demande si je pourrais former des personnels en éducation à la sexualité (Cazier *et al.*, 2005). Je réponds rapidement par l'affirmative puisque sur ce seul entretien, elle a perçu l'importance de la formation alors que l'hésitation est de mise au sein du conseil général, ce que l'on peut comprendre. On vit une démarche expérimentale qui doit faire ses preuves. Je rappelle que c'est à cette période que la réalité des auteurs mineurs s'impose. Cette infirmière est très réactive : elle me confirme rapidement que sa direction est vivement intéressée par ce travail, du fait de la problématique des auteurs mineurs. Quatre mois plus tard, avec le directeur adjoint de la PJJ, elle vient me présenter un projet de service concernant leur demande de formation, laquelle sera acceptée par le pôle formation du grand est de la PJJ. Je propose à ma direction d'organiser une formation conjointe conseil général et PJJ, qui n'est pas retenue. Comme je me suis formée à la pédagogie de l'éducation à la sexualité de 2000 à 2005 lors des formations de cent vingt heures organisées par Réjean Tremblay dans la Marne, je peux devenir formateur indépendant. Une formation pour la PJJ débute en 2006. C'est une occasion essentielle pour développer le partenariat avec cette institution publique. En 2007 seulement commence la même formation pour le conseil général. Deux groupes ont ainsi été formés pour la PJJ du grand est. Mes interlocuteurs tant au sein de la direction départementale de la PJJ de la Marne que du pôle formation du grand est ont été d'un appui fondamental (et le sont toujours) pour soutenir le suivi thérapeutique de mineurs auteurs et victimes et pour encourager les éducateurs, infirmiers, psychologues de la PJJ à considérer la question du développement de la sexualité. À titre d'exemple, lorsqu'un jeune n'est plus confié à l'ASE du conseil général du fait de son transfert de maison d'arrêt en centre éducatif fermé situé hors de la Marne, le directeur de la PJJ me demande de poursuivre le suivi... au titre de mon activité libérale. Il en sera de même, par la suite, pour quelques autres jeunes qui ne sont pas confiés à l'ASE de la Marne et qui nécessitent une prise en charge thérapeutique. Les personnels relais de la PJJ reçoivent des missions d'information et de conseil, comme leurs collègues formés au conseil général. Le pôle formation du grand est a été également coorganisateur d'un colloque à Reims, en octobre 2009, sur les violences sexuelles des mineurs, *Prévenir et prendre en charge les violences sexuelles des mineurs : Quel dialogue sur la sexualité ?*

Le partenariat avec la PJJ a facilité le partenariat avec les magistrats de la Marne. La présidente du tribunal pour enfants de Châlons-en-Champagne me témoigna un remarquable soutien dès 2007. Le partenariat s'est depuis poursuivi avec ses collègues. Si les situations concernent le plus souvent des enfants victimes de maltraitance sexuelle et autres en assistance éducative, ou des mineurs auteurs, il est aussi de nouvelles occasions de partenariat. Cécile, 14 ans (cas clinique 18) est cette jeune fille qui se photographie nue et diffuse les photos *via* Internet, créant quelques soucis à sa famille, rapidement mise hors de cause dans ces agissements. Le juge pour enfants conseille à l'éducatrice de la sauvegarde de prendre contact avec la circonscription médicosociale pour une prise en charge dans le cadre de la CDADS. L'évaluation sexologique m'a permis de constater un attachement insécure, puisque le père s'est progressivement détaché de sa fille après la séparation du couple, à cause de conflits parentaux au sujet de l'éducation de l'enfant. La mère a reporté son affection sur sa fille en cédant à ses désirs, notamment être habillée comme une adulte (elle porte des strings) ce que le père ne tolère pas. S'ajoute la visualisation de films à caractère pornographique dès 12 ans qui semble responsable d'un regard inapproprié sur la sexualité.

Grâce à la PJJ encore, un partenariat avec le milieu pénitentiaire s'est instauré à l'occasion du suivi de jeunes en détention. Enfin, les liens avec le centre ressource pour les intervenants auprès des auteurs de violences sexuelles de Champagne-Ardenne, créé en septembre 2009, sont prometteurs, en tant que lieu d'expertise, pour enrichir la réflexion. Le partenariat avec les autres institutions s'est opéré au fil du temps et le mérite en revient aux personnels des circonscriptions médicosociales, et particulièrement à leurs responsables.

À présent, les personnels relais de la CDADS sont des acteurs essentiels sur le terrain pour continuer à établir des passerelles. La coopération avec les pédopsychiatres, psychiatres et psychologues des unités de soins ou des IME s'est progressivement montrée indispensable dans bien des situations, et fonctionne dans les deux sens. Pour Marine (cas clinique 28), Élodie (cas clinique 2), Fabien (cas clinique 12) et bien d'autres, c'est ce partenariat qui permet à ces jeunes de reprendre un suivi psychiatrique et psychologique ; pour Jules (cas clinique 27), qui se met en danger sexuel à 16 ans sans problématique psychique lourde évidente, c'est à la demande du pédopsychiatre. Les réunions de synthèse des situations organisées en milieu scolaire, dans les MECS, au conseil général, en IME, sont des moments privilégiés pour renforcer le travail avec ces partenaires.

> Le cas de **Fabien** (cas clinique 12) m'a motivée à ne pas craindre d'apporter mes connaissances sur la sexualité et le suivi des jeunes auteurs. Bientôt âgé de 18 ans, son état dépressif avec idées suicidaires m'inquiète. Ses parents sont aussi inquiets de son comportement, il est à nouveau agressif alors qu'il s'était apaisé au fil de la prise en charge en thérapie sexuelle. Comme pour beaucoup de jeunes, je pense que la perspective du procès, prévu dans quelques semaines, réactive l'angoisse. J'ai pu m'entretenir par téléphone de mes inquiétudes avec un psychologue du CMPP où il est pris en charge depuis son enfance. Ce professionnel n'est pas de mon avis sur une éventuelle dépression, et malgré mon insistance pour que le pédopsychiatre en charge de Fabien (que je ne parviens pas à joindre) me rappelle, j'assiste à l'aggravation de son état. Lorsque je décide de le faire hospitaliser aux urgences psychiatriques adultes du fait de l'absence de place en pédopsychiatrie, le psychiatre des urgences me met immédiatement en lien avec le pédopsychiatre du CMPP ; à ma surprise, je lui apprends l'histoire de la présomption d'infraction à caractère sexuel survenue pour Fabien à 13 ans alors que le psychologue était au courant. Par la suite, je n'hésiterai plus à m'imposer pour faire connaître mon travail autour de la sexualité avec les psychiatres et pédopsychiatres.

L'Éducation nationale

Le travail de proximité des médecins et infirmières scolaires et des assistantes sociales des établissements de la maternelle au lycée avec les circonscriptions médicosociales du conseil général a facilité les échanges et les demandes d'intervention de la CDADS. Dans la situation d'enfants où l'un serait agressé par l'autre, le rôle du médecin scolaire s'avère indispensable pour faire le lien entre le médecin sexologue, les professionnels et les parents après investigation par le service social. Dans la situation de Fabien (cas clinique 12), alors que son état dépressif m'inquiète, tout comme son entourage, l'appel téléphonique du proviseur de son lycée a été décisif. Fabien lui avait expliqué être suivi dans le cadre de la CDADS et son hospitalisation peut se faire rapidement. Pour Loïc (cas clinique 11), la coopération de la proviseur est également précieuse pour qu'il ne décroche pas de ses études. Dans le respect du secret médical, je conseille sur l'attitude à adopter face à un jeune révolté « qui n'a fait que peloter une pétasse » comme il le dit à qui veut l'entendre, et au lycée aussi. Évidemment, les éducateurs du conseil général font le lien entre ces partenaires et moi-même.

Autres structures

Désormais, ce sont les professionnels sur le terrain qui arrivent à persuader de la nécessité de considérer le développement de la sexualité... et qui trouvent de nouveaux partenaires ! C'est ainsi qu'une association d'aide aux demandeurs d'asile me contactera pour un couple en grande difficulté. Cet homme et cette femme ont fui leur pays. Il a été violenté dans les mois précédents leur départ et la sexualité est devenue impossible. Le couple est en souffrance. Le conseiller de l'association pensera à la CDADS et ce couple retrouvera la santé sexuelle indispensable à la poursuite de son intégration.

Les centres d'hébergement et de réinsertion sociale, touchés par les procédures d'expulsion et les séparations de couples, les services de prévention associatifs et les missions locales sont aussi des partenaires sensibilisés aux actions de la CDADS qui peuvent adresser des personnes. Certains de ces organismes ont d'ailleurs demandé des formations pour certains de leurs personnels en éducation à la sexualité.

LA FORMATION DES PROFESSIONNELS

La sensibilisation

Son objectif est de fournir des éléments de réflexion aux personnels pour considérer, en milieu professionnel, la santé sexuelle des jeunes. Elle consiste à apporter des connaissances sur les notions de développement de la sexualité et de santé sexuelle des enfants et des adolescents, futurs adultes. Puis sont abordés les troubles du développement de la sexualité, le lien entre attachement insécure et apparition de tels troubles avec des généralités sur les violences sexuelles. Enfin, les conduites à tenir sont envisagées sous forme d'échanges autour de cas cliniques issus de la pratique.

Cette sensibilisation s'est avérée efficace pour lutter contre les émotions négatives soulevées par l'évocation de la sexualité ou contre le silence. La sexualité et son développement sont devenus des sujets abordables et ces personnels s'autorisent à évoquer leurs expériences, leurs constats et leurs interrogations. Certes, la perspective de solutions en cas de difficultés (prises en charge des jeunes, en éducation à la sexualité ou en thérapie) facilite le dialogue. Mais bien des questionnements vont être résolus par des réponses simples ! À titre d'exemple, nombre d'assistantes familiales ont pu dire dans ces séances : « Avec mon compagnon, nous n'osons plus nous embrasser devant les jeunes accueillis de peur de choquer ou d'être impudiques. » Je demande alors : « Y a-t-il des moments où ces jeunes vous voient vous chamailler, voire vous disputer, avec votre compagnon ? » La réponse la plus fréquente est : « Cela arrive. » Puis je commente sous forme de questions : « De la même façon que vous pouvez montrer que vous n'êtes pas toujours d'accord dans votre couple, pourquoi ne pas montrer que vous savez l'être et vous le témoigner ? Pourquoi ne pas montrer à ces jeunes que vous êtes des adultes qui savent à nouveau s'entendre après les conflits ? N'ont-ils pas besoin encore plus que d'autres, du fait de leur passé marqué par la violence et les conflits d'adultes, de sentir que la vie a ses bons côtés ? Jamais vous ne montrerez votre sexualité du corps à corps génital mais montrer que vous êtes des adultes sexuels avec une tête, un cœur et un corps, capables de se témoigner de la tendresse au quotidien est essentiel pour que ces jeunes bâtissent leur personnalité sexuelle. » Ce genre de questionnement n'était guère abordé il y a quelques années au conseil général de la Marne. Pourtant, des professionnels comme les assistants familiaux doivent être apaisés, au quotidien, pour accomplir leur mission difficile mais ô combien essentielle ! Un conseil général ne doit pas ignorer la qualité de la vie de ces professionnels, y compris sexuelle... à condition qu'une réflexion ait été menée pour considérer ce sujet avec la rigueur éthique qui s'impose. La libération de la parole sur le sujet de la sexualité et de la santé sexuelle avec les professionnels me semble indispensable pour prévenir les désastreuses situations d'abus sexuels commis en famille d'accueil, en maisons d'enfants, ou dans les lieux de vie, par des mineurs mais aussi des majeurs.

Dans la situation d'Alexandre (cas clinique 39), la responsable de circonscription a bien compris l'importance de savoir considérer la dimension du développement sexuel chez un adolescent ; aussi s'interroge-t-elle lorsqu'elle perçoit un malaise dans le discours de l'assistante familiale sur cet adolescent à l'attachement très insécure. Elle conseille à l'assistante sociale, qui organise le début du suivi, de m'adresser le jeune homme. Je le reçois à trois reprises ; je croise alors son assistante familiale à la fin des consultations et j'ai l'occasion d'entendre ses propos négatifs à son égard, lui qui s'implique déjà bien en consultation. Je demande à la rencontrer pour évoquer la situation et l'entretien permettra de mettre en évidence les éléments sexuels venus la déstabiliser dans sa mission. Je constate de plus en plus la réactivité des personnels de circonscription, indispensable pour ne pas laisser s'installer un mal-être, et témoignage d'une sensibilisation qui porte ses fruits.

La formation en éducation à la sexualité des professionnels

L'accompagnement du développement de la sexualité ne peut relever d'une approche ponctuelle de l'éducation à la sexualité : les chiffres stables mais élevés des infections sexuellement transmissibles et des grossesses chez les jeunes en sont la preuve. En prévention primaire et *a fortiori* en prévention secondaire avec des jeunes en difficulté sociale, il est logique de proposer des interventions d'éducation à la sexualité permettant de s'approprier des connaissances indispensables et envisager vivre la sexualité dans un savoir, un savoir-faire et un savoir être. Cette formation est destinée à des professionnels motivés : en cent vingt heures, éducateurs, assistants sociaux, infirmières, médecins, sages-femmes, responsables ou adjoints de circonscription, psychologues... acquièrent des bases théoriques et pratiques nécessaires pour être compétents à accompagner le développement de la sexualité par l'éducation. Elle est réduite à quatre-vingt-seize heures pour les personnels internes au conseil général, déjà largement sensibilisés.

PARTIE THÉORIQUE DE LA FORMATION EN ÉDUCATION À LA SEXUALITÉ

- Définition de la sexualité dans une approche intégrative (aspects psychologiques, biologiques, sociaux, historiques, anthropologiques, moraux, criminologiques, artistiques). Santé sexuelle.
- Notion de contrôle social.
- Objectifs primaires de l'éducation à la sexualité.
- Développement de la sexualité : les différentes approches et les différentes étapes pendant l'enfance et l'adolescence.
- Apport de connaissances générales sur la sexualité : réponse sexuelle, masturbation, éjaculation rapide, désir sexuel, vaginisme, sexualité selon les étapes de la vie (grossesse, ménopause, 3e et 4e âge...), sexualité et maladie, sexualité et handicap, érotisme, fantasmes, pornographie, relation extraconjugale, prévention du sida et des infections sexuellement transmissibles, contraception.
- Apport de connaissances et d'analyse sur les violences sexuelles des mineurs : historique, regard social, notions sur l'attachement et les troubles du développement de la sexualité.

Le déroulement de la formation alterne apports théoriques et illustrations pratiques (évocations de cas cliniques, jeux de rôles, confrontations d'expérience...) permettant aux futurs intervenants en éducation sexuelle d'enrichir leur réflexion face aux différents comportements et attitudes sexuels rencontrés dans leur pratique professionnelle.

La partie pratique s'articule autour de deux temps. Elle a d'abord pour objectif de permettre aux stagiaires d'élaborer leur démarche professionnelle autour de la sexualité à partir des notions théoriques. À cette fin, les stagiaires travaillent en groupe sur des situations issues du terrain que je propose ou qu'ils proposent. Voici quatre exemples.

1. Éducatrice à l'ASE, vous êtes en voiture avec un jeune de 16 ans que vous emmenez en droit de visite. À un moment donné, alors que vous attendez qu'un feu passe au vert, le jeune dit : « Ah vous les femmes, vous ne savez pas ce que c'est que bander. »

2. Au petit-déjeuner, à la maison d'enfants dans laquelle vous travaillez, vous êtes avec des enfants et des adolescents. Une adolescente de 13 ans lance tout à coup : « Les garçons sont des obsédés qui ne pensent qu'à leur bite et à baiser les filles. »

3. Vous suivez en tant qu'assistant social une famille dont la mère vous a parlé de difficultés relationnelles avec son fils aîné : adolescent de 17 ans, il est méprisant, grossier avec elle et ses sœurs, âgées de 15 et 13 ans. Il ne supporte pas qu'elles parlent de « leurs trucs de putes » (vêtements, maquillage...) ; il ne s'entend pas avec son beau-père de onze ans plus jeune que sa mère.

4. En consultation de jeunes enfants en PMI, une maman dit qu'elle a peur de laver son bébé garçon âgé de 9 mois depuis qu'elle a constaté qu'il a des érections.

Je demande aux stagiaires d'exposer leurs attitudes, commentaires et conduites possibles. Ils étayent leur démarche à partir des éléments appris sur l'accompagnement du développement du jugement moral en matière de sexualité et sur l'utilisation du schéma de Becker. Comme les groupes sont composés de professionnels de divers milieux, et ce particulièrement dans les formations avec la PJJ, les réflexions sont riches de perspectives. C'est ainsi que j'ai pu vérifier comment la théorie de Becker, excellent outil, simple d'utilisation, est malheureusement ignorée en France quelles que soient les origines professionnelles. Cet outil est très pertinent pour favoriser la sécurisation de l'attachement dont ont besoin les enfants et les adolescents. En effet, la théorie de Becker[1] ne peut qu'aider les adultes voués à établir cet attachement sécure à travers notamment un dialogue, entre encouragements et limites. Pour être à même de dialoguer sur la sexualité, l'appropriation de cette théorie par les professionnels ne peut se faire que progressivement et la formation en éducation à la sexualité ne peut être réduite à quelques heures.

La partie pratique vise ensuite à donner aux stagiaires les moyens de mener des interventions de prévention primaire et secondaire dans une approche intégrative. Ils vont donc s'impliquer pour monter des animations d'intervention en éducation sexuelle, destinées à différents publics. Ils doivent tenir compte des différentes étapes d'intégration, d'un cadre didactique, de techniques d'apprentissage, de principes de changement, et de thèmes d'interventions[2]. La charte établie à l'université Paul Sabatier de Toulouse est essentielle à respecter dans cette mise en pratique ; elle sera également indispensable pour mettre en place les séances dans les institutions concernées.

Pour conclure, je précise que cette formation permet aux professionnels de faire de la prévention des violences sexuelles et d'adopter une démarche éducative globale sur la sexualité, sans la réduire à l'idée de violence. Ils peuvent ainsi l'exercer en individuel ou en collectif : établissements scolaires, de personnes handicapées, MECS, établissements de placement éducatif et d'insertion de la justice, ou quartier des mineurs de l'administration pénitentiaire... Une formation continue, de type analyse des pratiques, est régulièrement organisée pour les professionnels afin qu'ils perfectionnent la mise en œuvre de leurs savoirs.

L'implication des professionnels

Au bout du compte, tous ces professionnels formés dans le cadre du fonctionnement de la CDADS jouent un rôle central dans le dépistage et l'évaluation des troubles du développement sexuel (ce qui implique d'être aussi capable d'identifier ce qui n'est pas un trouble) et dans l'accompagnement des personnes en difficulté, comme le prouvent les exemples suivants.

---

1. Voir page 176.
2. Tels ceux que j'utilise en thérapie.

La circonscription médicosociale reçoit une information préoccupante[3]. Une petite fille de 5 ans a été surprise par l'assistante de vie scolaire à l'école maternelle en train de faire une fellation à un garçonnet du même âge à la sieste. Faut-il signaler ? Le personnel relais va déjà apaiser l'émoi suscité par cette situation en utilisant un langage différent puisqu'il s'agit d'une « petite personne » en disant : « La petite fille a été surprise en train de sucer le zizi d'un garçonnet du même âge. » ; le mot « fellation » serait adapté pour une personne qui agresse alors qu'elle est en capacité de choix et de consentement dans sa vie sexuelle. Le langage ainsi précisé, le personnel relais indique que ce comportement chez une petite de 5 ans n'est pas adapté à cet âge et nécessite un signalement au procureur, au titre de l'article 375. De plus, l'assistante de vie scolaire a précisé que l'enfant lui a dit : « C'est Maman qui m'a montré en le faisant à Papa. » Seule une enquête judiciaire permettra de savoir si cette enfant est « seulement » exposée à la sexualité des adultes ou si elle-même subit des violences sexuelles. Il est nécessaire de ne pas convoquer les parents, comme cela peut se voir, pour parler du comportement inadapté de cette enfant avec le risque qu'elle ne puisse plus parler de ce qu'elle voit ou subit si le père ou la mère minimisent ou se défendent de quoi que ce soit.

Une assistante familiale explique que la petite fille de 6 ans qui lui est confiée ne veut pas fermer la porte des toilettes à l'école : cela pose des problèmes, car les autres enfants viennent la regarder et l'instituteur a expliqué à l'assistante familiale que « le comportement de cette enfant, qui s'exhibe aux toilettes devant tous les enfants, n'est pas normal ». Bien sûr, on peut se demander si cette petite tire une jouissance à être regardée. Le professionnel formé en éducation à la sexualité (relais de la CDADS) doit être capable d'aller plus loin dans l'analyse d'une telle situation. Il peut procéder à une évaluation globale avant de conseiller ou d'orienter. Il va ainsi apprendre que cette petite, au début de son placement deux ans auparavant, ne voulait jamais fermer la porte des toilettes et hurlait quand on le faisait. L'assistante familiale, pendant plusieurs mois, a dû la rassurer sur le fait qu'elle ne risquait rien ; désormais, l'enfant n'a plus peur si la porte est juste poussée. Le professionnel apprend également que l'enfant, avant d'être confiée à l'ASE, était régulièrement enfermée dans la maison de sa mère lorsque celle-ci sortait durant de longues heures. L'assistante familiale, interrogée sur le développement de cette enfant, dit n'avoir remarqué aucun signe évocateur de troubles du développement sexuel excepté ce qui lui a été signalé par l'instituteur. Le personnel relais va d'abord rassurer l'assistante familiale qui se sent déstabilisée par les propos tenus à l'école. Puis il s'entretiendra avec l'instituteur pour le rassurer également sur le développement de la sexualité de cette enfant et signaler la vigilance des professionnels en charge de

---

3. La loi 2007-293 du 5 mars 2007 prévoit l'instauration, dans chaque département, d'une cellule de recueil, de traitement et d'évaluation des informations préoccupantes, placée sous la responsabilité du président du conseil général qui agit avec le concours de l'État et de l'autorité judiciaire. D'autres partenaires pourront également être associés.

l'enfant ; il l'aidera à trouver des solutions au problème de sa petite élève qui doit pouvoir, comme tout enfant, aller aux toilettes sereinement. Et ne pas être stigmatisée comme « vilaine » du fait de sa différence, conséquence de son passé malheureux.

L'assistante sociale est un personnel relais de la CDADS et rédige le signalement de Mme T. (cas clinique 15). La situation est très préoccupante du fait de l'alcoolisation du père qui refuse les soins, de la violence conjugale et de la détresse de la mère des enfants, en grande détresse. Dans la rédaction du signalement, l'assistante sociale apporte des éléments de compréhension au magistrat sur la question de la violence sexuelle subie par cette femme, sur les incompréhensions qui ont pu en résulter dans un couple avec en conséquence la spirale de souffrance : violences, alcoolisation, perte d'emploi, difficultés avec les enfants, etc. Elle informe également le magistrat de la mise en route d'un travail sexologique qui vise à redonner un apaisement au couple. Cette mère sera orientée en foyer maternel avec ses enfants afin de préserver les liens familiaux ; le père acceptera de se soigner. La prise en charge sexologique sera reprise. Après quelques mois, la famille se retrouve et le couple repart sur d'autres bases, intégrant la santé sexuelle... pour la santé globale de la famille. Évidemment, une issue favorable est liée à l'intervention de plusieurs professionnels. Mais le rôle de l'assistante sociale formée en éducation à la sexualité est à souligner : parce qu'elle a acquis des éléments de réflexion pour considérer la sexualité selon les situations, elle pense à interroger le vécu sexuel de cette femme avec le tact qui s'impose. Elle adresse rapidement cette dame en consultation de sexologie puis elle parvient à convaincre le mari de venir comme je le lui ai suggéré... et elle l'amène en consultation. Enfin, elle impulse un travail d'équipe tenant compte de la question de la santé sexuelle du couple. Sa responsable est bien sûr sensibilisée... ce qui a facilité sa nouvelle mission en tant que personnel relais de la CDADS. Les enfants retrouveront leurs parents et leur domicile, le père un travail dès l'amélioration de son état de santé. Le suivi social se poursuit sereinement.

Ces exemples permettent de comprendre combien les personnels formés ont désormais une place définie et incontournable au conseil général de la Marne, pour une meilleure efficience du service public dans le regard et la prise en charge des multiples situations issues des difficultés de la sexualité et de son développement.

Les intérêts de la CDADS

Avec le recul, il n'est pas présomptueux de parler d'intérêts multiples. L'un d'eux, fondateur de la pérennisation de la CDADS, constitue, en milieu professionnel, le regard attentif et constructif sur la sexualité humaine. Il y a encore quelques années, les mots « silence, émotion, dégoût, impuissance, rejet... » résumaient souvent les attitudes des professionnels face aux problèmes ou malheurs en lien avec la sexualité ; lesquels représentaient évidemment les seules occasions de parler de la sexualité. À présent, la plupart de ces professionnels l'envisagent comme part entière de l'épanouissement de la personne et non plus sous les seuls aspects de la procréation et de la violence. Sa construction n'est plus rattachée à la seule petite enfance, lointaine et intouchable, mais bien comme l'élaboration d'un long processus dynamique de l'enfance et de l'adolescence. Les professionnels ont aussi compris l'importance d'un attachement sécure pour favoriser ce développement de la sexualité, et plus particulièrement pour les enfants confiés aux services de l'ASE, mais aussi pour tous les enfants suivis socialement. En 2009, 70 % des jeunes suivis étaient confiés à l'ASE. Ils étaient 90 % en 2006, avec un total de nouveaux cas suivis pour ces deux années sensiblement équivalent : 114 *versus* 123. Les actions de la CDADS dépassent le cadre des enfants confiés à l'ASE. De plus en plus de jeunes sont pris en charge parce que des assistants sociaux ou des personnels de PMI dépistent des troubles du développement sexuel chez ces jeunes qui vivent dans leur famille. Ainsi, d'une pauvreté, voire d'une absence de réflexion sur la sexualité, oserais-je dire, la sexualité est devenue « pensable » ; le dialogue des professionnels à ce sujet s'est construit peu à peu, dans une évocation des problèmes rencontrés et dans la conscience de leur rôle dans l'accompagnement du développement de la sexualité.

À partir de ce constat, on peut saisir un autre intérêt majeur de la CDADS : être en mesure, pour des professionnels, de considérer les violences sexuelles autrement que dans l'émotion. Émoi, impuissance, mépris voire rejet face à des attitudes sexuelles inadaptées des victimes ne sont plus de rigueur : la compréhension autour de ces violences sur le développement de la sexualité s'est imposée face à la stigmatisation. Même si des années ont passé, même si des troubles psychiatriques apparaissent, les victimes sont prises en considération (Antonowicz, 2002), épaulées par des professionnels toujours plus présents et qui, par un dialogue serein sur la sexualité et son développement, facilitent leurs révélations. Présence d'autant plus remarquable quand la prise de conscience des conséquences multiples et toujours douloureuses des violences sexuelles rend signifiante la lourdeur de la charge et de l'accompagnement.

Pour les auteurs ou présumés auteurs mineurs, la perception des personnels du conseil général s'est aussi modifiée, puisque le regard sur les situations de ces jeunes se fait maintenant dans une globalité et que l'inéluctable n'est plus de mise. Ils perçoivent que les risques de récidive peuvent être évités, parce qu'ils s'engagent à accompagner un jeune en consultation de sexologie, et plus largement à le soutenir dans les démarches judiciaires, de soin et de réinsertion sociale, dans une démarche pluridisciplinaire avec tous les professionnels concernés. Le regard sur les auteurs adultes s'est également transformé en reconnaissant la possible, voire l'évidente part des troubles de l'attachement ou des violences sexuelles du passé. Reste que l'insuffisance de prise en charge de ces auteurs adultes déconcerte les professionnels en raison des conséquences pour les enfants victimes, en cas d'inceste notamment (voir Marine, cas clinique 28).

Ainsi, la prévention des violences sexuelles est déjà largement observable pour les jeunes pris en charge précocement, du fait de troubles graves du développement sexuel accompagnés d'attitudes allo-agressives face à leurs pairs. De 2002 à 2007, plus de 85 % de ces jeunes n'ont plus posé de problèmes, après une moyenne de 12 consultations ; 48 % ont bénéficié de deux à trois autres séries de consultations par la suite, du fait de leur jeune âge. Et je n'entends plus : « Ce jeune va finir auteur » mais : « Il faut le prendre en charge. » Ces résultats ont donc favorisé la pérennisation de la CDADS.

Enfin, un dernier intérêt de la CDADS est de démontrer qu'il ne suffit pas d'incriminer une insuffisance ou une incapacité des mesures de protection de l'enfance lorsque des jeunes suivis par un conseil général présentent des troubles du développement sexuel ou posent des actes de violence sexuelle vis-à-vis de leurs pairs. Il faut considérer les manques dans l'attachement, source des troubles sexuels. D'où la nécessité de favoriser une sécurisation pour lutter contre leur apparition et le risque de violences sexuelles entre les mineurs pour les enfants confiés à l'ASE, avec toute la responsabilité des professionnels dans cette démarche. C'est ainsi qu'indirectement, le travail de la CDADS touche aussi la parentalité : favoriser un développement sexuel harmonieux des jeunes par la sécurisation de l'attachement à travers les liens parents-enfants, favoriser des liens harmonieux des adultes entre eux, dont leur sexualité, pour améliorer la santé psychique des enfants et des adolescents. La CDADS révèle ainsi la nécessité d'une politique de prévention primaire efficace par l'éducation à la sexualité. À titre d'illustration, évoquons les centres de planification et d'éducation familiale qui sont des vecteurs de cette prévention : ils constituent des lieux privilégiés pour informer et conseiller les jeunes en matière de sexualité, mais aussi les femmes en difficulté sociale. Ils sont parfois considérés à tort comme des lieux « pour exclusivement distribuer la pilule ou favoriser les IVG », et l'activité de la CDADS vient renforcer l'idée qu'ils doivent avoir toute la place qu'ils méritent, c'est-à-dire être clairement identifiés des pouvoirs publics eux-mêmes, dans notre pays, comme des lieux destinés à la prévention primaire et secondaire en matière de sexualité. Ils existent dans les textes et sur le terrain, mais rencontrent souvent des difficultés de fonctionnement, du fait de leur mauvaise image ou de leur déconsidération et sont délaissés des préoccupations politiques et administratives. Si une société est convaincue de l'importance de l'accompagnement du développement sexuel des jeunes, elle doit résolument mener une réflexion sur ces centres, dont le quotidien est de parler de sexualité pour prévenir les violences sexuelles... Ce que peu de décideurs politiques et administratifs savent.

Conclusion

LES VIOLENCES SEXUELLES des mineurs sont des drames. Trop longtemps ignorée, voire niée, leur réalité est désormais reconnue. On sait mieux appréhender les mécanismes propres à la violence sexuelle, expliquant l'impossibilité ou l'incapacité d'un enfant ou d'un adolescent à révéler ce qu'il a vécu. Les victimes sont en effet piégées entre l'emprise d'un auteur et les effets mêmes du traumatisme sexuel, qui les sidèrent. On sait aussi que des facteurs sont aggravants, comme le jeune âge, la vulnérabilité, le lien familial à l'agresseur – surtout s'il est adulte –, la répétition, le type d'abus... et le mur du silence. Des victimes vont désormais survivre mais dans l'impossibilité de dévoiler, d'autres vont dévoiler et, dans le cas de violences intrafamiliales, de loin les plus fréquentes, être confiées au service de l'ASE.

Un premier constat de mon activité de médecin en 1997 dans un conseil général, en charge de la protection des mineurs depuis la décentralisation, est l'ampleur du désastre touchant les enfants et les adolescent-e-s victimes de violences sexuelles.

Le deuxième constat met mal à l'aise : très souvent, des jeunes victimes, principalement des filles, se mettent en danger sexuel à l'adolescence ; des enfants peuvent quant à eux présenter des comportements sexuels inadaptés pour leur âge ; les professionnels de la protection médicosociale des mineurs sont alors émus, interloqués ou indignés.

Un troisième constat est d'assister, au début des années 2000, à l'augmentation des violences sexuelles de mineurs sur d'autres mineurs et je constaterai que la plupart de ces jeunes ont présenté des comportements sexuels inadaptés avant de devenir auteurs d'infractions à caractère sexuel.

Un quatrième constat est que ces violences de mineurs sur mineurs suscitent beaucoup d'émoi dans la société et dans les milieux professionnels, au point de faire passer au second plan la réalité affligeante des abus sexuels qui sont le fait des adultes et notamment des incestes, bien plus compliqués à dévoiler. L'affaire d'Outreau a ému à juste titre ; de plus, les professionnels sont désarmés face aux parents auteurs d'infractions, dont les enfants sont confiés à l'ASE, et qui sont en manque de suivi pendant et au décours d'incarcération, ou devant des processus de violences sexuelles dites intergénérationnelles ; le tout est porté à son comble émotionnel avec la réalité de terribles affaires de crimes sexuels en série avec meurtres d'enfants. Alors, en milieu professionnel, le sort des mineurs auteurs apparaît bien sombre.

Un cinquième constat concerne le manque d'actualisation des connaissances des professionnels sur la dimension sexuelle ; seuls les apports du début du XXe siècle sont connus de tous, à savoir qu'en matière de sexualité humaine, la petite enfance détermine l'avenir et qu'il y a du désir sexuel dans toute relation humaine. Les différentes théories du développement de la sexualité énoncées au cours du XXe siècle ne sont même pas envisagées. Je peux alors mieux cerner le désarroi et le sentiment d'impuissance des professionnels confrontés à la dure réalité des violences sexuelles des jeunes. En effet, ces théories me semblent fondamentales pour comprendre que les comportements sexuels inadaptés des mineurs victimes sont liés à des empêchements dans leur développement sexuel, du fait même des violences sexuelles subies. Je décide de nommer ces comportements « troubles du développement sexuel » pour affirmer l'idée de « développement », dynamique et sans figement. Façon de croire résolument à un espoir lorsqu'on est devant des victimes présentant de tels troubles et *a fortiori* devant des auteurs mineurs.

Un sixième constat, tout aussi essentiel, est de vérifier sur le terrain le lien entre l'insécurisation de l'attachement (notion anglo-saxonne méconnue ou mal connue des professionnels) et l'apparition de troubles du développement sexuel. Il n'est guère étonnant que les jeunes confiés à l'ASE qui présentent des troubles de l'attachement, en raison des malheurs subis (sexuels ou non) et/ou du placement lui-même, puissent un jour poser des difficultés de développement sexuel avec des risques inhérents de violences sexuelles pour eux-mêmes ou autrui.

Enfin, un septième constat est celui de révélations de victimes adultes à l'occasion de mes prises en charge sexologiques en libéral ; malgré des prises en charge psychiatriques ou psychologiques pour mal-être ou dépressions, leur vie sexuelle n'a jamais, et pour cause, atteint son objectif d'épanouissement ; et les conséquences humaines peuvent être aussi désastreuses que pour des personnes accueillies dans un conseil général. Les violences sexuelles n'appartiennent pas seulement aux milieux sociaux dits précaires, ce qui conforte la conviction d'une sous-évaluation de ce fléau social.

Et pourtant, de toutes parts, la prise de conscience mobilise professionnels et associations, qui s'engagent dans la lutte contre les violences sexuelles. À l'instar des pays anglo-saxons, les structures d'accueil des victimes mineures se multiplient dans les antennes de victimologie ou les services hospitaliers de pédiatrie ou de gynécologie obstétrique ; les prises en charge psychiatriques, psychologiques, systémiques, EMDR, juridiques, s'ajustent et se complètent, avec le soutien des associations de victimes. Les recommandations de la Fédération française de psychiatrie sont essentielles pour les victimes, mais les auteurs et les travaux québécois seront également fondamentaux dans ma pratique sexologique pour ce qui est des auteurs majeurs et mineurs. Reste qu'il n'existe pas pour eux de structure adaptée, comme l'Institut Pinel de Montréal qui permet une prise en charge pluridisciplinaire et exemplaire.

Au fil du temps, tout en poursuivant l'analyse de ces faits dans un conseil général, la formation en sexologie m'a ouvert une autre voie de réflexion : notre société parle de sexe mais pas de sexualité et il y a manifestement une difficulté à établir un dialogue autour de la sexualité en milieu professionnel (liée entre autres à l'absence de formation, au tabou...), difficulté exacerbée par le fait que les agirs sexuels violents des jeunes sont très souvent précédés d'une violence verbale sexuelle, inouïe parfois.

N'y aurait-il pas possibilité d'ouvrir une nouvelle voie de soin et de prévention des violences sexuelles des mineurs, qui passerait par la mise en route d'un dialogue sur la sexualité ? Car une question me taraude : comment lutter contre les violences sexuelles des mineurs sans entrer en conversation ? Il faut travailler sur le développement de la sexualité avec les jeunes car si les majeurs sont si souvent impliqués dans ces violences sur mineurs, n'est-ce pas le signe d'un manque d'accompagnement de la construction de la sexualité chez les jeunes ? Évidemment, les théories cognitivosociales du développement de la sexualité autorisent ce type de questionnement, tout comme le concept de santé sexuelle de l'OMS. Il s'agira bien d'une autre voie, source d'espoir. La thérapie sexuelle présentée dans cet ouvrage a été conçue avec le souci constant de ne pas faire d'effraction dans le développement des enfants. Elle contribue à un processus d'élaboration psychique autour du développement de la sexualité. Elle est adaptée à l'âge, à l'histoire, à la personnalité d'un jeune et favorise progressivement et indirectement la mise en parole de la violence sexuelle, permettant aussi des révélations. Elle aide les jeunes, victimes, à poursuivre leur développement sexuel empêché, et à s'envisager vivre un jour dignement leur sexualité. Tel a été le cas pour des jeunes aux situations particulièrement lourdes à l'adolescence, qui ont repris souffle pour réamorcer les autres prises en charge, abandonnées à cause de leurs souffrances. Pour d'autres jeunes ni victimes ni auteurs, mais souffrant de troubles sévères de l'attachement et de troubles du développement sexuel, cette thérapie leur permet de s'apaiser ; elle participe à la sécurisation de l'attachement qui conditionne un développement sexuel harmonieux. La sécurisation affective est de ce fait une mission essentielle pour prévenir l'apparition de troubles du développement sexuel ; il y va de la responsabilité de tous les professionnels de l'enfance d'y veiller avec attention. Enfin, la thérapie sexuelle adaptée à la problématique des auteurs mineurs donne des résultats prometteurs pour prévenir les récidives d'infraction à caractère sexuel.

Ce travail n'a été possible qu'en raison de l'implication des professionnels en charge de ces jeunes. D'où la construction d'un partenariat, d'ailleurs garant de l'éthique indispensable à un travail autour du développement sexuel des mineurs (PJJ, magistrats, professionnels de santé, MECS, Éducation nationale, notamment). En interne, au conseil général de la Marne, la mobilisation des professionnels de terrain pour témoigner de la nécessité de cette nouvelle voie amena, dès 2004, la création d'un dispositif original dit « cellule départementale d'accompagnement du développement de la sexualité (CDADS) » : ses objectifs sont de répondre aux besoins en thérapie sexuelle (mineurs victimes et auteurs ou troubles sévères de l'attachement), d'évaluer les autres situations de difficultés de développement sexuel et de définir les réponses à apporter. À présent, des personnels motivés formés sur cent vingt heures en éducation à la sexualité sont chargés des missions d'évaluation et délivrent informations et conseils ; les professionnels du service social, de la PMI et bien sûr de l'ASE sont régulièrement sensibilisés à considérer la dimension de santé sexuelle dans les situations dont ils ont la charge, et à se référer aux personnels formés. La loi du 5 mars 2007 a réformé la protection de l'enfance autour de trois axes principaux : renforcer la prévention, organiser le signalement, diversifier les prises en charge avec les cellules départementales de recueil, à travers le traitement et l'évaluation des informations préoccupantes. Avant l'heure, le dispositif CDADS s'est préoccupé, dans le domaine de la sexualité, de tenir compte de ces futures recommandations.

Certes, innover dans la fonction publique sur la question de la prise en charge et de la prévention des violences sexuelles n'est pas chose aisée, mais ce travail constitue une mission à part entière du service public, puisqu'il en va d'un problème de santé publique. À l'heure où les débats se focalisent sur la castration chimique pour les délinquants sexuels, le travail en thérapie sexuelle chez des auteurs mineurs ou jeunes adultes montre que la sexualité doit être résolument évoquée et travaillée très tôt, si l'on veut éviter à un auteur de récidiver et d'entrer dans de possibles spirales de violences sexuelles aliénantes.

L'amorce, puis l'établissement, d'un réel processus psychique pour permettre à ces jeunes de penser leur sexualité est incontournable. Mais il faut l'énergie et la détermination d'un travail d'équipe motivée, structurée, pluridisciplinaire pour encadrer un jeune dans cette voie. Chose certaine, il ne faut pas s'empêcher d'agir, même si nous avons toujours une responsabilité dans nos choix théoriques, dans la mobilisation de nos propres idéologies ou dans l'utilisation de nos expériences. Pour ces raisons, il est nécessaire d'évaluer la teneur des thérapies, les contraintes financières et administratives, les enjeux sociaux et économiques, et les portées médiatiques et politiques. Nous devons sans aucun doute nous impliquer, mais en essayant de garder une liberté de mouvement dans le cadrage de nos objets, la formulation des attentes, dans le contrôle des résultats. Et il faut donc aussi une volonté politique qui, malgré quelques incidences budgétaires (formation de personnels en éducation à la sexualité, création de postes de sexologues), saura apprécier le « retour sur investissement » que constitue une meilleure approche des situations et de leur traitement, garante *in fine* d'une meilleure efficience du service.

Toutefois, se pose en France la question du faible nombre de médecins ou psychologues sexologues, aptes à la prise en charge thérapeutique mais aussi de personnels compétents en éducation à la sexualité. Ce déficit en formation renvoie à la question essentielle de la difficulté à dialoguer sur la sexualité en France. Forts de l'investissement de l'association inter-hospitalo-universitaire de sexologie et la Société française de sexologie clinique, ainsi que de la multiplication de travaux et d'échanges interdisciplinaires, faisons le vœu que beaucoup de jeunes puissent (re)trouver l'insouciance et la quiétude auxquelles ils ont légitimement droit pour grandir.

Bibliographie

ABRAHAM G., PASINI W. (1974). *Introduction à la sexologie médicale*, Paris, Payot.

AINSWORTH M. S. D., BLEAHER M., WATERS E., WALL S. (1978). *Patterns of attachment, a psychological study of the strange situation*, Erlbaum, Hilsdale.

ALLEMAND S. (2008). « Le paradigme de la distance éducative », *Lien social*, n° 877, p. 20-21.

ALLEMAND S. (2009). « Le tabou de la sexualisation des actes éducatifs », *L'Actualité sociale hebdomadaire*, n° 2606, p. 22-23.

AMBROISE-RENDU A.-C. (2005). « Le pédophile, le juge et le journaliste », *L'Histoire*, n° 296, p. 62-67.

ANTONOWICZ G. (2002). *Agressions sexuelles. La réponse judiciaire*, Paris, Odile Jacob.

AWAD G., SAUNDERS E., LEVENE J. (1984). « A clinical study of male adolescent sexual offenders », *International Journal of offender therapy and comparative criminoly*, n° 28, p.105-115.

ARIAS I. (2004). « The legacy of child maltreatment: Long-term health consequences for women », *Journal of women's health*, vol. 13, n° 5, p. 468-473.

BACHMAN C., LE GUENNEC N. (1996). *Violences urbaines. Ascension et chute des classes moyennes à travers cinquante ans de la politique de la ville*, Paris, Albin Michel.

BADINTER E. (1986). *L'Un est l'Autre. Des relations entre hommes et femmes*, Paris, Odile Jacob.

BADINTER E. (1992). *XY, de l'identité masculine*, Paris, Odile Jacob.

BAJOS N., BOZON M. (2008). *Enquête sur la sexualité en France. Pratiques, genre et santé*, Paris, La Découverte.

BALIER C. (1988). *Psychanalyse des comportements violents*, Paris, Puf, coll. « Le fil rouge ».

BANYARD V. L., WILLIAMS L. M., SIEGEL J. A. (2001). « The long-term mental health consequences of child sexual abuse: An exploratory study of the impact of multiple traumas in a sample of women », *Journal of traumatic stress*, n° 14, p. 697-715.

BARROIS C. (1988). *Les Névroses traumatiques*, Paris, Dunod.

BAUDRILLARD J. (1979). *De la séduction*, Paris, Galilée.

BEBBINGTON P. (2009). « Strong link between childhood sexual abuse and suicide attempts women », Liverpool, Annual Meeting of the Royal College of psychiatrists.

BECKER W. C. (1964). « Consequences of different kinds of parental discipline », *Review of child development research*, vol. 1, New York, Hoffman and Hoffman, Russel Sage Foundation, p. 169-208.

BECKER J. V., KAPLAN M. (1988). « The assesment of adolescent sex offender », *Advances in behavioural assessment of children and families*, vol. 4, p. 97-118.

BERGER A. (2008/4). « Petite histoire paradoxale des études dites de genre en France », *Genre, Sexisme et Féminisme*, *Le Français aujourd'hui*, Paris, Armand Colin, n° 163, p. 83-91.

BERGER M. (1997a). « Questionner la pratique en placement familial », *Le Journal des psychologues*, vol. 150, p. 23-27.

BERGER M. (1997b). *Les Séparations à but thérapeutique*, Paris, Dunod.

BERGER M. (2003). *L'Échec de la protection de l'enfance*, Paris, Dunod.

BERGER M. (2005). « L'attachement », *La Lettre de la fondation pour l'enfance*, n° 46, p. 1.

BERGER M. (2007). « Échec de la protection de l'enfance ? », actes du XVe Congrès de l'Association française de la pédiatrie ambulatoire, p. 25-49.

BERGER M. (2008). *Voulons-nous des enfants barbares ? Prévenir et traiter la violence extrême*, Paris, Dunod.

BERGSTRÖM M. (1970). *L'Expérience scandinave*, Paris, Robert Laffont.

BETTELHEIM B. (1988). *Pour être des parents acceptables*, Paris, Robert Laffont.

BLACHÈRE P. (2009). « Expertise autour des auteurs mineurs de violences sexuelles », communication lors du colloque de la SPESE (Société pluridisciplinaire des études sexologiques de l'Est) et de l'ENPJJ (École nationale de la Protection judiciaire de la jeunesse), *Prévenir et Prendre en charge les violences sexuelles des mineurs : quel dialogue sur la sexualité ?*, Reims, 15 et 16 octobre.

BLACHÈRE P., MERGUY A. (2007). « Impact de la pornographie dans la genèse des crimes et délits sexuels », *L'Agression sexuelle : coopérer au-delà des frontières*, actes du colloque, 3e Congrès international francophone de l'agression sexuelle (CIFAS), chapitre 5, p. 70-87.

BONIERBALE M. (2007). « 70 ans de sexologie française », *Une histoire de la sexologie française*, *Sexologies*, vol. 16, n° 3, p. 238-258.

BONNAFOUS S. (2002). « La question du genre et de l'ethos en communication politique », actes du premier colloque franco-mexicain des sciences de la communication, Mexico, 8-10 avril.

BONNAFOUS S. (2003). « Femme politique » : une question de genre », *Une communication sexuée ?*, *Réseaux*, vol. 21, n° 120, p. 119-147.

BOTBOL M., CUPA D., BARRIGUETE A. et al. (2000). « Destins de l'attachement à l'adolescence », in D. Cupa (ed.), *L'Attachement : perspectives actuelles*, Paris, Éditions EDK, p. 69-82.

BOUCHARD E.-M., TOURIGNY M., JOLY J. et al. (2008). « Les conséquences à long terme de la violence sexuelle, physique et psychologique vécue pendant l'enfance », *Revue d'épidémiologie et de santé publique*, vol. 56, n° 5, p. 333-344.

BOWLBY J. (1988). *A Secure Base*, New York, Basic Books.

BOYER H., LOCHARD G. (1998). *Scènes de télévision en banlieues, 1950-1994*, Paris, INA/L'Harmattan, coll. « Mémoires de télévision ».

BRECHER E. M. (1971). *Les Sexologues*, Paris, Robert Laffont.

BRENOT P. (2003). *Le Sexe et l'Amour*, Paris, Odile Jacob.

BRENOT P. (2004a). *Journal d'Arthur et Chloé : l'amour et la sexualité*, Paris, Odile Jacob.

BRENOT P. (2004b). « La représentation du sexe : entre érotisme et pornographique », *Sexologies, Revue européenne de santé sexuelle*, vol. 14, n° 51, p. 1.-5.

BRENOT P. ([1996] 2007). *L'Éducation sexuelle*, Paris, Puf, coll. « Que sais-je ? ».

BURGESS A. W, HOLMSTROM L. L. (1974). « Rape trauma symdrome », *American Journal of psychiatry*, n° 131, p. 981-986.

BUTLER J. ([1990], 2005). [*Gender Trouble*, Londres, Routledge], *Trouble dans le genre. Pour un féminisme de la subversion*, Paris, La Découverte.

Cabanis C. (1990) « Le vaginisme comme négation de l'intimité », conférence présentée dans le cadre du *Séminaire de perfectionnement de l'Association Inter-Hospitalo Universitaire de Sexologie*.

CALIFICE M. (2009). « Une alternative au pénal pour des jeunes auteurs de violences sexuelles et/ou d'agressions sexuelles », *Journal des jeunes, RAJS*, n° 284, p. 44-53.

CARON J.-C. (1999). *À l'école de la violence*, Paris, Aubier.

CASTELAIN-MEUNIER C. (2005). *Les Métamorphoses du masculin*, Paris, Puf.

CAVANAGH J. T. (1999). *Understanding your child sexual behavior*, Dakland, New Harbinger.

CAZIER D., CHOQUET M., DRAY D. et al. (2005). « Santé des 14-20 ans de la Protection judiciaire de la jeunesse (secteur public). Sept ans après », Paris, INSERM.

CHARLOT B., EMIN J.-C. (eds.) (1996). *Violences à l'école, état des savoirs*, Paris, Armand Colin, coll. « Formation des enseignants ».

CHAUMERON J. (2003). « La pornographie : à la limite des images », *Sexologos*, n° 14, p. 13-15.

CHESNAIS J.-C. (1981). *Histoire de la violence en Occident de 1800 à nos jours*, Paris, Robert Laffont.

CIAVALDINI A. (1999). *Psychopathologie des agresseurs sexuels*, Paris, Masson.

CLERGET S. (2001). *Nos enfants ont aussi un sexe*, Paris, Robert Laffont.

COGLITORE M.-T., GIAMI A. (2004). « Bien-être et santé sexuelle », *Sexologies, Revue européenne de sexologie*, vol. 13, n° 49, p. 45-48.

COLSON M.-H. (2007). *La Sexualité féminine*, Paris, Le Cavalier bleu.

COLSON M.-H. (2009). « La petite fille abusée : quelle sexualité à l'âge adulte ? », communication lors du colloque de la SPESE (Société pluridisciplinaire des études sexologiques de l'Est) et de l'ENPJJ (École nationale de la Protection judiciaire de la jeunesse), *Prévenir et Prendre en charge les violences sexuelles des mineurs : quel dialogue sur la sexualité ?*, Reims, 15 et 16 octobre.

COSAR C. (2006). « Éveil à la sexualité et consommation de substances psychoactives : quels rapports, pour quels enjeux ? », *Le Courrier des addictions*, vol. 8, n° 1.

COUTANCEAU R. (2004). *Vivre après l'inceste*, Paris, Desclée de Brouwer.

CYRULNIK B. (1999). *Un merveilleux malheur*, Paris, Odile Jacob.

CYRULNIK B. (2002). *Le Murmure des fantômes*, Paris, Odile Jacob.

DAMASIO A. (2003). *Spinoza avait raison : joie et tristesse, le cerveau des émotions*, Paris, Odile Jacob.

DAOUST V. (2005). *De la sexualité en démocratie. L'individu libre et ses espaces identitaires*, Paris, Puf.

DEBARBIEUX E. (1996). *La Violence en milieu scolaire*, 2 volumes, Paris, ESF.

DEBARBIEUX E. (2006). *Violence à l'école : un défi mondial ?*, Paris, Armand Colin.

DEBRAS S. (2003). *Lectrices au quotidien. Des femmes, des hommes et des journaux*, Paris, L'Harmattan, coll. « Communication ».

DEFRANCE B. (2000). *La Violence à l'école*, Paris, Syros.

DELVAU A. ([1900], 1997). *Dictionnaire érotique moderne*, Paris, 10/18.

DESAI S., ARIAS I., THOMPSON M. P., BASILE K. C (2002). « Chilhood victimization and subsequent adult victimization assessed in a national representative sample of women and men », *Violence and Victims*, vol. 17, n° 6, p. 639-653.

DESBARATS M., BONAL M. (1994). « Agressivité et sexualité », *in Violences*, Toulouse, Érès.

DE SUTTER P. (2009). *La Sexualité des gens heureux*, Paris, Les Arènes.

DOLTO F. (1985). *La Cause des enfants*, Paris, Robert Laffont.

DOLTO F. (1988). *La Cause des adolescents*, Paris, Robert Laffont.

DORLIN E. (2008). *Sexe, Genre et Sexualités*, Paris, Paris, coll. « Philosophies ».

DUBE S., ANDA R., WHITFIELD C. et al. (2005). « Long-term consequences of childhood sexual abuse by gender of victim », *American Journal of preventive medicine*, vol. 28, n° 5, p. 430-438.

DUBET F. (2002). *Le Déclin de l'institution*, Paris, Seuil.

DUCHÊNE A., MOÏSE C. (2010). « Genre et sexualité : entre absence et présence du langage », *in* A. Duchêne, et C. Moïse (eds), *Langage, Genre et Sexualité*, chapitre 1, Montréal, Éditions Nota Bene.

DUMARET A., COPPEL-BATSCH M. (1996). « Évolution à l'âge adulte d'enfants placés en famille d'accueil », *Psychiatrie de l'enfant*, vol. 39, n° 2, p. 613-671.

DURET P. (1999). *Les Jeunes et l'Identité masculine*, Paris, Puf.

DUVERGER P. (2008). « Maturation et vulnérabilité, sexualité normale et ses troubles », extrait du chapitre sur le développement psychosexuel, diplôme interuniversitaire de médecine et santé de l'adolescent, centre hospitalo-universitaire, Angers.

DUSSY D. (2009). « L'inceste au grand jour », *La Sexualité dans tous ses états, Sciences humaines*, numéro hors série 10, p. 56-57.

DUYME M. (1981). *Les Enfants abandonnés : rôle des familles adoptives et des assistantes maternelles, Monographies françaises de psychologie*, Éditions du CNRS, n° 56.

EHRENBERG A. (1998). *La Fatigue d'être soi*, Paris, Odile Jacob.

ELIACHEFF C. (2001). *Vies privées – De l'enfant roi à l'enfant victime*, Paris, Odile Jacob.

ELIAS N. ([1939] 1991). *La Civilisation des mœurs*, Paris, Calmann-Lévy.

ELLIS H. (1927). *Études de psychologie sexuelle*, Paris, Mercure de France.

ELLIS A. (1967). *Reason and Emotion in psychotherapy*, New York, Lyle Stuart.

ERIBON D. (2009). *Retour à Reims*, Paris, Fayard.

Everaerd W., Laan E. et Both S. (Eds) (2001). *Sexual Motivation, Appetite and Desire*, Amsterdam Knaw Edition.

FAUCHER P. (2007). « Les addictions aux produits toxiques chez l'adolescente », *Réalités en gynécologie-obstétrique*, n° 120, p. 13-20.

FAVRE D. (2007). *Transformer la violence des élèves*, Paris, Dunod.

FERENCZI S. ([1932] 1982). *Psychanalyse 4. Œuvres complètes, tome IV, 1927-1933*, Paris, Payot.

FERENCZI S. ([1932] 2004). *Confusion de langue entre les adultes et l'enfant*, Paris, Payot.

FERROUL Y. (2002). *Médecins et Sexualité*, Paris, Ellipses.

FINGER S. (2000). *Sexualité et Société*, Paris, Ellipses.

FLORO M. (1996). *Questions de violence à l'école*, Paris, Érès, coll. « Pratiques du champ social ».

FOUCAULT M. (1994). *Histoire de la sexualité*, tomes 1-2-3, Paris, Gallimard, coll. « Tel ».

Freud S. ([1896] 1973), « L'étiologie de l'hystérie », dans *Névrose, psychose et perversion*, Paris, PUF : 83-112.

FREUD S. ([1905] 1989). *Trois Essais sur la théorie sexuelle*, Paris, Folio.

FRIEDRICH W. N., LUECKE W. J. (1988). « Young school age sexually aggressive children », *Professional Psychology: Research and practice*, vol. 19, n° 2, p. 155-164.

GABEL M. (ed.) (2002). *Les Enfants victimes d'abus sexuels*, Paris, Puf.

GABEL M., LEBOVICI S., MAZET P. (2005). *Le Traumatisme de l'inceste, Monographies de la psychiatrie de l'enfant*, Paris, Puf.

GABEL M., MANCIAUX M., LAMOUR M. (2005). *La Protection de l'enfance. Maintien, rupture et soins des liens*, Paris, Fleurus.

GAGNON M. M., TREMBLAY C. (2005). « Implication des parents dans l'intervention des enfants présentant des comportements sexuels inadaptés », *L'Agression sexuelle : coopérer au-delà des frontières*, actes du colloque, 3e Congrès international francophone de l'agression sexuelle (CIFAS), chapitre 31, p. 529-545.

GAGNON M. M., TREMBLAY C., BÉGIN H. (2005). « Intervention de groupe d'enfants présentant des comportements sexuels problématiques : évolution comportementale, affective et sociale », *Santé mentale au Québec*, vol. 30, n° 2, p. 257-279.

GAMET M.-L. (2002). « De l'intérêt de parler de sa sexualité à une femme enceinte. Résultats d'une enquête », *GERUA*, n° 1, coordination Pierre Plante, Toulouse.

GAMET M.-L. (2008). « À propos d'une étude sur la sexualité des hommes et des femmes pendant la grossesse issue d'une assistance médicale à la procréation (AMP) », *Sexologies, Revue européenne de santé sexuelle*, vol. 17, n° 2, p. 102-112.

GAMET M.-L. (2009). « Une cellule départementale d'accompagnement du développement de la sexualité », *Sexologies, Revue européenne de santé sexuelle*, vol. 18, n° 1, p. 60-74.

GANEM M. (1992). *La Sexualité du couple pendant la grossesse*, Paris, Filipacchi.

GAUDREAU L. (1986). « Place aux jeunes : compte-rendu des ateliers d'éducation sexuelle offerts à des jeunes de 14 à 17 ans dans le cadre du colloque *Jeunesse et Sexualité* », actes du colloque *Jeunesse et Sexualité*, Montréal, Iris.

GIDDENS A. (1994). *Beyond left and right. The Future of radical politics*, Cambridge, Polity Press.

GIL E. (1993). « Individual therapy », in E. Gil, T. C. Johnson (eds), *Sexualized Children: Asssessment and treatment of sexualized children who molest*, Rockville, MD, Launch Press, p. 179-210.

GIRARD R. ([1972] 1998). *La Violence et le Sacré*, Paris, Le Livre de Poche.

GORDON S. (1971). « Okay, let's tell it like it is (instead of just making it look good) », *The Journal of special education*, vol. 5, n° 4, p. 379-381.

GRAY A. S, BUSCONI A., HOUCHENS P., PITHERS W. D. (1997). « Children with sexual behavior problems and their caregivers: Demographics functionning and clinical patterns », *Sexual Abuse: A journal of research and treatment*, vol. 9, n° 4, p. 267-290.

GRAY A. S., PITHERS W. D., BUSCONI A., HOUCHENS P. (1999). « Developmental and etiological characteristics of children with sexual behavior problems: Treatment implications », *Child Abuse and Neglect*, n° 23, p. 601-623.

GREENBERG M. T. (1999). « Attachment and psychopathology in children », *in* J. Cassidy, P. R. Shaver (eds), *Handbook of attachment. Theory, research, and clinical implications*. New York, Guilford Press, p. 469-496.

GREENBERG M. T., SPELTZ M. L. (1988). « Attachment and the ontogeny of conduct problems », *in* J. Belsky, T. Nezworski (eds), *Clinical Applications of attachment theory*, Hillsdale, NJ, Lawrence Erlbaum, p. 177-218.

GROSSMANN K. E., GROSSMANN K. (1971). « Attachment quality as an organizer of emotional and behavioural responses in a longitudinal perspective », *in* J. Stevenson-Hinde, C. M. Parkes (eds), *Attachment across the life circle*, London, Routledge, p. 93-114.

GROUPE DE RECHERCHE ACTION-FORMATION QUART MONDE PARTENAIRE (2002). *Le Croisement des pratiques. Quand le quart monde et les professionnels se forment ensemble*, Paris, Éditions Quart Monde.

GROUPE DE RECHERCHE QUART MONDE UNIVERSITÉ (1999). *Le Croisement des savoirs. Quand le quart monde et l'université pensent ensemble*, Paris, Éditions de l'Atelier/Éditions Quart Monde.

GUÉNIF-SOUILAMAS N., MACÉ E. (2006). *Les Féministes et le Garçon arabe*, Paris, Éditions de l'Aube.

GUIRAUD P. (1978). *Sémiologie de la sexualité*, Paris, Payot.

HAESEVOETS Y.-H. (2001a). « Les adolescents transgresseurs sexuels : de la violence de l'interprétation au risque de la stigmatisation. Évaluation et traitement », *L'Évolution psychiatrique*, vol. 66, n° 3, p. 399-420.

HAESEVOETS Y.-H. (2001/2b). « Évaluation clinique et traitement des adolescents : de la transgression sexuelle à la stigmatisation abusive », *La Psychiatrie de l'enfant*, n° 442, p. 447-483.

HAESEVOETS Y.-H (2003). *L'Enfant victime d'inceste : de la séduction traumatique à la violence sexuelle*, Bruxelles, De Boeck.

HAESEVOETS Y.-H. (2008). *Traumatisme de l'enfance et de l'adolescence, un autre regard sur la souffrance psychique*, Bruxelles, De Boeck.

HALL D. K., MATHEWS F. (1996). « The development of sexual behavior problems in children and youth: A technical report », Toronto, ON, Central Toronto Youth Services.

HALL D. K., MATHEWS F., PEARCE J. (1998). « Factors associated with sexual behavior problems in young sexually abused children », *Child Abuse and Neglect*, vol. 22, n° 10, p. 1045-1063.

HALL D. K, MATHEWS F., PEARCE J. (2002). « Sexual behavior problems in sexually abused children: A preliminary typology », *Child Abuse and Neglect*, vol.° 26, n° 3, p. 289-312.

HALPERN-FELSHER B. L., MILLSTEIN S. G., ELLEN J. M. (1996). « Relationship of alcohol use and risky sexual behavior: A review and analysis of findings », *Journal of adolescence health*, vol. 19, p. 331-336.

HAYEZ J.-Y. (2002). « La confrontation des enfants et des adolescents à la pornographie », *Archives de pédiatrie*, vol. 9, p. 1183-1188.

HAYEZ J.-Y. (2004). *La Sexualité des enfants*, Paris, Odile Jacob.

HAYEZ J.-Y. (2009). « Pratiques et intérêts des jeunes "normaux" sur Internet », *Neuropsychiatrie de l'enfance et de l'adolescence*, vol. 57, n° 3, p. 231-239.

HELLER M. (2000). « Pouvoir et frontières sociales dans l'exercice de la recherche », *Forschungsethik und Minderheiten, Grenzgänge*, n° 13, p. 9-15.

HERCULANO-HOUZEL S. (2006). « Quoi ? », *Cerveau et Psycho*, n° 16, p. 34-47.

HERCULANO-HOUZEL S., LENT R. (2002). « What the developing cerebral cortex tells about the adult cortex (and vice versa) », *Brazilian Journal of medical and biological research*, vol. 35, n° 12, p. 1407-1410.

HÉRITIER F. (ed.) ([1996], 1999). *De la violence*, deux volumes, Paris, Odile Jacob, coll. « Opus ».

HERMAN J. L. (1992). *Trauma and Recovery*, New York, Basic Books/Harper Collins.

HOUDEBINE A.-M. (1998). « Insécurité linguistique, imaginaire linguistique et féminisation des noms de métiers », in P. Singy (ed.), *Les Femmes et la Langue, l'insécurité linguistique en question*, Neuchâtel, Delachaux et Niestlé, p. 155-176.

HOUDEBINE A.-M. (2003). « Trente ans de recherche sur la différence sexuelle, ou le langage des femmes et la sexuation dans la langue, les discours, les images », *Hommes/femmes : langues, pratiques, idéologies, Langage et Société*, n° 106, p. 33-61.

HUERRE P. (2003). *La Sexualité à l'adolescence*, Toulouse, Érès.

HUSTON N. (2002). *Dire et Interdire*, Paris, Payot.

HYMAN S. E. (2005). « Addiction: A disease of learning and memory », *American Psychiatric Association*, n° 162, p. 1414-1422.

JACOB M., MCKIBBEN A., PROULX J. (1993). « Étude descriptive et comparative d'une population d'adolescents agresseurs sexuels », *Criminologie*, vol. 26, n° 1, p. 133-163.

JEAMMET P. (1985). « La dépression chez l'adolescent », in S. Lebovici, R. Diatkine, M. Soulé (eds), *Traité de psychiatrie de l'enfant et de l'adolescent*, Paris, Puf, tome 2, p. 305-325.

JOHNSON D.M., PIKE J.L., CHARD K.M. (2001). « Factors predicting PTSD, depression and dissociative severity in female treatment-seeking childhood sexual abuse survivors », *Child Abuse and Neglect*, vol. 25, n° 1, p. 179-198.

JOUËT J. (2003). « Technologies de communication et genre. Des relations en construction », *Une communication sexuée ?*, *Réseaux*, vol. 21, n° 120, p. 57-86.

KAHN T. J., LAFOND M. A. (1988). « Treatment of the adolescent sexual of offender », *Child and Adolescent Social Work*, n° 5, p. 135-148.

KAUFMAN J.-C. (2004). *L'Invention de soi. Une théorie de l'identité*, Paris, Armand Colin.

KINSEY A. C., POMEROY W. B., MARTIN C. E. (1948). *Le Comportement sexuel de l'homme*, Paris, Éditions du Pavois.

KNIEBIELHER Y. (2002). *Histoire et Sexualité en Occident*, Paris, Odile Jacob.

KOHLBERG L. (1971). « Stages of moral development as a basis for moral education », *in* C. M. Berth, B. S. Crittenden, E. V. Sullivan (eds), *Moral Education: Interdisciplinarity approach*, Toronto, University of Toronto Press, p. 21-92.

LAAN E., EVERAERD W., VAN BELLEN G., HANEWALD G. J. (1994). « Women's sexual and emotional responses to male- and female-produced erotica », *Archives of sexual behavior*, vol. 23, n° 2, p. 153-169.

LAMB S., COAKLEY M. (1993). « "Normal" childhood sexual play and games: Differentiating play from abuse », *Child Abuse and Neglect*, vol. 17, n° 4, p. 515-526.

LAMEYRE X. (2008). *Les Violences sexuelles*, Toulouse, Milan.

LAPLANCHE J., PONTALIS J.-B. (1990). *Nouveaux Fondements pour la psychanalyse*, Paris, Puf.

LE BODIC C. (2009). « Masturbation et thérapeutique : l'exemple du traitement des auteurs d'agressions à caractère sexuel », *Sexologies, Revue européenne de sexologie et de santé sexuelle*, n° 18, p. 291-296.

LEDOUX J. E. (2000). « Emotions circuit in the brain », *Annual Review of neuroscience*, vol. 23, p. 155-184.

LE GARREC S. (2002). *Ces ados « qui en prennent ». Sociologie des consommations toxiques adolescentes*, Toulouse, Pum.

LEHMANN P. (2005). « Respecter l'éthique : cela s'apprend et cela s'entraîne ! Outils d'un sexologue tranquille », *Revue francophone de clinique comportementaliste et cognitive*, n° 3, p. 17-24.

LIANG B., WILLIAMS L. M., SIEGEL J. A. (2006). « Relational outcomes of childhood sexual trauma in female survivors: A longitudinal study », *Journal of interpersonal violence*, vol. 21, n° 1, p. 42-57, (http://dx.doi.org/10.1177/0886260505281603).

LIPOVETSKY G. (1993). *L'Ère du vide. Essai sur l'individualisme contemporain*, Paris, Gallimard.

LONGO R. E., GROTH A. N. (1983) « Juvenile sexual offenses in the histories of adult rapists and child molesters », *International Journal of offender therapy and comparative criminology*, vol. 27, n° 2, p. 150-155.

LONIGAN C. J., SHANNON M. P., TAYLOR C. M. *et al.* (1994). « Children exposed to disaster: II risk factors for the development of post-traumatic symptomatology », *Journal of American Academy of child and adolescent psychiatry*, n° 33, p. 94-105.

LOPEZ G., CASANOVA A. (2006). « Principes théoriques », *in* G. Lopez, A. Sabouraud-Séguin, L. Jehel (eds),

Psychothérapie des victimes, Paris, Dunod, p. 1-18.

LORENZ K. (1974). *On aggression*, Fort Washington, Harvest Books.

LOUTRE DU PASQUIER N. (1981). *Le Devenir des enfants abandonnés*, Paris, Puf.

LUSSIER P., PROULX J., MCKIBBEN A. (2001). « Personality characteristics and adaptative strategies to cope with negative emotional states and deviant sexual fantaisies in sexual aggressors », *International Journal of offender therapy and comparative criminology*, vol. 45, n° 2, p. 159-170.

LYONS-RUTH K., ALPERN L. (1993). « Disgornized infant attachment classification and maternal psychosocial problems as predictors of hostile-aggressive behaviour in the preschool classroom », *Child Development*, vol.° 64, n° 2, p. 572-585.

MARZANO M. (2003). *La Pornographie ou l'Épuisement du désir*, Paris, Buchet-Chastel.

MARZANO M. (2007). *Philosophie du corps*, Paris, Puf.

MASTERS W. H., JOHNSON V. E. (1966). *Human Sexual Reponse*, Boston, Little Brown & Co.

MATTELART M. (2003). « Femmes et médias. Retour sur une problématique », *Une communication sexuée ?*, *Réseaux*, vol. 21, n° 120, p. 23-53.

MATZNEFF G. (1974). *Les Moins de seize ans*, Paris, Julliard.

MAURIN E. (2004). *Le Ghetto français*, Paris, Seuil, coll. « La république des idées ».

MC FARLANE A. C. (1987). « Posttraumatic phenomena in a longitudinal study of children following a natural disaster », *Journal of American Academy of child and adolescent psychiatry*, n° 26, p. 764-769.

MC KIBBEN A., JACOB M., PROULX J. (1993). « Les adolescents », *in* J. Aubut *et al.* (eds), *Les Agresseurs sexuels. Théorie, évaluation et traitement*, Montréal, Éditions de la Chenelière, p. 58-78.

MC LEAN L. M., GALLOP R. (2003). « Implications of childhood sexual abuse for adult borderline personnality disorder and complex posttraumatic stress disorder », *American Journal of psychiatry*, n° 160, p. 369-371.

MERTON B. (1930). *Social Theory and Social Structure*, New York, The Free Press of Glencoe.

MOÏSE C. (2007). « Contexte et violence verbale », *in* M. Auzanneau (ed.), *La Mise en œuvre des langues dans l'interaction*, Paris, L'Harmattan, coll. « Espaces discursifs », p. 79-101.

MOÏSE C. (2009). « Espace public et fonction de l'insulte dans la violence verbale », acte du colloque *Les Insultes en français : de la recherche fondamentale à ses applications*, 30 mars-1er avril 2006, université de Savoie, p. 201-219.

Money J. et Ehrhardt A.A. (1972). *Man and Woman, Boy and Girl : Differentiation and Dimorphism of Gender. Identity from Conception to Maturity.* Baltimore, John Hopkins University Press.

MOUREN-SIMÉONI M.-C. (1994). « Syndrome de stress posttraumatique », *in* M.-C. Mouren-Siméoni, G. Vila, L. Vera (eds), *Troubles anxieux de l'enfant et de l'adolescent*, Paris, Maloine, p. 42-47.

MOUZOS J., MAKKAI T. (2004). *Women's Experiences of male violence findings about partner violence from the Dunedin Multidisciplinary Health and Development Study. Research in brief*, NCJ 170018, Washington, DC, National Institute of Justice.

MUCCHIELLI L. (2002). *Violences et Insécurité. Fantasmes et réalités dans le débat français*, Paris, La Découverte.

NAJMAN J., DUNNE M., PURDIE D. et al. (2005). « Sexual abuse in childhood and sexual dysfunction in adulthood: An Australian population-based study », *Archives of sexual behavior*, vol. 34, n° 5, p. 517-526.

NEYRAND G. (ed.) (2006). *Faut-il avoir peur de nos enfants ? Politiques sécuritaires et enfance*, Paris, La Découverte.

NOLL J. G., TRICKETT P. K., PUTNAM F. W. (2003). « A prospective investigation of the impact of childhood sexual abuse on the development of sexuality », *Journal of consulting and clinical psychology*, vol. 71, p. 575-586.

O'BRIEN L. S. (1998). *Traumatic Events and Mental Health*, Cambridge, Cambridge University Press.

O'CALLAGHAN D., PRINT B. (1994). « Adolescent sexual abuser – Research, assessment and treatment », *in* T. Morisson, M. Erooga, R. C. Beckett (eds), *Sexual Offending against children –Assessment and treatment of male abusers*, New York, Routledge, p. 146-177.

OGER C. (2008). « Du "parler cru" à l'insulte : niveaux de violence dans le discours sexiste en politique », *in* N. Auger, B. Fracchiolla, C. Moïse, C. Schultz-Romain (eds), *La Violence verbale, tome 1, Espaces politiques et médiatiques*, Paris, L'Harmattan, p. 45-60.

PERRET J.-B. (2003). « L'approche française du genre en publicité », *Une communication sexuée ?*, *Réseaux*, vol. 21, n° 120, p. 149-173.

PERRONNE R., NANNINI M. (1995). *Violences et Abus sexuels dans la famille*, Paris, ESF.

PERROT M. (2006). *Mon histoire des femmes*, Paris, Seuil.

PIAGET J. (1968). *La Formation du symbole chez l'enfant*, Lausanne, Delachaux et Niestlé.

PITHERS W. D., GRAY A. (1996). « Utility of relapse prevention in treatment of sexual abusers », *Sexual Abuse: Journal of research and treatment*, vol. 8, p. 223-230.

PITHERS W. D., GRAY A. (1998). « The other half of the story: Children with sexual behavior problems », *Psychology, Public Policy and Law*, vol. 4, p. 200-217.

POLONY N. (2007). *L'Homme est l'avenir de la femme*, Paris, Lattès.

PORCHY M.-P. (2003). *Les Silences de la loi. Un juge face à l'inceste*, Paris, Hachette.

PRENTKY R. A., BURGESS A. W. (2000). *Forensic Management of sexual offenders*, New York, Kluwer Academic Publishers.

RABAUX J. (2007). « Les mineurs délinquants sexuels », *Le Journal des jeunes, RAJS*, n° 265, p. 15-21.

READ J., AGAR K., ARGYLE N., ADERHOLD V. (2003). « Sexual and physical abuse during childhood and adulthood as predictors of hallucinations, delusions and thought disorder », *Psychology and Psychotherapy*, n° 76, p. 1-22.

REISS D., HETHERINGTON E. M., PLOMIN R. et al. (1995). « Genetic questions for environmental studies. Differential parenting and psychopathology in adolescence », *Archives of general psychiatry*, n° 52, p. 925-936.

RELLINI A., MESTON C. M. (2007). « Sexual desire and linguistic analysis: A comparison of sexually-abused and non-abused women », *Archives of sexual behavior*, n° 36, p. 67-77.

RODRIGUEZ-SREDNICKI O. (2001). « Childhood sexual abuse, dissociation, and adult self-destructive behavior », *Journal of child sexual abuse*, n° 10, p. 75-90.

ROELOFS K., KEIJSERS G. P., HOOGDUIN K. A. *et al.* (2002). « Childhood abuse in patients with conversion disorder », *American Journal of psychiatry*, n° 159, p. 1908-1913.

ROMAN P. (2009). « La violence sexuelle et le processus adolescent : clinique des adolescents engagés dans des agirs sexuels violents », *Le Journal des jeunes, RAJS*, n° 284, p. 38-43.

ROUAYRENC C. (1996). *Les Gros Mots*, Paris, Puf, coll. « Que sais-je ? ».

RUMSTEIN-MCKEAN O., HUNSLEY J. (2001). « Interpersonal and family functioning of female survivors of childhood sexual abuse », *Clinical Psychology Review*, vol. 21, n° 3, p. 471-490.

RUSSEL B. (1945). *An history of western philosophy and its connection with political and social circumstances from the earliest times to the present day*, New York, Simon and Schuster.

RYAN G. (1991). « Theories of etiology », in G. Ryan, S. L. Lane (eds.), *Juvenile Sexual Offending: Causes, consequences and correction*, Lexington, Lexington Books, p. 41-55.

RYAN G. (1998). « The relevance of early life experience in the treatment of sexually abusive youth », *Irish Journal of psychology*, n° 19, p. 32-48.

SALMONA M. (2009). « Si vous avez subi ou subissez des violences », antenne 92 de l'Institut de victimologie (http://www.sosfemmes.com/violences /viol_consequences.htm).

SALTER D., MC MILLAN D., RICHARDS M. *et al.* (2003). « Development of sexually abusive behaviour in sexually victimised males: A longitudinal study », *Lancet*, n° 361, p. 471-476.

SAMSON J.-M. (1974). *L'Éducation sexuelle*, Paris, Guérin.

SAMSON J.-M. (1982). « Problématique de l'éducation sexuelle de la maternelle à l'université », *Cahiers de sexologie clinique*, vol. 8, n° 48.

SATTERFIELD S. (1975). « Common sexual problems of children and adolescents », *Paediatrics clinics of North America*, vol. 33, n° 3, p. 643-652.

SAUNDERS E. B., AWAD G. A, (1988). « Assessment, management and treatment planning for male adolescent sexual offenders », *American Journal of orthopsychiatry*, vol. 58, n° 4, p. 571-579.

SILOVSKY I. F, NIEC L. (2002). « Characteristics of young children with sexual behavior problems, a pilot study », *Child Maltreatment*, vol. 7, n° 3, p. 187-197.

SIMON W., GAGNON J. H. (1970). « Psychosexual developement », in D. A. Goslin (ed.), *Handbook of socializarion theory research*, New York, Mac Graw Hill, p. 733-752.

Sroufe L.A., Egeland B., Kreutzer T. (1990), « The fate of early experience following developmental change : longitudinal approaches to individual adaptation in childhood », *Child development*, 61 : 1363-1373.

SROUFE L. A. (1997). « Psychopathology as an outcome of development », *Development and Psychopathology*, n° 9, p. 251-268.

STICKGOLD R. (2002). « EMDR: A putative mechanism of action », *Journal of clinical psychology*, vol. 58, p. 61-76.

SUMMIT R.C. (1983). « The child sexual abuse accommodation syndrom », *Child Abuse and Neglect*, vol. 7, p. 177-193.

TERR L. C. (1979). « Children of Chowchilla: A study of psychic trauma », *Psychoanalytic Study of the child*, n° 34, p. 552-623.

THÉBAUD F. (2007). *Écrire l'histoire des femmes et du genre*, Lyon, ENS Editions (réédition complétée d'*Écrire l'histoire des femmes*, ENS Éditions, 1998 et 2001).

THOMAS E. (1986). *Le Viol du silence*, Paris, Aubier.

THOMPSON R. W., AUTHIER K., RUMA P. (1994). « Behavior problems of sexually abused children in foster care: A preliminary study », *Journal of child sexual abuse*, vol. 3, n° 4, p. 79-91.

TJEDER D. (2003). « L'adolescence et les inquiétudes à propos de la masculinité au XIXe siècle », *in* J.-P. Bardet, J.-N. Luc, I. Robin-Romero, C. Rollet (eds), *Lorsque l'enfant grandit entre dépendance et autonomie*, Paris, Presses universitaires de Paris Sorbonne, p. 291-307.

TOLLENAAR M., ELZINGA B., SPINHOVEN P., EVERAERD W. (2008). « Long-term outcomes of memory retrieval under stress », *Behavioral Neuroscience*, n° 122, p. 697-703.

TREMBLAY R. (1993). *Couple, Sexualité et Société*, Paris, Payot.

TREMBLAY R. (1998). *Guide d'éducation sexuelle à l'usage des professionnels*, tome 1, Toulouse, Érès.

TROGER V. (2009). « Bagarres et polémiques », *L'Enfant violent, Sciences humaines*, n° 208, p. 49-51.

TULVING E. (1985). « Memory and consciousness », *Canadian Psychologist*, n° 26, p. 1-12.

ULLMAN S. E, FILIPAS H. H. (2005). « Gender differences in social reactions to abuse disclosures, post-abuse coping, and PTSD of child sexual abuse survivors », *Child Abuse and Neglect*, vol. 29, n° 7, p. 767-782.

VACHEY B., RUFO M. (2007). « Les addictions virtuelles de l'adolescente », *Réalités en gynécologie-obstétrique*, n° 120, p. 21-24.

VAN DER KOLK B. (2002). « The assessment and treatment of complex PTSD », *in* R. Yehuda (ed.), *Treating trauma survivors with PTSD*, Washington, American Psychiatric Publishing, p. 127-156.

VERONA E., SACHS-ERICSSON N. (2005). « The intergenerational transmission of externalizing behaviors in adult participants: The mediating role of childhood abuse», *Journal of consulting and clinical psychology*, vol. 73, n° 6, p. 1135-1145.

VICKERMAN K. A., MARGOLIN G. (2009). « Rape treatment outcome research: Empirical findings and state of the literature », *Clinical Psychology Review*, vol. 23, p. 18-34.

VIEILLARD-BARON H. (2001). *Les Banlieues : des singularités françaises aux réalités mondiales*, Paris, Hachette Supérieur.

VILA G. (2002). « Les stratégies thérapeutiques des syndromes psychotraumatiques de l'enfant et de l'adolescent », *L'Intervention médicopsychologique auprès des victimes de psychotraumatisme, ce qu'il faut savoir*, Annales médicopsychologiques, numéro spécial, vol. 160, p. 583-540.

VILA G., BERTRAND C., FRIEDMAN S. et al. (2000). « Trauma par exposition indirecte, implication objective et subjective », *Annales médicopsychologiques*, vol. 158, p. 677-686.

VILA G., WITKOWSKI P., TONDINI M.-C. et al. (2001). « A study of posttraumatic disorders in children who experienced an industrial disaster in the

Briey region », *European Child and Adolescent Psychiatry*, vol. 10, n° 1, p. 10-18.

VIZARD E., MONCK E., MISCH P. (1995). « Child and adolescent sex abuse perpetrators: A review of the research literature », *Journal of child psychology and psychiatry*, vol. 36, n° 5, p. 731-756.

VIZARD E. MONCK E., MISCH P. (1997). « Juvenile sexual offenders: Assessment issue », *British Journal of psychiatry*, vol. 168, p. 259-262.

WAGNER K. D., SULLIVAN M. A. (1991). « Fear of AIDS related to development of obsessive-compulsive disorder in a child », *Journal of the American Academy of child and adolescent psychiatry*, vol. 30, n° 5, p. 740-742.

WE G. (1993), communication, Simon Fraser University

WEISS E. L., LONGHURST J. G., MAZURE C. M. (1999). « Childhood sexual abuse as a risk factor for depression in women: Psychosocial and neurobiological correlates », *American Journal of psychiatry*, n° 156, p. 816-828.

WELZER-LANG D., (2007). *Les Utopies conjugales*, Paris, Payot.

WHIFFEN V. E., MACINTOSH H. B. (2005). « Mediators of the link between childhood sexual abuse and emotional distress », *Trauma, Violence and Abuse*, vol. 6, n° 1, p. 24-39.

WHIFFEN V E., THOMPSON J. M, AUBE J. A. (2000). « Mediators of the link between childhood sexual abuse and adult depressive symptoms », *Journal of interpersonal violence*, vol. 15, n° 10, p. 1100-1119.

WIEVIORKA M. (ed.) (1996). *Une société fragmentée ? Le multiculturalisme en débat*, Paris, La Découverte/Poche.

WIEVIORKA M. (Ed) (2005), *La violence*, Paris, Hachette Littératures.

WINNICOTT D. ([1965] 1988). *Processus de maturation chez l'enfant*, Paris, Payot.

YAGUELLO M. ([1978] 1987), *Les Mots et les Femmes*, Paris, Payot.

ZAJONC R. B. (1984). « On primacy of affect », *in* K. R. Scherer, P. Ekman (eds), *Approaches to emotion*, p. 259-270.

ZAZZO R. (ed.) ([1979] 1991), *L'Attachement*, Neuchâtel, Delachaux et Niestlé.

Congrès, rapports

CIRCULAIRE 2003-027 du 17 février 2003, L'éducation à la sexualité dans les écoles, les collèges et les lycées (http://www.education.gouv.fr/bo/2003/9/default.htm).

FÉDÉRATION FRANÇAISE DE PSYCHIATRIE, *Psychopathologies et Traitements actuels des auteurs d'agressions sexuelles*, 5e conférence de consensus, 22 novembre 2001.

FÉDÉRATION FRANÇAISE DE PSYCHIATRIE, *Conséquences des maltraitances sexuelles. Les reconnaître, les soigner, les prévenir*, 7e conférence de consensus, 6-7 novembre 2003.

LOI N° 2001-588 du 4 juillet 2001, relative à l'interruption volontaire de grossesse et à la contraception.

LOI N° 2007-1198 du 10 août 2007 renforçant la lutte contre la récidive des majeurs et des mineurs, parue au *JO* n° 185 du 11 août 2007.

MINISTÈRE DE LA SANTÉ ET DES SPORTS, MINISTÈRE DE LA JUSTICE, *Guide de l'injonction de soins*, 2009 (http://www.sante-sports.gouv.fr/IMG//pdf/guide_ injonction_de_soins.pdf).

OBSERVATOIRE DE L'ENFANCE EN DANGER, rapport 2000-2005, département de la Marne, mai 2006.

OBSERVATOIRE NATIONAL DE L'ACTION SOCIALE DÉCENTRALISÉE (ODAS), *Protection de l'enfance : de nouvelles perspectives pour les départements*, La Lettre de l'Observatoire national de l'action sociale décentralisée, décembre 2006.

OBSERVATOIRE NATIONAL DE LA DÉLINQUANCE, *La Mise en cause des mineurs pour atteintes volontaires à l'intégrité physique mesurées à partir de l'état 4001*, rapport, décembre 2004.

OBSERVATOIRE NATIONAL DE LA DÉLINQUANCE, bulletin statistique, juillet 2008 (violences volontaires sur femmes majeures).

Imprimé en France
FROC01n1245021117
18032FR00011B/146/P